否定の中に肯定をつかむ弁証法ノート

折出健二
Oride Kenji

高文研

はしがき

（1）

「変わる」「立ち上がる」「歩み出す」の言葉が何を指すかは、誰でも大体のことは知っている。ところが、その事象を弁証法という法則がつらぬいていることはあまり知られていない。ましてや「ベンショウホウ」と聞くと、何のことだかわからない人もいるであろう。逆に、ある程度その中身を知っている人たちは、この激動する時代ほど弁証法の認識方法が大事なときはないと言う。この落差をなんとか埋めていきたい。

本書のタイトルは「否定の中に肯定をつかむ」である。「人生には否定もあれば肯定もある」（人生、苦もあれば楽もある）とは違う。否定の中に肯定をつかむことが人生の変化と発展をつくりだす法則である。それが弁証法である。

弁証法は哲学の重要な主題・概念である。しかし、本来、弁証法は民衆の人生法則でもある。人生を築いていくうえで弁証法はどの人にも、どの活動にも当てはまる変化と反転・自立の法則であり、その認識方法の有効性とその意義はとても大きい。

新型コロナ禍が続いて「新しい生活様式」がいわれる一方で、様々な「生きづらさ」が問題になっている。「生きづらさ」は日常の生活圏や社会の現実と本人のニーズとの矛盾・葛藤を映し出している。これは誰でも経験する。しかし、それを反転させる「他なること」（できごと）「他なるもの」（他者）に出会い、その中身を自分でつかむから、人は生きていくことに「意味」と「希望」を見いだすのである。

弁証法でいう「否定」は抽象的すぎて難しく感じるかも知れないが、けっしてそうではない。日頃から多くの人が経験していることである。

例えば、①「つまずきや失敗から学び直し、自己肯定を得る」がそれである。子育てにも教育実践にも、そして職場の仕事や地域社会の活動でも、この法則性を実感することは多い。

次に、②「過去体験につきまとわれている否定的な自己から脱却する」も「否定」に対する「否定」である。これを「脱学習」という。第Ⅲ章でくわしく見ていく。

さらに、③「様々に傷ついたり、悲しみにあふれたりした苦しい時の経験が、自分が確かに生きていると輝くことのできる次の段階を準備する」のも、否定に陥ったその主体にとっての「否定の否定」が人生を新たに切り拓く推進力となる法則性を表している。

最後に、④「どんな困難に出会ってもあきらめず、反転させて自立に挑む」という可能性をさぐる生き方も、そうである。この反転・自立に挑むプロセスにその人あるいはその集団に固有の「未来への希望」がある。その根底には、誰もが心に秘めている「自由に生きる自分（たち）を実現したい」という人間的な要求がある。それに共感する他者がいるなら、どんな対立・葛藤に出会っても次の一歩を踏み出せる。

本書は、これらの実生活の問題に潜む弁証法という法則を、「否定と他者」「自立と教育」「現実に向き合う主体」の三部構成で述べていく。どの章も、読者に身近な事例・素材で考えていただくように構成している。

(2)

「否定の否定」という概念の第二の「否定」は、様々な人生を歩む当事者の肯定的なものを顕《あらわ》にする働きかけを指す。これが、否定の中に肯定をつかむことである。ところが、その困難な状況の「否定」を単に確認するだけであったり、なかには「否定」を非難したりする者もいる。外から否定を上塗りする言動がそれである。これでは肯定の意義を持つ第二の「否定」を発出することができない。

例えば、自分の親の介護をしながら学業にも取り組む「ヤングケアラー」の一人である男性（二八）は、父親が五〇歳で若年性アルツハイマー型認知症で仕事を辞めるなど家庭が急変した。介護施設で働く母親の収入だけとなり、進学問題の際に中学の教師は、塾に通えない分の勉強を見てくれて親身になってくれた。家から通える都立高校に入学して大学進学に向き合った高二のとき、(家計の状況から)学費の条件を優先して大学を選ぼうとすると、教師から「やればできるのに、勉強しないのを親のせいにするな」と言われた。この言葉で「もう、大人には相談したくない」と思ったという[1]。

「高校生弁論大会」(愛知私教連・愛知私学父母懇談会と高校生フェスティバル実行委員会などによる「愛知サマーセミナー」企画の一つ)で、弁士を務めた女子生徒Aさんは、中学二年の時に遭った交通事故が原因で入退院を(この発表当時も)繰り返していた。Aさんは事故後の病状を先生に伝えたが、そのつらい事情は共有されなかった。自分なりに努力したのに「それで精一杯なの?」と先生に言われた。こういった言葉が何度もあり、「学校」という場所が恐怖となって、過呼吸や吐いたりするようになった。

その後、彼女は、教師とのやりとりの負荷から大人を信じられなくなり、これに耐えられず学校に行けなくなった。週に一度の教師との会話の中で、教師から「自分よりもつらい人がいると考えたことはあるか?」と言われ、更に傷ついた。Aさんは「自分を助けられるのは、自分しかいない」と思い知らされた。「教師の言葉が、私の心を殺した」。中学校の息苦しさにこうしたことが重なって、「生きたくて、生きたくて、死にそうで」あった。彼女は「死んだら楽になれる」と何度も思った。そのとき、ある教師の言った言葉「生きているか?」でさらに傷ついた(以上は、発表の要旨を私がまとめたもの）。Ａさんは私立高校に入り、高校生フェスティバル実行委員会と出会い、自分の困難さ（否定）をその中身で受け止める対話仲間（否定の否定）に出会えて、自分を見失わずに生き抜くたくましさを学んだ。

（3）

いずれの事例も、困難さに苦しみなやむ当事者に対し教師が「困難を理由にして逃げている、これではだめだ」と非難している。「否定の否定」にあたる第二の「否定」が、本人の抱える困難の中身をのりこえ変化を生む作用になっていない。前者については、その進路選択を認めて進学後は君の夢に向かって大いに学びなさい、と励ますこと、後者では、入退院の不安の中でも通学し学習に取り組むあなたは十分に成長している、と認めることである。

これらは学校の事例だが、家庭でも同じことが起こりえる。近年社会問題にもなっている「教育虐待」、つまり親が子どもの勉強を「こうあらねばならない」で支配し、過剰に子どもを統制して追い込んでいくことも、その一例である。これは、過剰な管理が子どもの心の支配に転化することを物語っている。いじめの被害に遭った子どもへの対応も同じである。「自分が悪いから排除や攻撃をされるのか」と自己否定に陥っている本人に、その存在そのものの肯定を気づかせる働きかけが真の「否定の否定」であり、自己肯定を引き出す作用となる。

海外の事例では、気候変動によって赤道直下のキリバス諸島が「沈みゆく島」とされ、喫緊の問題となっている。住民たちは苦境の中でも負けないで、植林などのアイデアを出し合って闘っている。ある活動家の女性は、「島が沈む」と予測される窮状を政府の要人に訴えたら「泳ぎ続ければいい」と言われ、大きなショックを受けたという（NHKBSプレミアム、二〇二二年一〇月二〇日の番組で）。他方で、フィジー共和国などがキリバス住民を受け入れる方向で今後も検討すると伝えられている。

弁証法でいう「否定の否定」は、当事者が抱える「もがき・たたかい」に寄り添い、生きることに共感する姿勢、つまり「共見の関係性」[2]をつくることである。当事者における「否定の否定」「否定の中に肯定を見る」という大事なストーリーを一緒に読み解く姿勢があれば、どんなに困難な状態で悩み苦しむ当事者であっても、それを乗り越える可能性が広がる。他者を支えに本人は「否定の否定の芽＝肯定的な変化へのきざし」をつかむことができる。これが生きる希望になる。[3]

弁証法というものの見方・考え方、そして行動の仕方が身についているのとそうでないのとでは、このように社会的関係において引き起こす結果が違う。子育てや教育に関わる人びと、対人援助の職に就いている人びと、職場で若者の教育支援にあたる人びと、地域社会で相談活動や市民運動に関わる人びとは、特に留意したい点である。

本書の願いも、一人でも多くの方がこの問題意識と見方を持つ他者となって目の前の子ども・若者あるいは患者など対象者を支援してほしいこと、そして社会参加をとおしてほんとうに民主的な関係を築いてほしいことにある。この立場から、様々な苦難に直面した体験的著作にみる具体的な事例やドキュメント（当事者たちの証言）を考察して、そこから人生の法則性を顕在化させた。

ただし、「否定の中に肯定をつかむ」弁証法の学術的な分析は未整理の部分もあり、弁証法の探求としては未完という意味を込めて、「弁証法ノート」とした。弁証法に関心のある方には「序説」をぜひ読んでいただきたい。これが難しそうに感じる方も、「序説」の「弁証法三つの原則」をのべた具体的事例だけはまず読んでいただきたい。そのあとは第1部以下、関心のある章に飛んでいただいてよい。

（注）

（1）『朝日新聞』二〇二二年二月一五日朝刊（名古屋本社版）、「耕論　ヤングケアラーのケア」所載より。

（2）「共見の関係性」について。これは、見藤隆子（看護学）が、悩み揺れる学生の支援・ケアを実践するなかで、共に現実と向き合いそれを越える「共眺の関係性」を提起したのを継承している。見藤によれば、指導は「認識する者とされる者」という「二極化」を帯びるものであり、この関係の特質はこうである。「指導する者が指導される者を見る時、同じ事象を見ていてもお互いに見ている物は異なっている」。つまり、指導する者が相手の置かれている状況を外側から見るのと、当人が内側から自分をとらえているものとは異なっている。だから、「二極化のままなのである」。ところが、当人の訴えや相談をきっかけに始まる二者関係では、「二極化」とは違った状態になる。それを見藤は「相手の中に入って相手の中から問題状況をともに眺めて行く関係の仕方」と述べた。これが「共眺の関係」である。見藤隆子「看護教育学の立場から」日本生活指導学会編『生活指導研究1』明治図書、一九八四年、一四〇―一五〇頁。

「このようなあり方は、もはや指導ではないのかも知れない」と見藤は付記しているが、私はそうではないと思う。指導の重要な要素が含まれている。ここで大事なのは、「認識する者・される者」という分離を乗り越えて、当人の内側に寄り添って問題状況を見つめる関係への転換である。当人にとっては共感的他者は自分を否定する別の主体であるが、その主体が、自分で自分の内側をとらえる働きを援《たす》けてくれる。そうすることで問題状況とのあいだに間合いを取って対象化でき、つらさや不安・悲しみに囚われていた自分を解放して客観的な問題状況とその出口・方向をつかむようになる。

自分にとって否定として現れた存在（他者）が自分を肯定する側に立ってくれる。ここに「否定の否定」作用が働いている。「共見の関係」の本質とはそのような関係性をいう。「寄り添う」とはほんらいこういう行為を言うのであろう。

生徒指導と生活指導の違いも、ここにある。生徒Aは遅刻しがちで、提出物も遅れる。時々授業でも居眠りをしている。「なんというだらしない生徒か」と見るのは、教師の外側からの見方で、認識する・認識される二極化のままである。これに対して、Aが家計を支えるために毎朝新聞配達をしていること、母親がパート勤務のため家で弟や妹の面倒をAが見ていることを知ると、共見の関係に変わっていく。Aをひとりの生活者とみて、その生活の内側に入り込んでAの生き方をどう方向づけていけばよいかという「問い」を持つとき、教師の生活指導が始まっている。すでにAにとっての「否定の否定」法則が働き始めている。

（3）共見の関係性は相手を包み込むことで、安心の境地をつくる面を持っている。これが本当の優しさである。その原点にあたることを、ナースの辻直美（国際災害レスキューナース）は、赤ちゃんの抱っこの仕方をとおして母親を安心させる「育母」で実践している。それが「まぁるい抱っこ」である。赤ちゃんを足元から包み込む方式で、この抱っこをするとすぐに泣き止むという。東日本大震災のときも辻は避難所に出向いて、不安と恐れから泣きくずれる大人たちにこの「まぁるい抱っこ」を実践した。辻が椅子に座り、順番に並んだ大人一人ひとりに対し、向き合う状態で膝に乗せて抱きかかえ、背中をさする。しばらくするとその人の表情が変わり明るさが出てきたという。かつて経験したことのない大震災の被害に遭う「否定」に対し、辻の実際に〈触れる・つながる〉実践が、被災者本人の「自己肯定」に転じた一例である。「否定の中の肯定」はこうした災害現場でも多様な形でつくりだされている。以上は、NHKラジオ二〇二二年一〇月一七日放送の「マイあさ！」で辻が語ったエピソードである。辻が関わる「育母塾」サイトも参考にした（https://ikubojuku.org/profile/）。

第1部 否定と他者、アザーリング

I 「いのち」のもつ内的矛盾と生成

Ⅱ 否定の中に肯定をつかむ哲学

第2部 自立と教育の弁証法

Ⅳ 西洋教育史にみる「否定の中に肯定をつかむ」思想

VI 教育デジタル化のもとで学びはどうあるべきか

第3部 社会の現実に向き合う主体の弁証法

Ⅶ 他者と向き合う自己との共話

Ⅷ 「老い」を生きるときの自己肯定

補論　危機の本質をつかむ

序説　弁証法とは何か

1　我が国における「弁証法」の由来

弁証法は、もともと問答法を意味する外国語のDialektik（独）、dialectic（英）の訳語である。我が国におけるその由来を簡単に見ておこう。

宮永孝（哲学）によると、日本では儒教・道家・仏教哲学は早くから探求されていたが、近世の西洋哲学の輸入は明治維新後のことであった。[1] その中核を担ったのが西周《にしあまね》（一八二九―一八九八）である。西は、江戸末期に幕命でオランダに留学し、英書で西洋思想の思索を深め、帰国後はその学識を生かして私塾「育英舎」で塾生たちに西洋哲学のそれぞれの学説について講義をした。そのなかで日本人として初めてヘーゲル哲学を紹介したと、宮永は資料検証を基に述べている。後に、アメリカ人フェノロサが政府に雇われて西洋哲学思想について講義した際に、ドイツ観念論にも触れたとされるが、当時としては西周の功績が大きい。宮永によると、西の講義草稿には、「韓図（カント）」と共に「俾歇児（ヘイゲル＝ヘーゲル）」らの「哲家（哲学者）」が登場する。ちなみに、philosophyを「哲学」としたのも西であった。

宮永によれば、フェノロサは哲学の専門家ではなかったが、西洋哲学史などの種本を基に、ヘーゲルについてもその「論理」（ロジック）と、「弁証法」（否定が否定にあい、また否定されるといった理くつとして）を学生たちに紹介した。その後、井上哲次郎（明治期に、三〇代で六年間ドイツに留学しドイツ観念論哲学を研究した）が、自著『西洋哲学講義』（一八八三年）のなかで、「ヘーゲル氏は弁証式によって絶対を論究する学を成した」（原文はカタカナ・漢語）と書いている。自由民権思想家の中江兆民も哲学概論をまとめた自著（一八八六年）のなかでヘーゲルについて述べていた。井上円了（仏教哲学者）は、自著の中でヘーゲルの「批論法」（「三段論法」のこと）を紹介している。複数の著者による『哲学汎論』（一八八七年）では、ヘーゲル哲学の紹介の中で「弁証的化醇《かじゅん》（雑多なものを整理して組織的にする意か―引用者）」（引用者は宮永）と述べている。

宮永によると、中島力造（倫理学者、東京帝国大学）が、『哲学会雑誌』（一八九一年）の「論説」で「ヘーゲル氏『弁証法』」を発表し、「弁証法はまことの哲学研究の方法だ」「弁証法（ディアレクティック）とはいかなるものかを知る必要がある」と述べた（当時は「辨證法」と表記された）。『哲学雑誌』（一八九二年）には「ヘーゲルの弁証法と東洋哲学」と題する論考も登場し、「ヘーゲル弁証法」は当時の哲学界では割と早く定着していったようである。宮永は、先の中島論文（私は未見）とこの論考（同前）の二本についてのみ「ヘーゲルと四つに組んだ真の研究」と評している。

宮永によると、以上の経緯の後に、「ヘーゲルに関する研究書・評伝・翻訳（書簡・伝記など）の刊行がさかんになるのは、昭和初期から戦後にかけてである。京都学派の西田幾太郎、田辺元はじめ、和辻哲郎らは、ヘーゲル哲学の洗礼をうけ、弁証法から影響をうけたが、これと批判的に対決し、独自の思想をうちたてた[2]」。

ヘーゲルや弁証法を直接論じたものではないが、思想史家の家永三郎による『日本思想における否定の論理の発達』（一九四〇年）は、とても参考になる。家永は、否定の論理の登場を二段階で述べている。最初は、聖徳太子による仏教理解で、現実は虚仮（否定）でありこの「否定の否定」としての絶対肯定の仏世界を認めたことであった[3]。その第二の現れは、親鸞が「善人なほもつて往生をとぐ。いはんや悪人をや」（『歎異抄』）と説く否定論理にあるという。これを家永は「弁証法的転換」と名付けた。[4] 私も、親鸞の思想には弁証法の考えが貫かれていると見ている。

2 弁証法の定義とその対立問題

(1) 弁証法の定義

岩崎允胤（哲学）は、日本における弁証法の展開を次のように評価している。

「弁証法についていえば、ヘーゲル哲学の紹介はすでに明治時代に始まるが、それは久しく、宗教的な仕方で理解される（紀平正美）か、自覚の論理として理解される（小山鞆絵）かのどちらかであり、いずれにしてもヘーゲルの科学への強い関心については語られず、もっぱらかれの思弁の神秘的な側面が強調されるにとどまっていた。西田幾太郎によって絶対無の弁証法――いわゆる絶対矛盾的自己同一――が主張されたのも、こうした主観主義的なヘーゲル理解のなかでであった。それゆえ、ヘーゲル弁証法の含む合理的な核心もまたマルクス主義哲学の把握のための努力とともに開始されなければならなかった[5]」

岩崎は、観念論とされるヘーゲル哲学の核心部分が唯物弁証法の始元であることを述べている。

そのことを念頭に置きつつ、以下では、現代において弁証法はどう定義されているかを見ておきたい。国内外の見解を列記したいところだが、私なりに調べた要点を挙げておく。

一つには、「弁証法は問答あるいは対話の技術を意味するギリシャ語」に由来すること。その語源が「ディアレクティケー」（哲学的な問答法のこと）である。その現代的意義は、「連関・関係に基づく変化・運動」を事物の普遍的な在り方ととらえること、また事物の認識においてはある主張には別の主張が絡む「相互主観的な承認ないし拒斥」ととらえる点にある[6]。

二つめに、弁証法は「対話や議論の方法」の意味と、「世界や人間のあり方の論理、ないしそれをとらえる認識論や方法論」の意味という二通りの意味をもつ[7]。

外国の辞典も参考にすると、ケンブリッジ大学出版会の『哲学辞典』（*The Cambridge Dictionary of Philosophy*, Cambridge University Press, 1995）で「dialectic」（弁証法）を見ると「Socrates（ソクラテス）を見よ」とあるのでソクラテスの説明に移動すると、ソクラテスの生涯とプラトンとの対比が中心に書かれ、議論の仕方についての説明はあるが、ずばり弁証法とは何かを答えてくれる説明はなかった。イギリスの、「経験」を重んじる思考様式では「弁証法」は概念をあれこれいじるだけの空疎な論理に映るのだろうか。

同じイギリスのオクスフォード版『哲学必携（新版）』ではこう説明されている[8]。

「古代ギリシャにおいてdialecticは、問答によって進行する推論の形態であった。これをプラトンが活用した。（略）ヘーゲルは、すべての論理と世界の歴史はそれ自体が dialectical な道程をたどるものであり、その道筋で内的な矛盾は克服されるが、解決を要する新たな矛盾が生起すると考えた。マルクスとエンゲルスはヘーゲルの dialectic の観念に対し物質という基礎をおさえた。すなわち、dialectical materialism である」

この項目はヘーゲル研究で有名なピーター・シンガー（Peter Singer）によって書かれており、私が理解している「弁証法」（dialectic）と「ヘーゲル」の関係がとても簡潔に、しかも主要ポイントを押さえてまとめてある。

フランスのラルース社から出版されたD・ジュリア著『ラルース　哲学事典』は、「序文」で、専門家や哲学の学生専用に編纂したものではなく、すべての人を対象にしていると書いている。それは、哲学の主要概念が私たちの生きていくうえでの具体的な諸問題とつながるからだと述べる。同書で「弁証法」は「対話の技術」に由来するもので、「積極的な意味では、弁証法は真なる認識を打ち立てるための技術である」。それと共に、「弁証法」は「他者とかかわりながら自己の人格性を理解し、実現していく」一つの仕方である。この意味で「現実的弁証法あるいは現実性の弁証法」の観念が成り立つと述べている。(9) 私は、この弁証法定義に基本的には賛同している。

以上の考察や諸説を踏まえると、「弁証法」は歴史的にヘーゲルの業績がリードする哲学の主題となっていること、これに共鳴して学び取ろうとする立場、これを全くの作り事として無視ないし排斥する立場、そしてヘーゲルの学説と対決しこれを批判しその核心を継承する立場の三通りに分かれてきたことがわかる。我が国においては、明治・大正期に至る間は、ヘーゲルは西洋での大哲学者として崇められ、その「神秘的側面」を過大視して、日本の神道や仏教哲学に引き寄せて大日本帝国をめざす日本の針路を支える全体主義的な原理をうたうために使われてきた。

その後、ヘーゲル弁証法の真髄が、特に「科学への強い関心」（岩崎）に基づく事物の変化・発展の認識方法として理解されると、マルクス主義的な認識論も含めて、世界の運動を事実に即して客観的にとらえ、なおかつその発展の方向を科学的に分析する認識方法としての弁証法が主流となった。それは哲学分野だけではなく、社会変革に携わる様々な分野で受け止められるようになった。こうしていまや現状を打開するうえで「弁証法的な認識方法が大事だ」と、合言葉のように語られるようにと変わってきた。

(2) 唯物論と観念論の対立問題について

ヘーゲルの弁証法は観念論と一体のものとして理解され、これを批判したマルクス以降は「唯物弁証法」と称して、双方の間に対立・論争がある。背景にあるのは、いわゆる観念論と唯物論の対立である。観念論は「精神的なものと物質的なもののどちらが根源的であるか、という哲学の根本問題に対して、精神的なものの根源性・第一義性を承認する哲学的立場[10]」であり、唯物論は「物質的なものが本質的に世界の究極の根拠をなすとする立場[11]」である。

両者の論争史には複雑な構図があり、ここでは割愛する。プラトンからヘーゲルに至る思索過程において「否定の否定」という概念を創造・発展させたことは確かである。あらゆる現象が「否定の否定」を介して発展する法則、すなわち弁証法を具体的にあきらかにしたことが哲学の重要な成果である。マルクスがそれを生産様式と労働の歴史に応用することで唯物弁証法の独自性が生まれた。

現在において、ヘーゲルに対しては「観念論者との評価もゆらぎつつある」し、「哲学の歴史の大道を歩むヘーゲルには、哲学の本流である唯物論者との評価こそふさわしいもの」との見解もある[12]。私も、ヘーゲルの著作（主に『精神現象学』、『小論理学』『哲学史講義』『法哲学』）、ヘーゲル研究書を読み返すうちに、ほぼ同じような見解に達している。

ヘーゲルは、概念の弁証法を介在させて人の自己知が絶対理念の知に至るプロセスを体系化した。それはヘーゲルが哲学とキリスト教（神学）の統合を企図して、その必然性を説明しようとしたからであった。その点では、若いマルクスが述べたように、ヘーゲルの弁証法は「逆立ち」した、つまり初めに絶対理念ありきの頭で立っていたともいえる。それをマルクスはひっくり返し、大地に足で立つようにしたとされる。しかし、後にそのヘーゲル弁証法を批判する哲学者が使う概念は、ヘーゲルが開発した「否定」「他なるもの」に依拠する概念であり、これをマルクスは「疎外」という概念で新たに探求の道を拓いた。また、後述するように、エンゲルスの「自然の弁証法」も本質はヘーゲル弁証法の核の自然科学への適用であった。

いわゆるマルクス主義者たちは、マルクス主義思想とヘーゲル哲学の関係を断ち切ろうとする。旧ソビエトの弁証法的唯物論の体系には特にその兆候が強かった。そこには大哲学者ヘーゲルに代わって自分たちが哲学上の最高権威をもつと主張したい意図もあったであろう。しかし、肝心なことを隠蔽している。D・ヘンリッヒが懇切丁寧に解き明かしたように、マルクスは首尾一貫してヘーゲルの弟子であったという事実である。[13] ここで「弟子である」とは単に後継者であったことを意味しない。ヘンリッヒによると、こうである。「われわれにとって教師とはわれわれ自身の問いに答を与え、われわれにもっと良く問いを立てる能力を与える者である。教師がなければわれわれは、自分がいまやっているようには問わなかったであろう。だが良き弟子は教師自身が出さなかったような問いを立てる。そのような問いの中で彼は、真理として自分に教えられたものの全体を問題にする。（略）良き弟子は教師に反抗すると良き弟子であるが、教師がいなければ何者でもない。このことは、（略）マルクスと彼の教師であるヘーゲルとの関係にも当てはまるのである」[14]

観念論と唯物論の双方の立場の人びとが論争し、互いに自己の優位性を争うことで終始するのは、哲学の外にいる者からするともう終わりにしてほしいと思う。肝心なのは、民衆の生活と実践に自分が創造した概念がどう突き刺さるのかを証明することではないか。概念と現実の統一性という根本命題が求めるのはその知的営みである。

では、私はなぜ、ヘーゲルの弁証法にこだわり、基本的にはこれに依拠して本書を構成するのか。その理由は次の二点である。一つには、弁証法の原理を哲学の概念として明解に示したのはヘーゲルであること。哲学的問答法（ディアレクティケー）に始まった対立の統一・総合の認識方法を弁証法として概念化し、感覚的経験から絶対理念の知に至る壮大な人類史・社会史・個人史の統合を解明したのはヘーゲルをおいて他にいない。

二つめに、ヘーゲルのいう概念と現実の統一性を私なりに受け止めるならば、哲学の役割はみずから述べる概念を民衆の変革的な実践にどうつなげていくかを提起し、民衆に「持つべき問い」を与えることにあること。哲学の目的は、概念を創りこれを駆使して世界を解読することである。それは互いの学派の優勢のためや哲学者個人の業績拡大のためではないと、失礼ながら門外漢の私は考えてきた。そうではなく、現実の中に次代への変革可能性があることを、今を生きる民衆に確かな知識と論理で見通せるように「問い」を提示する。そのために哲学は力を注ぐ。本書が、「人生の法則」をたびたび使うのもそのためである。

3　ヘーゲルの弁証法理論から得る三つの原則

(1) 弁証法とはどういうものか

弁証法の核となるのは「否定の否定」の概念である。弁証法が認識と存在の法則として整えられるに至ったのは、「否定」の探求の成果であった。つまり、物事の変化・発展の過程を事実立証的にとらえ、それを貫く論理を「否定の否定」という法則性として認識する結果である。ヘーゲル研究者のマイケル・インウッド（イギリス、トリニティ大学哲学専攻）の解説を確認しておこう。

「反省と疑いは、ある意味で、単に信じていることの否定である。事実に基づく信念、つまり疑いの合理的な解決は、疑いの否定である。論拠のある信念は、単純な信念と似ているが、同じではない。疑いと反省の段階をくぐることなしには、誰も、その事実に基づく信念に到達できない(15)」

これはどういうことを言ってるのか。身近な例で考えてみよう。「校則は絶対なのか」と疑問を持ったとしよう。髪型、服装、持ち物など事細かな「きまり」で生徒たちが規制を受けるのは、その学校の生徒である以上は当然のことであるとする立場がある。ほんらい、学校生活の安全・安心のために設けられるべき「きまり」が生徒たちを苦しめている。いったい誰のための校則なのか。

こうした疑問を持った高校生たちが「人権」「権利」について学習し、不要で管理主義的な「きまり」の撤廃あるいは修正を求めて行動を起こす動きが各地で起きている。これが世論を動かし、文部科学省を動かして、過剰に管理的な校則を見直すべきだという動きに変わってきた。最近では、生徒のニーズの多様性に合わせて女子生徒もブレザーにスラックスのスタイルを選べる制服の改革も見られる。これら一連の動きは、「疑い」の「否定」として、「基本的人権や権利を保障すべきだ」「管理主義的な『きまり』は廃止すべきだ」といった論拠のある信念が広がりつつあることを裏づけている。

憲法の理念に関しても、例えば、二〇二二年五月三日の「憲法記念日」に報道各紙の社説が公表された。「読売新聞」「産経新聞」は、ロシアの「ウクライナ侵攻」を取り上げ、平和主義理念に基づく日本国憲法前文は「空論」ないしは無力だと断言し、憲法九条では日本を守ることができない、早急に改正せよ、と述べている。ここでも「反省と疑い」によって、改めて憲法前文や九条の内容とその精神について考えると、戦力には戦力をという相互の緊張を助長する対抗路線ではなく、互いの主権を認めた国際対話の外交力の重要な意義を再確認できる。この場合は、憲法理念の否定を疑い（否定の否定）、憲法の平和主義理念を肯定し、憲法理解が質的に高まっている。これも「否定の否定」というプロセスの成果である。

改めて「弁証法」の原点であるヘーゲルに学ぶと、次のテーゼ（基本的な命題）がとても重要である。すなわち、「対立するものを弁証法的なものとの統一のなかで把握すること」「否定的なもののなかで肯定的なものを把握すること」である。[16]

一つは、前述のP・シンガーの「弁証法」解説からも、内的矛盾が克服され新たな矛盾が生起するという、矛盾を核とする運動をとらえること。

二つめに、対立しあうもの（対立項）の関連を全体としてその統一性でとらえること。

三つめに、否定の中に肯定を把握する（つかむ）こと。

「内的矛盾による変化と発展」「対立項の統一」「否定のなかの肯定」、これらは弁証法を表す基本概念である。これらがただ純粋な概念であるかぎりは、お題目にすぎない。本当の哲学として重要なのは、その概念と現実を結びつけ、統一性を立証することである。概念の現実性が明らかになるとき初めて、その概念はいったん純粋性を破棄されるが、同時に、その概念の中身はよみがえる。実践の中で活きる。これがほんらいの哲学である。

ここで付け加えておくべき問題がある。それは前記の「つかむ」（把握する）とはどういうことかである。言葉の問題として「把握する」＝つかむの意味は、「手中におさめる」「しっかりと理解する」（『広辞苑』）ことである。ただ「知る」だけをいうのではない。ヘーゲル的には、感覚的につかむことから概念として理性的につかむ（しっかりと全体を理解する）ことまで幅広く「把握する」と述べている。私もそのように理解し、本書では「つかむ」の表現に統一して述べていく。

そのうえで、改めて前記のヘーゲルの立場に学んでおきたい。ヘーゲルは、あらゆる実在は思惟（物事に対し思いめぐらす知の働き）によって対象となり、その性質を知り、比較して概念に高められるととらえた。ヘーゲルを批判する哲学者たちは、それを「主観的」「神秘的」「詭弁」などと評した。しかし、ヘーゲルの説明を丹念に読むと、経験のなかで見たこと・感じたこと・考えたことを基にそこから表象し関連づけるなかで、見えなかったものが見え、他との関連もわかって全体としてのその対象（実在）の意味がわかることを繰り返し述べている。

その思考過程において、常に実在するものは否定を含んでおり、この否定がテコになって本来の実在が姿を現す、つまり、そのものの肯定にいたる。実在するものに向き合い、そのありのままの中に肯定的な意義を持つ要素あるいは側面を把握することが、その実在するものの変化や発展の必然性（そうなるべくしてなる・変わる）ことを認識することになる。そうすれば実在するものにとらわれたり、その制約に苦しんだりすることから抜け出して、その対象（実在）をそのまま認めつつ、それと向き合う自己も自己として確信できる。この相互関係の全体が、実在と思考の関係の真理なので、「真理は全体である」（ヘーゲル）。これが彼の言う「思弁」、つまり否定の中に肯定をつかむ知の働きなのである。

だから、弁証法は、主観の勝手な思いつきや押しつけではけっしてなく、ものや人、できごとを事実に即して観察し、関連づけ、そこから生じる意味を考えて、もの・人・できごとの必然性を把握する実践法則なのである。弁証法を方法として身に備えることは、それだけ私たちの生存の目的である「自由に生きる」ことを可能にするのである。「否定の中に肯定をつかむ」とは、様々な変化・発展という事実としてある運動の必然性をつかむことである。どんな人も変わるし、自分自身も今のままでとどまらずに変わっていく。その自己変革の法則が弁証法である。人生の多様な場面に発現するこの法則を認識して生きていくことが、他者に対して攻撃的にならず他者と了解し合って、互いの自立を支え合う社会の実現にとって大事な糧となる。本当のケアの原点もそこに在る。また、社会を変える鍵となる知の働きもそこに在る。「知は力なり」とはそのことを言うのである。

(2) 弁証法の三つの原則

ところで、弁証法に関して多少知識のある方は、前記の三つはエンゲルスのあげた「三法則」と違うではないかと疑問を持つであろう。この点をまず解決しておきたい。

エンゲルスは『自然の弁証法』において以下のように述べる。

「したがって自然および人間社会の歴史からこそ、弁証法の諸法則は抽出されるのである。これらの法則は、まさにこれら二つの局面での歴史的発展ならびに思考そのものの最も一般的な法則にほかならない。しかもそれらはだいたいにおいて三つの法則に帰着する。すなわち、

量から質への転化、またその逆の転化の法則、
対立物の相互浸透の法則、
否定の否定の法則。
これら三法則はすべて、ヘーゲルによって彼の観念論的な流儀にしたがってたんなる思考法則として展開されている。すなわち、第一の法則は『論理学』の第一部、存在論のなかにあり、第二の法則は彼の『論理学』のとりわけ最も重要な第二部、本質論の全体を占めており、最後に第三の法則は全体系の構築のための根本法則としての役割を演じている。誤謬は、これらの法則が思考法則として自然と歴史とに天下り的に押しつけられていて、自然と歴史とからみちびきだされていないという点にある。（後略[17]）」
エンゲルスはヘーゲルの観念論的性格を批判しつつ、「三法則」については継承している。この引用箇所はエンゲルスの大著『自然の弁証法』の中で述べられている。自然に内在する弁証法の論理が科学的認識にとっていかに重要かを述べるなかでこれら三法則があがっている。これらの原点は三六―三七頁に引用したヘーゲルの弁証法の考えである。「否定の否定」が根本法則であることはエンゲルスも、認めている。
では、「否定の中に肯定を把握する」ときの「把握する」主体は誰か。弁証法はあらゆる事象、人々の生活世界に通じるものである。よって、教育を受けた市民ならだれでも「把握する」主体に

該当すると、私は考える。ヘーゲルもそのように述べている。事象に向き合う主体性（主観性）をヘーゲルが強調していることが弁証法においてはとても大事である。そのことは本書でも随所で取り上げる。だが、エンゲルスが言うように、思考法則を押し付けるやり方は確かに正しくない。そうではなく、事象をしっかりととらえ、分析し、そこから「肯定」を把握する・実現するのが弁証法である。

ヘーゲルみずから、こう述べている。「弁証法は単に哲学的意識に対してのみ存在するものとみることはできない。（略）われわれの周囲にあるすべてのものは弁証法の実例とみることができる」[18]。さらにヘーゲルは、弁証法は「天体の運動」、「自然の諸元素」による「気象学的過程」、そして「法律や道徳の領域」に存在すると述べ、次のように続けている。「個人的な倫理の領域における弁証法の意識は、『傲る者久しからず』とか『過ぎたるは及ばざるがごとし』などの周知の諺のうちに見出される。感覚や感情でさえその弁証法を持っている。苦しみのきわみと喜びのきわみとが移行しあうということは周知の事実である。喜びにあふれる心は涙にそのはけ口を見出し、最も深い悲しみはときに微笑みによって示される[19]」

私は、ヘーゲルにも学んで、一人ひとりの人生と社会的な事象、特にさまざまな生活実践・社会実践や組織的活動において弁証法の有効性を立証し、それを広く伝えたい。つまり、人生と社会の弁証法といえるものを重視するのである。その法則性を具体的な事象の中に見いだし、それを応用しながら事態を変化させ、新たな生成のために現状を解放するように働くのは誰か。それは私たち主観を持つ人間である。主観的であることによって、客観的な存在法則はそのように働くものとして認定され、活用され、科学的な諸概念へと練り上げられていくのである。

では、私がまとめた三つの原則を、順に説明していこう。

〈内的矛盾による変化と発展〉

「矛盾」のいわれは、『韓非子』の「難」の一節にある。「賢人と権力が両立しない」ことを、同じ商売人がどんなものでも突き通す「矛」と、どんなものでも突き通せない「盾」を売っていて、ある人がその矛でその盾を突いたらどうなるかと聞いて、その商売人は答えられなかったという話で具体化したものである。そこから「矛盾」は「前後のつじつまが合わないこと。両立しないこと。論理が一貫しないこと」を表すとされる[20]。

この意味での矛盾は、議論としての矛盾がまず思い浮かぶ。前記の「矛」と「盾」の話がそれを象徴している。しかし、ヘーゲルはそれを、存在するものすべてにおいて適用した。すべて存在するものは他なるものを介して初めて存在する。その関係性において自己を保つのが「生命」だとした。一方は他方なしには存立し得ない。「我思う、故に我あり」といっても、その「我」とは、他者ではない、今・ここで思考するこの自分であるから、すでに他者とのかかわりを含み込んでいる。

私たちの感情の多様性を「喜怒哀楽」と表すが、一人の人間がこうした感情表現をすることも矛盾の表れである。「私は教師」というその人も、生徒や保護者、同僚から教えられる「生徒」であり、社会的な出来事に向き合う「学び手」である。「教育者自身が教育されなければならない」という有名な命題はそのことを表している。

人間の社会で見れば、「わたし」は「わたしではない別の主体」に出会いその他者を介して「わたし」の意識をさらに深める。「わたし」の肯定はこのように他者との関わりを振り返ることで成り立つ（ヘーゲルは「反省規定」と呼ぶ）。ところが、他者なしには成り立たない「わたし」は、他者が目の前にいないときに「わたし」と向き合い、「もう一人の自分」を意識している。他者をのぞくことで自己意識である「わたし」が成り立つ。この存在上の関係は矛盾である。他者（自己にとって否定的なるもの）を含みながらその自己が他者を否定して自己を自己肯定ならしめる。さらに自己肯定の質が高まるほど、自己にとっての他者の意義を知り、その他者を受容する・認めるようになる。その他者においても同じような変化が生じている。

このように初め他者の否定であったが、次には自己による自己の否定を経た自己統一（自己肯定）に至るので、矛盾は解消され、新たな変化がつくりだされている。表向き矛盾は消えても、その質において他者から受けた影響や意味を保持している。乗り越えながら、引き継いでいく。棄てながらその実質を活用していく。ここに弁証法で言う「アウフヘーベン（Aufheben）、揚棄する」という法則が働いている。

この意味の矛盾の具体例が、本稿をまとめている時にも進行している新型コロナウイルスと人間の関係である。

生物学者福岡伸一によると、「ウイルス」は「内部の核酸（DNAまたはRNA）をタンパク質でコーティングしている（略）物質」で、細胞に付着して「宿主細胞がつくるエネルギーをハイジャックして自分を増やして」いく。ウイルスは、「合成と分解を繰り返す動的平衡の営み」をしていないのだから「生命とみなすことはでき」ない。新型コロナウイルスの『皮』に当たる部分は人間の細胞膜でできている」のだから、そのウイルスは「生命体の家出人」のような存在である。[21]

そのウイルスが脅威となり、感染拡大で医療はひっ迫し、外出や旅行などを控えることで経済に打撃を与えてきた。感染予防のワクチンを開発してその接種を広げて社会に免疫体ができたかと思うと、さらに変異したウイルスが増殖して新たに感染が拡大し、人間社会もその対応に追い込まれる。新ワクチン、新治療薬が開発されるが、その適用範囲もかなり限定された期間だから、新たな感染は起こり得る。

まさにこの状況は、私たちの生命と物質（病原体）との非両立・矛盾として現象している。そのことは、人間が自然を支配し加工して、自然を利益競争の手段に使ってきた文明史とも関係している。森林の伐採、石油燃料による CO_2 の大量排出と地球の温暖化によって、これまで人間社会には現れなかった種類のウイルスが動物を介して現れやすくなり、ウイルスがより身近になってきた。人間が行ってきた地球開発が、人間の脅威となる新物質を発生させている。これも実在する内的矛盾であり、これがいまの地球危機問題の根底にある。

コミュニケーション問題に引き寄せれば、ある問題をめぐって議論が起きるとき、主張の違いが際立つなかでも、異なる相手方の主張に影響されつつこちらの主張が変化していくことがよくある。これも、議論の内的矛盾が克服されたかに見えるが新たな矛盾が生じて、その解決のために双方の主張がさらに質を深めるという討論の運動のプロセスを示している。

また、子ども社会における「いじめ」も、本来は多様な他者に出会い社会性を獲得しながら自立に挑んでいくその学校社会の内的矛盾の現れといえる。我が国の義務教育における競争主義や学級規模等による学校間格差の解決こそが公教育として急務となる課題である。学級のサイズを三〇人以下にして、正規教員を定数通り確保して、少人数で多様な学習活動を取り入れながら個性ある学びを引き出していく教育への転換をしていくならば、いじめ現象は確実に減っていく。自分の存在感が得られないから誰かを見下したり排除したり攻撃したりして、いじめが起きる。しかし、日常の学習活動や自主活動・文化活動で豊かな他者との出会いや交わり（互いの承認関係）がつくり出されれば、自分の不満やストレスの誰かへの転移は必要でなくなる。

一貫して大事なことは、子どもたちも私たち大人も、一人ひとりが矛盾を抱える存在だととらえることである。その「生」の屈折した表現として「いじめ」「非行」「問題行動」等は発生していることをまずおさえたうえで、当事者の側に寄り添い、別の「生」（当事者のほんらいの目的）の可能性を見つけさせる（体験させる）ことが具体的問題の解決への鍵を握っている。

〈対立項の統一〉

先のエンゲルスの説明では「対立物」とあるが、これは対立し合う「もの」「こと」「思考」を指すので、「対立項」と表すのがふさわしい。そのうえで、「対立項の統一」とは、相互に制約し合うために対立し合う二項あるいはそれ以上の事柄が関連の事実としてひとまとまりの変化・運動を成していること、この総合的な統一性を常にとらえることをいう。自然の物理現象では、電極のプラスとマイナスで電流が生じる現象、地球全体が磁場を成しN極とS極によって統一性を保っていることなどはよく知られている。気候現象においても、気象庁が定義する「線状降水帯」は暖気流内の上層と下層の対立による「発達した積乱雲」がもらたすものと推察される。

地震も、日本を取り巻く海溝のプレートどうしの対立・ずれ込みによって起きている。あらゆる物理現象には対立項の統一という自然法則がつらぬかれている。

ヘーゲルは一八〇〇年代の科学的な探究に関心を持ち、その事例を手がかりに弁証法を深めたといわれている（前出、岩崎の見解）。ヘーゲルの有名な言葉、「真理は全体である。だが全体とは、自分から展開を通じて自らを、完成する実在のことに他ならない」[22]とは、常に事物は他なるものとの関連をもち、その関連自体が事物の目的となっており、これらの全体が事物や現象の真理であるということを意味している。このことを確認しないで、「ヘーゲルは全体主義者」などと特徴づけるのは全くの誤りである。

私たちの社会における文化・芸術・スポーツ分野では「対立項の統一」はあげると切りがないほど身の回りで生起している。例えば、高校野球の「夏の甲子園」大会では連日、熱戦が続いた。対戦する両チームは勝つか負けるかの対立関係にあるが、ルールに則り規定回数をプレーしてそれでも勝敗が決まらなければ延長戦で決着を付ける。こういう形態で、野球の試合という統一性を創り出している。サッカー、ラグビーなどの他の競技でも運動の原理は同じである。

ヘーゲル的には、ルールを作り、これに基づいて活動することで対立しあうものの統一性を生み出すのは、人間理性の成果（フェアプレー）なのである。高校野球でも、相手チームの打撃や守備のすばらしさに対戦チームの選手が共感したり、技術を学んだりすることがある。甲子園に出場したチームが一戦一戦勝ち抜くたびに成長していくといわれるのはそのためである。

私の専門は教育研究なので、その分野での事例でさらに深めておきたい。戦後の様々な著名な教育実践家が「対立項の統一」を内在的テーマとする指導論・実践論を著しているが、本稿では、著名な教育者斎藤喜博を取り上げる[23]。斎藤は、教育とは子どもの可能性を引き出すことであり、学校の役割は教師の指導によってそれを「創造的に引き出す」ことにあると明言している。

そのうえで、斉藤は随所で、「子どもとの対決」を強調している。授業において子どもどうし、子どもと教師は教材をめぐる異質なものの衝突をとおして新しいものを生み出す。そこに教育実践の固有な意義があるという。そうした創造的な対決が営まれるためには、何よりも教師の主体性が大事である。一つには、教材の本質をとらえていること、二つめに、子どもの思考・論理・感情についてある程度の見立てができること、三つめに、演出者・組織者としての教師の力が備わっていることを斉藤は挙げている。

この「演出者・組織者としての力」の中身について斉藤はこう述べている。

「単に教材の本質をとらえているばかりでなく、そのときどきに複雑に生まれる子どもの思考や感情を咄嗟に的確にとらえ、それを教材の本質とか他の子どもの思考や論理とつないでいる。そういう作業のなかで、余分のものをきりすてたり、本質的なものを拡大したりしていっている。またときには、教師の考えによって子どもの思考や論理に逆襲し、衝突・葛藤を起こさせたり、問題を明確に浮きぼりさせたりしていっている(24)」

ここだけを読むと、なんと教師の権威で授業を一方的に進めていることとか、と違和感を持つ人もいるであろう。一九六〇年代末から七〇年代にかけては、このように教師の指導性をはっきりと打ち出していたのは事実である。「余分のものをきりすて」るとか、「子どもの思考や論理に逆襲」するといった言葉は、どこまでも子どもの可能性を引き出すための教師の演出なのである。だから、前記の引用箇所に続けて斉藤は、「そういうことこそ演出とか組織とかいう仕事であり、それは他の言葉でいえば、教育的配慮ということでもある」と述べている。こうした斉藤の授業論から伝わってくるのは、一人ひとりの子どもの可能性を一回一回の授業で可能な限り引き出していこうとする教師の指導観である。

斉藤は、教育実践の事実を踏まえない理論的な提起には批判的で、距離をおいていた。そのせいであろう、授業を語るときに「弁証法」の言葉は一箇所も出てこない。ところが、次のように「展開のある授業」の真髄を語るとき、これはまさに授業の弁証法過程を述べている。「授業に、そういう変化が起こり、流動が起こり、爆発が起こるということは、その授業が、授業のなかに絶えず矛盾をつくり出し、対立をつくり出し、衝突・葛藤を起こすことによって、矛盾を克服していっているからである[25]」

このように子どもの解釈を否定することでより高い次元に引き上げる教師の指導性を斉藤は繰り返し強調したが、この教育実践論に対しては、「弁証法的な統一」とか「弁証法的な発展」をめざすなど、「弁証法」の言葉を当ててその特質を評価する論考もいくつか見られる。そうしたなかで、ヘーゲルの「否定」概念を取り上げてこれを手がかりに斎藤実践を解析する試みも行われている[26]。「生活指導」「集団づくり」も重要なテーマであるが、この分野では、大西忠治が「授業のスタイル」として「からみ問答」を重視する実践について論じている。[27] 大西は「いい授業」として「教師の教科内容に対する追求の深さ」と同時に「その教師と生徒とのあいだに、学習のためのスタイルが確実に存在していること」をあげている。そのうえで、大西は、学級担任としてのスタートのさいに、生徒たちに①教師の説明を聞くこと、②問答、はなしあい、討論に参加すること、③ノート作業をすることを話し、授業のイメージを共有した。生徒たちの集団討議への参加については「学級集団つくり」ですすめているが、それがそのまま授業に現れるものではなく、授業でのコミュニケーションとしては固有のものがあると大西は考えた。

そこで大西が指導したのが、「いっせい問答」から「個人問答」へ、そして「個人問答」から「からみ問答」への展開である。このような「問答」とは、「はなしあい」が意味する相互理解のことでとどまるのではなく、「理非を争う」、お互いが自分の主張をぶつけて「やっつけあう」ことであり、これこそ討論の本筋だと大西はとらえた。そして、論理的なきびしさと意見を言い合う情熱を教えながら、人間的配慮を伴う相手の批判、相手の意見の否定という「からみ問答」の次元へ高めていった。大西は文章の中では書いていないが、こうした一連の指導構想はあきらかに弁証法の基本、論理のぶつかり合い（対立項の統一）によって知的探求が深まる過程を大西は読み取っている。「やっつけあう」ことが討論の本筋だ、というのは「否定の否定」「内的矛盾」にこそ発展の鍵があることを見抜いているからである。

大西は、中学校国語授業をベースにして生徒たちの学習集団をどう育てるかという基本軸を持って、授業における生徒どうしの問答・討論を大事にした。そこが、授業での一人ひとりの立ち上がりを目指したい斉藤との違いである。「対決」「衝突」と「発問」「からみ問答」の言葉の違いは表面的なことであって、授業の質的な発展を決めるのは、子どもたちの思考と論理の深まり・広がりだという点では、斉藤も大西も大きな違いは無い。ただし、大西には、教材に挑む生徒たちの集団的な関係と一人ひとりの思考と論理という緊張関係が主要な指導対象に入っている。斉藤には、そうした子どもどうしの横のつながりは基本的には指導対象の視野にはない。斉藤は「授業における集中と統一」を重視し、「簡潔で輪郭のはっきりした授業」をめざすべきだという。それは「本質にせまろうとしてぶつかりあう」授業である。そのために、果樹の剪定と同じように不要なものは切り捨てていくのが教師の指導性のポイントだと斉藤はいう。

授業における「対立項の統一」を大事な視点としてもっていたのは斉藤も大西も、基本的には同じである。ただ、斉藤はあくまでそれは教師がつくり出すべきだととらえる。大西は、それをつくり出す主体は教師と学習集団だととらえる。このあたりは教育学のなかでも授業論（教授学研究）において古くて新しいテーマなのであるが、本稿では論点を確認して締めくくっておきたい。

〈否定の中に肯定をつかむ〉

この原則については、「逆境が人を育てる」とか、「ピンチをチャンスに変える」「明けない夜はない」など、これまでにも生活経験や人生体験から生まれた言葉が知られている。それほどにこの原則は特別なことではなく、私たちの生き方の指針として漠然とながらも意識されている。弁証法は、そのことを変化と発展の原則として概念において提示する認識法である。

エンゲルスも言うように「否定の否定の法則」は弁証法の根本法則で、「否定の中に肯定をつかむ」ことも、第二の「否定」が発展の芽となる成果を生み出す作用なのかどうかが大事であることを指している。

「否定」は、長い哲学史の中でその真の姿がつかまれないままであったのをヘーゲルが明確に取り出して定義したものである。「否定」は、存在するものすべてに通じる原理である。つまり、「あるもの」は、「他にあるもの」「ではない」から存在するのである。これは、ものごとの言明だけを指しているのではなく実在するものすべてについて言っている。この地球からして他の惑星「ではない」。このように関係する他のものとの間で成り立つ「否定」である。だから、弁証法の「否定」は全面的否定、「打ち消し」ではない。既に起きた事柄やある人の生活史を壊してゼロに帰することでは決してない。

このことは、哲学史が物語っている。プラトンの「否定」概念研究があきらかにしたように、

「否定」negationとは、別の何かが発現することotheringである（九一頁、参照）。日本語の文脈でとらえ直せば、そこに「あるもの」（当該の人や事）の異視化（関係する全体の中で、異なる視点で対象をとらえること）である。異視化するから、対象としては同一なのに別の新たな事象が現れる。

そこに「否定の否定」が成り立つ。「否定」は「あるもの」が他との関係で規定されている（制限されている）ことを表す。これに対する第二の「否定」は、その規定（制限）を取り払う、変える、乗り越える作用を指している。太陽系に発生した巨大なマグマの塊が冷却し、生命体が発生し、その進化の過程で人類が登場し、現在に至るこの変化の過程は「否定の否定」そのものである。従って、わたしたちの「生命」も、社会も、自然との交渉過程も、すべて「否定の否定」という法則性を持っている。

まとめると、固有の存在「あるもの」はそれ自身の他者（他在）を必ず持つが故に、否定性（「自己関係的否定性」[28]という）を有するが、そこに異なる要素や変化が起こり、それ自身の他者に規定された状態から抜け出し、今までの自己から別の自己に変わる（第二の否定）。このひとまとまりの連関を持つプロセスが「否定の否定」である。だから、「否定の否定」は変化と運動の法則といわれる。その「第二の否定」は元の「あるもの」を変化させ新たな質を獲得させる作用を持つので、「あるもの」をさらに続ける・生かす・更新するという意味で「肯定」作用である。だから、「否定の中に肯定をつかむ」とは、「否定の否定」、第二の否定の発現がどうであるかを読み解くものである。

自然現象では実在するものどうしの相互作用で変化が起きるが、人間とその社会においては、各人が意識的にそうする生き方を取ることで、「否定の否定」の発現する面が多々ある。だから、主体的な生き方の問題とつながるのである。誕生の時から「自由」の獲得へと向かう可能性を秘めているその「あるもの」として、私たちは「否定の中に肯定をつかむ」ことによって一歩、また一歩、真の自由へと接近していく。これは知の働きであり、理性的なことでもあるが、感性を交えたその人の生き方そのものとなる。これが人生の素晴らしさの秘密なのである。

以下では、いくつかの事例でこのことを検証しよう。

アニメーションが描く世界観として「否定の中の肯定」をわかりやすく表現したのが、宮崎駿による『風の谷のナウシカ』である。瘴気《しょうき》（悪い空気）を放つ腐海の底深い所に、無毒化された、瘴気マスクなしで過ごせる巨大な空間ができている。これは、「腐海の植物が地中の有毒物質を無毒化する過程で生じた二次代謝物」である「瘴気の毒素」が、数百年かけて無毒な結晶になっていき、それが巨大な空洞をつくりだしているためである。(29) 上層には瘴気を放つ菌類の巨大な植物群がありその地下の深いところに清浄な空気の巨大空間がある。この構図は、「否定のなかの肯定」思想をそのまま映像化したといえる。しかも、その「肯定」部分は平和への転機として描かれている。それを生かすかどうかは人間どうしの連帯にかかっていると。

では、人生において「否定の中の肯定」をつかむことはどうであろうか。

さまざまな事例があるが、何といってもまず内村鑑三の生き方を挙げたい。内村はアメリカ留学から帰国して、第一高等学校において教育に携わっていたとき教育勅語が発布され（一八九〇年）、翌年の同奉読式で拝礼の不足を問われ、激しい非難を浴びた。世に言う「不敬事件」である。内村は、キリスト信徒として信仰と良心に従ったのに、「国賊」呼ばわりを受け、キリスト教会からも勘当された。その最中に若き妻を亡くし、自分も病の身となり、失業して極貧状態となった。そのすべてを内村自身が書き留めたのが『キリスト信徒のなぐさめ』（初出、一八九三年。内村、三二歳）であった。[30] 同書は、次の六章からなる。「第一章　愛する者の失せし時」「第二章　国人に捨てられし時」「第三章　キリスト教会に捨てられし時」「第四章　事業に失敗せし時」「第五章　貧に迫りし時」「第六章　不治の病に罹りし時」。

中でもキリスト教信者である内村にとって、親の反対を押し切って同信徒になったその教会から、全否定を受けたことはどれほどの苦痛・苦悩であったことか。その子細を述べたのが第三章である。内村は「主たる汝の神を拝しただこれにのみつかうべし」（出エジプト記。旧漢字を改めた）の信念でその道を歩んできた。その内村を、キリスト教会の識者たちは「異端者」「無神論者」「ユニテリアン（求主の贖罪を信じないこと）」「狂人」として排斥した。教会全体は内村を「悪魔の使者」で「危険人物」とした。

ここまで追い詰められ、信仰は「風前の灯火」となったが、ここから内村らしい「否定の中に肯定をつかむ」生き方がよみがえる。一つには、それまで教会外の人を差別的に見て、「キリスト教外に善人なし」とまで思っていたが、むしろ教会外のひとが内村の真意をおもんばかって支えてくれたことがある。「所信を異にしても人は善人たるを得べしとの大真理を余はこの時に於て初て学び得たり」と彼は書いている。二つめに、教会から捨てられたことで深く省察を重ね、内村は「無教会」の身ではあっても、神のもとを去るのでは決してない、と決意を固めている。教会に捨てられたことは不幸だが、神に見守られる限りは何ら不幸ではない、と彼は書いている。すなわち、信仰とは何か、を原点に戻って省察することができたし、新たな歩みを決意できた。それが書名の「キリスト信徒」にしっかりと刻まれている。内村の葛藤と精神的苦痛は、私などにわかる由もないが、彼が「否定の中に肯定をつかむ」主体として立ち上がっていることはわかる。

最近の若い世代の例としては、天畠大輔《てんばただいすけ》の生き方に学びたい。彼は、中学の時に重度の身体障がい者（四肢マヒ、発話障がい、嚥下障がい、視覚障がいなど）となって以来、介助を受けながら大学・大学院で学び、博士号を取得し、いまは介助者派遣事業を営む活動をしている。

天畠は、例えばある建物に階段しかないのであればそれに自分の身体を合わせるのが近道と考えていた。しかし、大学や大学院で介助を受けて試行錯誤するうちに、社会モデル、つまり多数の「健常者向けに設計されている社会のあり方を見直す視点」を学んだ。そこから、能力についても「能力の社会モデル化」を探求していった。天畠は、「能力は、決して一人の人間の内側にあるだけではありません。それを他者との関係のなかでどう発揮できるか、そうした関係性のうえに存在する能力も間違いなくあるのです[31]」ととらえるに至った。

実際には、天畠は大学院で博士論文に取り組んだ際に、一方では自分の「もっと認められたい」という承認欲求を満たすことに囚われ、他方では、作業が進むほどにそれだけ介助に依存しなければならないという内的矛盾、もがきを抱えていたという。まさに「生きる」ことは「もがき・たたかい」(struggle)である。彼が立命館大学大学院に在籍していたときに、同大学に招聘された上野千鶴子のゼミに参加して大いに知的刺激を受けた。上野からの「個人的なことを徹底的に深掘りしなさい」の助言が支えになって博士論文をまとめ上げたという。こうした彼の人生の集大成ともいえるのが今探求している「当事者研究」だと述べている。

天畠が障がいのある自己自身の現実としっかりと向き合い、そこから逃げないで、その否定的(不自由)と見える生活総体の中にこれを跳ね返す肯定的な要素や場面があることを彼自身がつかみとって、今日の彼の人生を築いてきた。介助に努めた他者の役割も大きい。

別の事例も見てみよう。

将棋九段の先崎学は自分のうつ病体験を公表している[32]。著者によると、思考が効かなくなり、急に不安に襲われ、決断力が鈍る。家を出るにも、何をするにも、どうしようかと迷う。それも長い時間を要してしまう。こうした症状が発生した時(二〇一七年七月下旬)、将棋対局でいずれも集中できず無残に敗退した。この様子を心配した妻（囲碁のプロ棋士）が精神科医である先崎の兄と相談し、すぐに慶応病院に行くことになり、そこでうつ病と診断された。

眠れないので睡眠薬をもらっていたがそれも効かず、不眠にくるしみ、朝起きるのがつらく体全体が重く、頭の中は真っ暗であった。ちょうど藤井聡太四段（当時）の活躍で将棋フィーバーになっているさなか、「なぜ自分はこうなんだ」と自分を責め、さらに「死のイメージが駆け巡る」ことを著者は書いている。また、テレビに将棋の話題が出るとすぐ消すなど過敏になる半面、胸が苦しくなり、「息が詰まるとまではいわないが、どうしても浅い呼吸しかできない」。

精神科医である兄は担当医と連絡を取り合い、入院準備を進めていた。先崎が不安に駆られてラインでそれを伝えると、兄は「大丈夫、必ず治る」と返信してくれた。伴走する身近な人（信頼できる他者）がいることが非常に大事だとわかる。慶応大学病院精神神経科入院となり、将棋のほうは正式に「休場」扱いとなった。「翌年の四月に現役復帰」となることをめざし、焦る気持ちをおさえながらも療養に努め、九月に退院した。退院後は親しい若手に頼んで練習将棋の相手をしてもらった。負けると、普通プロは聞かない質問、「どの手が悪かった」を発して、相手に教えをこいながらプロの感覚をとりもどすために懸命になったという。

「天才棋士先崎」とまで言われてきた本人がショックを受けるような出来事が相次いだ。そのときは、家に帰るとソファーを蹴飛ばして荒れた。「俺は将棋が強い。棋界では誰もが認めている。

将棋連盟にも大いに貢献してきた」という実績と自負心を頼りにプロ復帰を果たそうとしているその自己像がことごとく否定された体験であった。執筆当時四七歳の彼が、自分の思うようにならない場面やプライドをあからさまに傷つけられる場面で荒れて、泣いたことは、彼にとっての否定そのものを表している。思考が集中できず、日常の些細な行動でも決断ができない。不安や自信喪失、自死念慮も時々襲う。全体として、ひとまとまりの「自分」という人格性を見失う状態が続いた。

兄の助言で、とにかく散歩をして外の空気に触れるようにした。うつ病は生きていれば必ず治る。波はあっても脳の働きが戻ってくれれば、欲求も湧き、目に見える景色、特に植物などの色合いが、モノクロの何の変化もない状態から鮮やかに色づいた世界に変わる（否定の否定）。だから、つらい状態があってもとにかく生きていくこと。そのためにも、うつ病の希死念慮がふっと襲うとき、これを追い払うためには、何かしぐさをすることが大事だ（否定の否定）。こう先崎は述べている。

先崎の体験記は、当事者がもがきながら自分を探しつづけ、まさに棋士としてのアイデンティティ（自分が自分であることの確かさ）をとりもどすために一つひとつの局面を乗り越えていくことがいかに大事かを私たちに教えてくれる。否定は否定で終わらない。何よりも本人が自分の「からだとこころ」の事実に向き合うなかで、第二の否定により肯定をつかむその主体性を自分で育てていくのである。このことは先の内村や天畠の生き方と共通するものである。

私自身にも、もがきながら、否定の中に肯定をつかむためにくぐり抜けた体験がある。そのことは、拙著『そばにいる他者《ひと》を信じて子は生きる――〈伴走者〉という役割』（ほっとブックス新栄、二〇一五年）の中で詳しく述べたのでここでは割愛する。

4 自然科学の視点から弁証法を読む～武谷三男と井尻正二の見解

ヘーゲルの哲学、その弁証法に関しては、人文科学、社会科学の分野では数多くの業績があり、市民向けの解説書も公刊されている。私もその多くから学んできた（「あとがき」に掲載）。しかし、本書の主題はヘーゲル研究ではない。ただし、弁証法が人文・社会系にとどまらず自然科学系でも注目され、実際に研究の方法論として理論的探究の的になっていることは取り上げておきたい。その例として武谷・井尻の両科学者の見解を見ていく。

物理学者の武谷三男が著した『弁証法の諸問題』（初出、一九六八年）は、科学と哲学の関係を問い、自然そのものが弁証法であること、したがって自然科学者は対象に取組み、実験し、失敗も乗り越えていく過程でおのずと弁証法的思考を身につけていくことを具体的かつ積極的に主張した。哲学者との論争もいろいろあったようであるが、自然科学者からは武谷理論を支持する大きな反響があったとされる。
武谷理論の特質は、唯物弁証法を科学の方法論として明確にしたこと、そして自然そのものに科学がせまる方法過程は、事物の現象を記述する「現象論的段階」、事物がどのような構造にあるかをとらえる「実体論的段階」、その事物がどのような運動原理に従って運動しているかという「本質論的段階」の三段階をたどることを解明したことにある。[33] 特に三段階説は、同じ物理学者・坂田昌一との協同によって具体化され、「原子核が陽子と中性子から成るという実体的な構造[34]」が明らかにされた。これが契機となって「中間子理論」が大きく前進して、世界的にも注目される成果を生んだとされる。それが素粒子論研究の道である。

こうした歴史的な事実に基づいて、武谷は、唯物弁証法は科学の方法論であると何度も述べている。私見では、その大本にあるのはヘーゲルの弁証法の核となる概念、「否定の否定」である。「否定の否定」は自然の法則として認識され、そのことで物理学の各分野の研究の前進に役立てられた。今日もそれは続いている。私は、哲学的立場の自然理解が正しく行われているかどうかの問題よりも、科学の営みが「否定の否定」による事物の発展法則を探究の方法論としていることを重視したい。

自然科学の別の分野では、古生物学者・地質学者の井尻正二による『ヘーゲル「精神現象学」に学ぶ』（築地書館、一九七五年）、『ヘーゲル「大論理学」に学ぶ』（築地書館、一九八〇年）の業績も知られている。いずれもヘーゲルの弁証法に着目し、古生物の進化を探る際の方法論に適用する視点で述べられている。私は、井尻が、「唯物弁証法」という立場に限定しないで、観念論哲学とされるにもかかわらずヘーゲルの弁証法の中身を科学に応用している点が大事だと思う。

井尻は、ヘーゲルの大著『大論理学』(Wissenschaft der Logik. ヘーゲルが書いた哲学的百科全書の中の「論理学」と区別してこう呼ぶ)を基礎に、自然科学の立場から、「事実」(ヘーゲルの「有」「あるもの」)、対象物の「質」(「あるもの」が「他のもの」との関係を介して得る本性)、そして対象物の本質という発展の論理を述べている。それが『弁証法の始元の分析』である。同書の中で井尻は、科学は何よりも「事実」を重視し、その本性を検証するに当たっては客観的弁証法を中心に考察するとしている。(35) また、井尻も、「現象」と「本質」のあいだに「質」の段階を見いだしている。これは武谷の言う「実体論的段階」と同じとはいえないが、中間的段階を見る点では共通している。

その反面で、井尻は、ヘーゲルが例えば「点は線になる」という弁証法、「線は点の運動によって生じ」ると述べたことを取り上げて「独断的な押しつけ以外の何物でもない」と切り捨てているが、これは井尻のほうが皮相的である。客観的には点の無限の連続が線であることはいまや数学でも明らかである。「あるもの」と「他なるもの」の関係に微細に注目しながらも、事物の変化・運動が何によって生じるか、その内的原動力は何かを井尻はヘーゲルからもっと正確に読み取るべきではなかったか。対象をただ観察するだけではそれは出てこない。表面からは見えない対象の有する論理、これは思考によって解き明かすしかない。

5　人間の解放と弁証法――パウロ・フレイレの『被抑圧者の教育学』

ブラジルの改革思想家・実践家であるパウロ・フレイレは、民衆の本当の解放を理論づける際に、ヘーゲルの弁証法を駆使し、現実を分析し、真に向かうべき方向を提起した。その有名な著作が『被抑圧者の教育学』（原著初出、一九七〇年）である。フレイレの思想は世界に影響を与え、現在でも「教育対話学」といわれる取組みにおいて彼の対話学習論が学び続けられている。

フレイレは、ヘーゲル『精神現象学』やマルクスの著作を丁寧に吟味して弁証法の理論を応用し、農民が抑圧者（地主たち）と被抑圧者（自分たち）の内的矛盾を知り、その認識をバネにして解放の闘いに加わることを提起した。つまり、解放のためには、「自分たちなくしては存在できない抑圧者の対立者として（自分たちは：折出注記）弁証法的関係のなかに生きているのだということ」を知るだけではなく、「自らとらえられている矛盾を克服できるのは、この認識がかれ自身を自由にする闘いに加わらせるときだけ」であると。[36]

その行動は、単なる作業ではなく、「省察からひきはなされない」行動である場合に、解放の願いと要求をいだく人間の行動となる。[37]その「省察」は、G・ルカーチが言うように、なぜその行動が必要かを民衆に説明することを指すが、フレイレはこれを「その行動について民衆と対話を行っていく」という観点でとらえ直した。その成果が同著作の核となっている「対話─自由の実践としての教育の本質」の洞察である。その場合、フレイレは何をテーマに取り上げるかを重視する。というのは、民衆が弁証法的矛盾のなかを生きているとき、ある者は現在の構造を維持しようとするし、他の者はそれを変えようとする。この対立を状況分析と事実を持って具体的に深めていくことが本当の対話なのである。そのためには、自分の言葉で話すことを奪われてきた者たちがその権利を取り戻し、隷属に晒され続ける現実を阻止しなければならない。そこに対話のテーマが生まれる。

彼はこう述べている。

「テーマの探求には民衆の思考、つまり現実をともに探求している人間のなかでしか、またそのあいだでしか生まれぬ思考についての探求が含まれている。私が他者にかわって、あるいは他者なしで考えることはできないし、他者が私にかわって考えることもできない。(略) 自らの思想を生み出し、それに働きかけることこそが変革の過程とならなければならない。だが、それはけっして他者の思想を吸収することではない[38]」

この主体的変革の弁証法を中心においた対話論でなければ、それはフレイレ理論の矮小化につながる。彼から学ぶことは多くあるし、実際にそうした研究も取り組まれている。だが、彼の弁証法理論、内的矛盾の認識を行動に生かすための対話教育であるという核を外して、ただ対話の技術面だけでフレイレ思想を評価することは、その対話が誰のための、どのような変化を作るための対話か、を消し去る恐れがあるので問題である。[39]

6　インド哲学にみる弁証法的な視点

仏教思想とも深いつながりをもつインド哲学にも、弁証法的な認識方法がうかがえるのではないか。そう考えて、インド哲学に関する入門的講義をまとめた赤松明彦の著作を読んだ。[40]

赤松によれば、インド哲学にも、哲学界に共通の二つの問いがみられる。一つは、「存在とは何か」「存在から見える世界とはどのようなものか」であり、もう一つは「人はいかに生きるべきか」である。[41] 一つめをめぐっては、「存在」と「非存在」の矛盾・対立と統一性が論じられており、二つめをめぐっては、絶対者、すなわち「神」と人間の行為との関係が論じられている。ただし、インド哲学には「正統六学派」と、仏教などの反正統的な思想の流れがあって、とても複雑でそう簡単には論じられない。そこで、前記の二つの主題に焦点化した赤松の講義を手がかりに、この問題を見ておきたい。

まず、存在と現象の関係では、世界を成り立たせる根源的なものと多様に存在する事物・事象との関係が問われる。ここに、普遍的なもの（一般者）と特殊なもの（個物）との関係、つまり「一と多」の関係が絡んでくる。こうして、「世界を成り立たせている根源的一者と現象界の多者の関係をどう、より合理的に説明するか」という問題が、「インド哲学を貫く最も重要な主題となった」と赤松は述べる。[42] 例えば、壺には様々の形態と中の空間があるが、個々の壺には壺であることの「壺性」（一般性）が備わっている。人間でも、「わたし」という個我には人間性（一般性）が備わっている。では、どのようにして個別なる存在が生まれてくるのか。これが「存在と生成、消滅と非存在、さらに生成」の問題である。

なぜ、このようなややこしい問題が議論されるかというと、先ほどの「壺」の固有な空間は「壺」を壊せば無に帰して存在しなくなるので、もともと個別の「壺」が「ある」とみるのは「虚妄」だという論点が出され、それへの反論で議論が起きたからである。また、「壺」は「土」から作陶されて「壺」になるが、いったいどこからが「壺」なのか。ここに個別なる存在の「生成」を問う議論が起きてくるからである。「生成から存在へ、それが消滅し非存在に、新たな生成へ」というこの万物の変化こそ、インド哲学の探求の的になったという。その経過は赤松講義に譲って、もう一つの論点に移りたい。

それは、絶対者と人間の行為の関係を問うものである。[43] あらゆる人間社会の現象は、「神」が原因なのか、「人間の行為」が原因なのか。あることに努力したのに実を結ばなかったのは誰のせいなのか。逆に、困難な仕事をやり遂げられたのは誰のおかげか。

この議論をめぐっては諸説が展開されたとされるが、私の読みとりのポイントはこうである。「神」は人間の行為（「業」＝カルマと呼ばれる）に無関心ではなく、公平に介入する、つまり「助ける」。しかし、実際の行為の結果は、実を結んで成し遂げるものもあれば、不成功に終わり挫折するものもある。「神」は介入しておきながら、その結果には無関心か、あるいは介入自体が無効なのか。

そうではなく、「神」の介入（助け）はおこなわれるが、「行為をし、その結果を自ら引き受けるのが人間であるということを認めた上で、人間の行為を助ける」のが「神」なのだと説く[44]。個々の人間に「神」は否定性を持って介入するが、それは人間自身の営みの肯定である、というインド哲学流の弁証法がここにはあると私は考えた。

私たちの日本思想の中にも本章第1節で述べた家永三郎による思想史研究的な業績の中に見ることができる（二五―二六頁）。それ以上の探求は本書の主題ではないので、ここまでにしておきたい。

7 『蟹工船』にみる弁証法

最後に、文学作品から典型例を一つ取り上げたい。プロレタリア文学の代表作として国内外で高く評価されている小林多喜二の『蟹工船』（一九二九年三月）が、弁証法のストーリー展開であることは批評の中であまり書かれていない。

あらすじはこうである。カムチャッカの漁場で蟹を捕りそれを缶詰にする工場も備えた蟹工船博光丸には、蟹漁をする漁夫と缶詰作業の雑夫が数百人詰め込まれていた。漁夫たちは「糞壺」と言われる薄暗い部屋に閉じ込められ、毎日重労働を強いられた。彼らをこき使う監督たちは、この仕事は大日本帝国人民の仕事だと演説して、漁夫たちの怠慢には容赦なくリンチを加えた。ある時、監督は突風の警告を無視して漁のための川崎船を出させたが、一隻行方不明になった。これに漁夫たちは反発し、監督への怒りをたぎらせた。そこへその川崎船が戻ってきた。それに乗っていた漁夫らは、カムチャッカまで流れ着いてロシア人に助けられたこと、そのロシア人から、「金儲け人にプロレタリアが首を絞められてはダメで、みんなで手をつなげば負けない。働かない人は逃げる」と諭されたことを漁夫たちに話した。みんな真剣にその話を聴いた。

若い漁夫が船倉で死んだのを機に、多くの漁夫たちが仕事を放り出し、ストライキに入った。雑夫たちも参加して三百人に膨れ上がった。そして監督に要求を突きつけた。ところが、駆逐艦の武装兵士らが乗り込んできて、代表者九名が護送され、ストライキは鎮圧された。その後、彼らへの監督の仕打ちはひどくなった。しかし、彼らは「俺達には、俺達しか味方が無ぇんだ」といって、全員で力を合わせてストライキをやろうと決意した。「そして、彼らは、立ち上がった。——もう一度！[45]」

劣悪で不衛生の蟹工船で重労働を平気で行わせ、いのちをなんとも思っていない資本家と監督たちは、漁夫や雑夫たちにとって否定そのものであった。しかし、プロレタリアは団結して立ち上がれば負けないと教えられ、彼らは反転・自立の行動に出た。いったんは鎮圧されたが、再び立ち上がった。また駆逐艦を呼んだら「力を合わせて、一人残らず引き渡されよう！」と決意して。

この作品は、労働者集団が中心に描かれ、リーダー的な個の存在や個人どうしの葛藤などは書かれていない。しかし、それだけに、「否定の否定」の第二の否定が働く者の集団の自立であることが鮮明に出ている。文学の手法で弁証法のストーリーを描き切った秀作といえる。前年に書いた「一九二八年三月十五日」で多喜二は、治安維持法（一九二五年）により小樽で検挙された活動家の人びとを具体的に描いた。それに比べ『蟹工船』は個人が埋没しているなどの批判もあったという。しかし、資本家の手先となって漁夫たちを重労働に追い込む監督らに怒りを持って立ち向かうのは

「俺達」＝働く者の集団だ、と階級的対立を鮮明にしているのが『蟹工船』の主題である。「否定の中に肯定をつかむ」社会的実践を遂行するのは労働者階級だという一線がこれほど明瞭な文学作品はそう多くない。私は、小林多喜二がしっかりと弁証法の哲学を学んでいたことを物語ると思う。(46)

まとめ

弁証法の「三つの原則」を中心に述べてきたが、厳しい境遇をのりこえ生き抜いた人生史にも思想史にも、階級的対立にも、そして自然科学分野の仕事にも、弁証法はつらぬかれていることがわかった。あるもの（実在）をとりまく制約との対立・矛盾を介して、その制約を取り除く方向に転化させ、そのもの（自己）の自由を拡大していくプロセス、これが弁証法の法則である。「いま・ここで」具体的に「何か他なるもの」によって規定され制約されていても、それがそのもの（自己）のすべてではない。関係する他者（複数）の本質をよく見なければならない。だから、ヘーゲルは「真理は全体である」と述べた。

イギリスの哲学者ロイ・バスカーが「弁証法は自由への憧憬であり、自由を制約するものの転態的否定（別のものに転化する成果を引き出す否定：折出注記）に対する熱望である。（略）弁証法の存在感がどれだけ大きいかによって自由の脈動―その健全度すなわち転態力―は測られる[47]」と述べたことはとても重要である。

本書のテーマに引き寄せていえば、どんな困難に直面していても、その人は、その人固有の他者をみつける可能性を秘めているし、そのためには冷静に事実を読み解いていく知の習得が不可欠である。やみくもに相手を攻撃したり、暴力できりぬけようとしてはだめだ。それでは、自由の制約をうち破る否定ではなく、自分をさらに悪へ追い込む破壊的な否定となるからである。

（注）

（1）宮永孝「明治・大正期のヘーゲル」法政大学社会学部学会『社会志林』第六一巻第一号（二〇一四年）、一七二―三二四頁所収。

（2）同前。

（3）家永三郎『日本思想史に於ける否定の論理の発達』新泉社、一九八三年、三七頁。

（4）同前、三五二頁。哲学者西田幾多郎は、親鸞の思想のなかに「否定」を見出していた。西田の評論「愚禿親鸞」は「赤裸々たる自己の本体に立ち返」ることではじめて我が人生の意味がわかると述べたことで、有名である。同名の電子書籍版（底本は『西田幾多郎全集』第一巻、岩波書店）。

（5）岩崎允胤「日本における唯物弁証法の発展」『北海道大学文学部紀要』第一九巻三号、一九七一年所収、六頁。傍線部は、原文では傍点。一九八八年、大阪経済法科大学哲学研究室と北京大学哲学系の共同主催で「日中唯物弁証法シンポジウム」が開かれたが、このとき岩崎は日本代表団の団長を務めた。同書は双方の共編で『現代における唯物弁証法〜日中唯物弁証法シンポジウム論文集』（大阪経済法科大学出版部、一九八九年）として刊行された。同書で岩崎は「現代日本におけるマルクス主義哲学の展開」「弁証法の基本法則」を書いている。

（6）広松渉他編『岩波哲学・思想辞典』一九九八年、一四六二―一四六三頁。

（7）尾関周二他編『哲学中辞典』知泉書館、二〇一六年、一一一〇頁。

（8）*The Oxford Companion to Philosophy New Edition*, (ed.) Ted Honderich, Oxford University Press,2005,p.212.

（9）*Dictionnaire de la philosophie*. 片山寿昭他共訳、弘文堂、一九九八年、三九四―三九五頁。

（10）尾関周二他編『哲学中辞典』二二五―二二六頁。

（11）同前、一二三一頁。

（12）高村是懿『弁証法とは何か　「小論理学」に学ぶ理想と現実の統一』広島県労働者学習協議会、二〇〇七年、「序」より。

高村の本書は、二〇回に及ぶ『小論理学』講義（二〇〇六―二〇〇七年）をまとめたものである。高村は同書のなかで、「私見では、ヘーゲル哲学の本質は『観念論的装いをもった唯物論』にあり、だからこそその哲学の内容の一つひとつが、唯物論的内容にみちていて科学的社会主義の哲学として生かされてくると考えるものです」（同前、四六一頁）と述べている。ヘーゲル哲学の積極的評価には啓発される。ところが、その真髄といえる「否定」（あるいは「否定性」）概念については、章・節・項のくわしい「目次」を見ても「否定的理性」が一箇所あるだけで、あとは全く表記されていない。「否定的理性」も、否定的なものは同時に肯定的なものであるというヘーゲルの文章を引用しただけである。

私は、ここに高村が「科学的社会主義」への積極性を強調するあまりにヘーゲル哲学の考察が甘くなった点があると思う。「否定の否定」は本文でも詳しく述べたとおり、弁証法の真髄である。しかも、変革的実践にとってはその「第二の否定」がどういう論理で、どういう意味を持つかを講師の立場で掘り下げるべきである。ヘーゲルがプラトンの「否定」概念（othering）を継承して弁証法を独自の方法論で体系化したことは本文で述べた。が、高村においてはその意義づけのよわさが、弁証法の三つの側面を「正―反―合」といわれると紹介するだけで「否定性」を介在させない問題点には何ら言及していないことに顕れている。

（13）D・ヘンリッヒ、中埜肇訳『ヘーゲル哲学のコンテクスト』哲書房、一九八七年、四一七頁以下。この章のタイトルは「ヘーゲルの弟子としてのカール・マルクス」である。

（14）同前、四二三―四二四頁。

（15）Inwood,M.J.*Hegel*,Routledge,2002,p.98.

（16）ヘーゲル、寺沢恒信訳『大論理学一』以文社、一九七七年、五九頁。この後に続けてヘーゲルは、ここに成り立つ思考の働き（「思弁的なもの」）は「最も重要な」ことだが、それには訓練された自由な思考力が必要であると述べている（同前、五九―六〇頁）。ヘーゲルの「思弁」に対する非難は数多くおこなわれた。その原語Spekulation（speculation）は、一般には、根拠の無い推測、空理空論とみなされてきたが、ヘーゲルの「思弁」はそうではない。彼固有の意義づけがされている。すなわち、それは、否定的なものにおいて肯定への移行・変化を抽出する思考の働きである。言いかえれば、概念と現実をつねに結合させ統一的にとらえる思考活動である。ヘーゲルは「経験を弁証法的に理解するのではなく、弁証法的なものを経験の本質から思惟しているのである」（樫山欽四郎『ヘーゲル精神現象学の研究』創文社、一九六一年、五八頁）。ヘーゲルは『小論理学』のなかで、「経験の原理」の重要性について述べている。すなわち、ある内容を信頼できると判断するにはその内容が「自分のたしかめたことと一致し結合するのを見出す」ということである。その事柄に接することなくして、真の思索はあり得ない。だから、「哲学」は「その出発点からみて経験的科学」であり、その探究成果である「法則、普遍的な命題、理論」は、「現存するものの思想」である（『小論理学（上）』岩波文庫、七一―七二頁。強調は原文）。「否定の中に肯定をつかむ」というのも、それぞれの人生を生きるなかで人生の諸経験からその本質をとらえ直すことで生じる人生の思想といえる。

（17）『マルクス・エンゲルス全集』第二〇巻、大月書店、一九六八年、三七九頁。

(18) ヘーゲル、松村一人訳『小論理学（上）』改版、岩波文庫、一九七八年、二四八―二四九頁。
(19) 同前、二五〇頁。
(20) 三省堂辞書ウェブ編集部「ことばの壺」
https://dictionary.sanseido-publ.co.jp/column/kotowaza50
(21) 福岡伸一・伊藤亜紗・藤原辰史『ポストコロナの生命哲学』集英社新書、二〇二一年、三四―三五頁。
(22) ヘーゲル、樫山欽四郎訳『精神現象学』河出書房新社、二四頁。
(23) 斎藤喜博『教育学のすすめ』筑摩書房、一九六九年。
(24) 同書、九八頁。
(25) 同書、一五〇―一五一頁。
(26) 小池順子「教師が子どもの解釈を否定することについて～斎藤喜博の『出口』の授業を手がかりに～」『東京大学大学院教育学研究科紀要』第三九巻、一九九九年、三八三―三九二頁。
(27) 大西忠治『国語授業と集団の指導』明治図書、一九七〇年。本書の構成は以下のようになっている。「Ⅰ授業のスタイル　Ⅱ教師の発問　Ⅲ学習のしくみと方法　Ⅳ教材分析と授業」。「授業のスタイル」で「問答の指導」「討論の二重方式」などが詳細に述べられる。
(28) 加藤尚武他編『ヘーゲル事典』弘文館、二〇一四年、四一一頁。「自己関係的否定性」とは何か。ヘーゲル『精神現象学』の「自己意識」の章では、「自己」に出会う「他なる自己意識」に対しこれを「否定」し去ることで「自己自身」であろうとするが、そうはいかず「他なる自己意識」によって当の「自己自身」が今まで見えなかったことを知らされ自己像が見えてきて、変わっていく。それは「自己自身」の質的変化となる。このように、自己にとって否定的なことが常に自己に還る作用となることを「自己関係的否定性」という。(第二の)「否定」によって今までの自己・他者の関係を乗り越え、関係する者同士が「同時に(自分と他者という：注記)自立的対象を生みかえす」(樫山欽四郎『ヘーゲル精神現象学の研究』創文社、一九六一年、二三八頁)。

こうして、互いが自らの真を認め合う。これが「相互承認関係」の意味である。『精神現象学』では、「主人と奴隷の相互承認闘争」として描かれる。ここでも「否定」(主人に服従させられる奴隷)の「(第二の)否定」(その主人は奴隷の労働なくしては生活し得ないことを奴隷が行動で示す)が貫かれている。だから、ヘーゲルの弁証法哲学では、革命の論理が肯定されるという特徴がある。ここを若いマルクスは深く把握したのである。

例えば、私たちの実体験でも、くじけそうになって挫折しかけたとき、他者(親または教師または友人、あるいは小説の人物)の「あの言葉」で自分の姿が異視化され、自分の可能性に気づき、励まされ、次に新たな一歩を踏み出せたということはどの人にもあるであろう。それは自ら「否定の中に肯定をつかむ」経験をしているのである。

ヘーゲルが次のように言うのは、現代の私たちにも十分に当てはまることである。「弁証法の正しい理解と認識はきわめて重要である。それは現実の世界のあらゆる運動、あらゆる生命、あらゆる活動の原理である」（ヘーゲル、松村一人訳『小論理学（上）』〈改版〉岩波文庫、一九七八年、二四六頁）。同じ箇所でヘーゲルは、ドイツのことわざ、〈Leben und leben lassen.〉を引用している。これは「みずから思うように生きよ、そして他者の生きるようにさせよ」の共生の意味である。他者を生かすことの中に自己の止揚（高まり）がある。自信が得られる。これが「生きること」の真実なのである。

（29）宮崎駿『ワイド版　風の谷のナウシカ』一〜七、徳間書店、一九八五年。「瘴気」の説明は、日本語版ウィキペディアの「風の谷のナウシカ」にある説明を参照したもの。

同書第一巻で、ナウシカが腐海で集めた胞子から育てた植物群に剣士ユパが初めて出会う場面がある。ユパは猛毒のヒソクサスギが花を付けているのに驚く。すると、ナウシカは「きれいな水と空気のなかでは」「かわいい木」に育つし、「瘴気も出さない」とわかったと話す。「汚れているのは土」であり「このものたちのせいではない」と。ナウシカは腐海を見回っているうちにそのことに気づいたという（同書、第一巻、八二頁）。これはまさに経験を基礎にして「否定の中に肯定をつかむ」思想を築く実践そのものを描いている。

（30）内村鑑三『キリスト信徒のなぐさめ』（新版）岩波文庫、二〇二一年。鈴木範久の解説を参照した。

（31）天畠大輔『〈弱さ〉を〈強み〉に　突然複数の障がいをもった僕ができること』岩波新書、二〇二一年、一九一頁。

（32）先崎学『うつ病九段　プロ棋士が将棋を失くした一年間』文藝春秋、二〇一八年。

(33) 武谷三男『弁証法の諸問題』(新装版) 勁草書房、二〇一〇年、五一頁。
(34) 同前、三四五頁。
(35) 井尻正二『弁証法の始元の分析』大月書店、一九九八年、五七頁。
(36) P・フレイレ、小沢有作他訳『被抑圧者の教育学』亜紀書房、一九七九年、二五―二六頁。ピーター・メイヨー（マルタ共和国のマルタ大学で成人教育専攻）は、A・グラムシとP・フレイレを比較・補充しつつ、民衆知をはぐくむ成人教育とは何かを論じている。その結論として、成人教育は、おとなの「わたしたち」が「わたしたち」を教育することであると述べる。そのもとで、フレイレの教育学思想について、①「識字教育」の目的は政治的意識化にあった、②支配的イデオロギーのごまかしに探査のメスを入れる、③彼のめざした教育学は反民主主義的な社会関係を廃棄し民主主義のそれに代えることをラディカルにおこなうものである、とまとめている（里見実訳『グラムシとフレイレ　対抗ヘゲモニー文化の形成と成人教育』太郎次郎社エディタス、二〇一四年、二五四頁）。この中で著者が、成人教育従事者は学習者（労働者・農民）との対話をとおしてunlearnされる、と述べた箇所で、訳者里見実はunlearnを「洗い直す」と訳している（同書、二一八頁）。
(37) 同前、三二一―三三三頁。
(38) 同前、一三〇頁。強調は原文。
(39) 日本教育方法学会第五八回大会（二〇二二年一〇月一～二日、山口大学）の「自由研究発表」で報

告された「パウロ・フレイレの対話学習理論と実践」もその一例である。イギリスの教育対話学研究グループの紹介など興味深い点は多々あったが、フレイレの理論に関しては、彼が述べた対話の要素（謙虚さ、信頼、愛など）を取り上げ、これを教師と生徒の関係に適用して、例えば対話には「謙虚さ」が必要であるなどとするとらえ方では、主体的な解放のための対話という思想の核心がほとんど骨抜きにされていた。発表レジュメには何カ所も「自由」の言葉が出てきたが、フレイレが「被抑圧者の教育」にこめた「自由」思想からの後退に思えた。

(40) 赤松明彦『インド哲学一〇講』岩波新書、二〇一八年。
(41) 同書、四―五頁。
(42) 同書、一二八頁以下。
(43) 同書、一二三〇頁以下。
(44) 同書、一二三四―一二三五頁。
(45)『小林多喜二全集　第二巻』新装版、新日本出版社、一九九二年、三六二頁。強調は原文。
(46) 多喜二はある評論で、「こゝに『組織』と『指導』の弁証法がある」と書いている（『同前全集　第六巻』一九二頁）。小樽高商の卒業論文で彼は、経済学をただその知識のためだけにやっても意味がないとしたうえで、パンの問題（貧困と窮乏）の事実をしっかりとつかむならば「学問ならざる、然しより立派な学問は存在し得る」と書いている（『同前第六巻』三〇二頁）。「自分はそういう民衆と次に進む」とも（三〇三頁）。すでに小樽高商生のときから、学問は民衆の苦闘の生活の中で育まれ、その解放に向かうとき学問自体が鍛えられて発展するという弁証法を彼が強く意識していたといえる。先の「そういう民衆」とは、「パンに対する権利」をもつがゆえに、その「権利」行使を奪い、ひとり占めしている者は誰かを階級闘争の中に発見するその民衆のことである。

(47) ロイ・バスカー、式部信訳『弁証法―自由の脈動』作品社、二〇一五年、五七八頁。強調は原文。

第1部

否定と他者、アザーリング

I 「いのち」のもつ内的矛盾と生成

1 「いのち」とは

「いのち」とは何か。

過去にもさまざまな哲学者が「生命」を論じてきているが、私は、広島大学の学生時代から格闘してきたヘーゲル哲学における「生命」観に依拠している。日本哲学会のシンポジウム「生命とは何か」（二〇一九年）のシンポジスト・山田有希子（哲学）によれば、ヘーゲルは、カントが「有機体」を考える際に避けた「矛盾」を逆に徹底して追求し、存在するものが同時に他者と関係していることに「有機体」の本質があるとした。(1) ヘーゲルは『精神現象学』の「C　理性」の章で、「有機体は、他者との関係のうちに自己を維持するものである」と述べている。(2) ヘーゲルにおいては「有機体」とは「生命」のことであり、この規定は「生命」すなわち「いのち」の本質を見事に定義づけている。

では、「我思う、ゆえに我あり」（デカルト）の自己確認についてはどうであろうか。一見すると、「我」が他者とは関わりなく「我」の存在を「思う」がゆえに「我がいのち」はここにある、という意味になる。「我」が「我」を知る自己知こそが、「いのち」を知る原点ということになる。この限りでは誰も異存は無い。そのデカルト的自己知には、「我」というこの身体的・生物的存在が対象になっている。そのとき、「我」は、他のどの存在でもないこの「我」＝自己自身というように、暗に他者との関係性をくぐっている。平たく言えば、この私が他でもない（と、「私」以外を否定する）この私というこの身を備えた存在を認知する以上、私はここに居る、ということである。しかし、デカルト的自己知は、思う「私」と思われる「私」に分かれている（二元論という）。

「私」はこの身を対象として見つめることで初めて「私」という存在を確認できる。初めは「私」なのにまだ「私」ではない。「私」（意識）を出て「私」という対象を見つめてこれらのすべての

「私」を確認できる（「私」に還る、「私」を肯定する）。ここには矛盾がある。「私」にとってこの身は他なる存在とは違う（それから離れた）意味で「他者を媒介した存在」である。「私」は「私」という身体＝非他者を認め「私」を知る。まさに、ヘーゲルが言うように、「私という生命は、他者との関係のうちに自己を維持している」のである。

だから、「いのちを育む」とか「いのちを大切にする」というのは、それぞれの個体における「他者との関係のうちに自己を保つ」その姿、その存在ぶりを肯定し、その個人の「いのち」の営みに尊敬を払うことである。

非常に興味深いことに、現代の生物学を探究している福岡伸一は、「生命」の基本は相互依存的で共生的であり、互いに益を成しあう点では「利他的作用」をもつという。(3) すべてが一回性の偶然である「自然」を人間は「論理」に変え、そうすることで「遺伝子の掟の束縛から自由になった」。そのうえで、生命の「利他的共生」をどう自分たちで守り発展させるかが今なお問われている。福岡はこうとらえて、科学などのあらゆる文化的営みは「生命とは何か」の問いに答えを出そうとする営みだと述べている。

2　人は「否定の中の肯定」を宿して生まれる

人間の子の誕生は次のようにおこなわれる。

妊娠中の女性の子宮の育成により妊娠中に胎児を保護する。人間の場合、満期妊娠は約四〇週間とされる。胎児が成熟し、出産が差し迫ってくると、赤ちゃんが産道を無事に通って出てこられるように一連の動きが始まる。分娩中は、子宮、子宮頚部が開き、定期的に拡張する。これらの収縮は一般的に陣痛と呼ばれる。収縮によって、子宮頚部が拡張され、赤ちゃんの頭と肩が膣内子宮から通過するるのに十分な大きさとなる。赤ちゃんと胎盤が無事出産されるまで収縮は続く。そして誕生となる（米国・ブラウセンメディカル社作成の医療用教材の出産解説を参考にした）。

この出産解説のとおり、「生まれる」ことはとても大きな意味を持っている。出産は母体の肉体苦をともなう大変な営みである。二足歩行の為、母体においては背骨の形状に応じて骨盤の形態が他の哺乳類よりは狭くなった一方で、身体の割合として頭が大きい状態で胎児が産道を通るためである。よって、他の動物のように出産は単独ではできず、他の人の助けを得る協働ではじめて安全に行える。無事に誕生した子どもの命を尊び、「生きてるだけで百点満点」（保健師・鈴木せい子）

と子どもの存在をたたえることも、子育て・教育においては原点となる。

生まれたばかりの子は（外気にふれて）泣くこと以外には自分では何もできない。他の高等哺乳類の動物の子が、出産後にすぐにたちあがって四足歩行にチャレンジするのとは大きな違いである。他の哺乳類の赤ちゃんの様に誕生後すぐに自分で歩けるには、胎児として母親の体内に約二一か月いなくてはならないのに、約一〇か月で誕生する。つまり、人の誕生に固有な「生理的早産」である。

「生まれる」「生活していく」「おおきくなる」ことは、人の社会では当たり前のように思われているが、実は、そこに〈人間の生と教育〉を考えるとても重要な「宝」が隠されている。そのことを人間学・生物学の見地から解明した人がスイスの動物学者アドルフ・ポルトマン（Adolf Portmann 一八九七―一九八二年）である。彼が探求した業績は「人間の生理的早産説[4]」として知られている。

人間の誕生の仕方が「生理的早産」であるとは、どういうことか。彼は以下のように述べている。

「高等な哺乳類の新生児は、たいへん発達し、機能もそなわった感覚器官をもつ『巣立つもの』である。その体の割合は、（略）成育した親のそのままを小さくした縮図であり、その運動や行動は、親にたいへん似ている」

「人間は生後一歳になって、真の哺乳類が生まれた時に実現している発育状態にやっとたどりつく。この人間がほかの本当の哺乳類並みに発達するには、われわれの人間の妊娠期間が現在よりもおよそ一ヵ年のばされて、約二一ヵ月になるはずだろう[5]」

ポルトマンによると、人の赤ちゃんは、「離巣性の動物（注記：生まれたばかりの頃から自力で動くことができる程度に運動機能が発達している動物）が本来生まれる期間よりも、一年近く早く生まれてきている」ために、他の高等哺乳類の子どもに比べると「無能」な状態で生まれる。それを彼は「生理的早産」と呼んだ。しかし、それは、誕生後の「人間的な」発達のために必要な養育の必要性を裏づけているのである。ここには、「否定の中の肯定」という人間の誕生の大事な特質がある。「生理的早産」で生まれ、その後約一年かけて高等脊椎動物の種としての必要な能力を獲得する。

ポルトマンによれば、その人間学的な意義は以下の三点にまとめられる。

（1）高等脊椎動物にみる大脳半球のすべての構造がその質量を増していく（脳髄の質量の相対的値＝指数で見ると、人間一七〇、チンパンジー四九、象七〇）。高等哺乳類の子どもは、誕生時点で、身体の割合が、成熟した大人の形に近い（子馬、子鹿、クジラの子など）。人間の新生児だけ、大人の身体の状態からはかけ離れた状態、手足・胴体に比べて頭の割合が大きく、すぐには一人歩きできない状態で誕生する。

（2）動物の本能的行動は、環境に制約されているumweltgebunden。しかし、人間の行動は、世界に開かれているweltoffen。人間の特殊性は「表象すること」（心に姿を描き出すこと）にある。今でいう「想像力」。この高次の神経機能によって、知覚するものを多面的に補い、時間・空間の遠く離れたものも、絶えず補って表象することができる。これが、「意思」「決断」と言われる行動の基礎になる。すでに大脳生理学によって、人間の記憶作用、想像能力、言語と思考の能力などが明らかにされているが、この脳の活動を通して、環境の制約をのりこえ、自分たちの生活に応じたように変化させていくことができる。

（3）人間の発育の特殊性がある。他の動物に比べて（進化の過程で発育が）「おそくなった」のではなく、人間になりゆくために「ゆっくりと」発育していく。性的成熟（生殖可能となるおとなの状態）に至るまでに、チンパンジーやオラン・ウータンの倍以上の年数を要する。この発育過程では、脳髄の構造・機能の発達、そして心理的な発達が可能となる。これらはすべて、人間のつくりだした環境＝「世界」と出会い、交わり、自ら活動する（学習する）ことによってはじめて実現されるものである。

人間が「世界に開かれた」存在であることは、子どもの「あっ、そうか！」体験などに現れている。子どもの抱く「問い」「不思議なことへの興味」そして「発見」は、すべて子どもが人間らしく自己を発達させていく当然の変化なのである。インターネット社会の今、多数のデジタル情報が子どもの感覚に刺激を与えるが、人間が創り出した言語と道具、開発した技にじかに触れて、やってみてその意味を「わかる」ことが薄れてはいないか。その結果として、目には見えない関係を感知し、ものごとを「洞察」する力の発達も弱まっている面があるのではないか。相手の気持ちが読めずに、ただ面白半分で相手を操作しようとする「いじめ」行為も、そのような発達のいびつさを背景に現象している面がある。

「ゆっくりと育つ」ことに、人間の脳はどう働くのか。「生理的早産」によって人間の行動は「世界に開かれた」ものとなることを述べた。すなわち、誕生後の「ゆっくりとした発達」を経て、「創造的な行動という偉大な能力」を獲得していくし、「決断の自由」をもつ個人に成長していくのである。(6)

そのとき重要なのが人間の脳のもつ高次機能である。「脳科学辞典」サイトなどを参考にすると、大脳の機能は、中心溝を境にして、前頭葉は運動や創造などの出力に関係し、頭頂葉、後頭葉、側頭葉は視覚や聴覚など身体の受容器からの入力を担っている。後者の「入力」の働きは、目や耳といった「感覚受容器」で感じた光や音を脳に伝える知覚機能や、脳から出た命令に従って「運動効果器」である手足を動かす運動機能を指している。前頭葉が担う「高次脳機能」は、「入力」機能と連合し、①それまで経験した知識、記憶や言語を関連づけて理解する、②それを言葉で説明する、③新たに記憶する、④目的を持って行動に移す、⑤情動や意志をもつ社会的な行動ができる、などの人間的能力のことをいう（Web サイト「脳科学辞典」https://bsd.neuroinf.jp/wiki/）。

「生理的早産」は、これらの人間的能力を、子どもが家族や周りの環境との相互作用を通じてゆっくりと獲得できるまでに発達していくための可能性をもって誕生することを意味している。「無能」で生まれる（否定的な姿）かに見えるが、実は、新生児がひとりの人格主体にまで育つ未来可能性を備えた姿（肯定的な可能性）なのである。

3 他者とのかかわりと支援

私は、日本生活指導学会や全国生活指導研究協議会での実践検討や理論的追求に学んで、「子どもの発達を支援するとは、子どもにとって共感的で共生的な『他者』としての役割を果たすことを意味する」と述べた。[7]ここで、支援する人は、支援を受ける人にとって意味のある〈他者〉（other）である。「他者」とは、自分とは別の主体で、個人に内的な影響を与える存在である。一般には、「他者」は自分の前に（あるいは横に）現れ、自分に何らかの影響を及ぼす存在で、ネガティブな印象を持って受け止められる傾向がある。すんなりと受け容れがたい存在ということである。

ところが、自分の「いのち」は「他者との関係のうちに自己を維持する」（ヘーゲル）ものであり、他者は欠かせない要素である。それなのに、なぜ他者をできれば避けようとするのか、他者は疎んじられるのか。

一つには、他者が現れることは知覚的に、自分を否定する面があるからである。二つめに、意識のレベルでも、他者の登場は自分が何か応じなくてはいけないかのようなプレッシャーを与える面があるからである。三つめに、他者の登場は、自分にとって競い合う相手が現れたという縛りの感覚を生じるからである。こうした感覚的な反応や「重荷」感は程度の差こそあれ、誰にも生じるもので、社会的な関係を結ぶことはそうした自己にとっての否定的要素を取り込むことだといえる。

ところが、この社会的な関係、他者との出会いと交わりによってこそ自己は自己として肯定できるように変化していく。その仕組みはこうである[8]。

①個人の主格である「わたし」(自分)は、他者によって仲立ちされ、形成される。目の前の他者をとおして、「内なる他者」も形成する。

②他者とのかかわりを通じて、「わたし」らしさ、アイデンティティの形成を広げていく。

③ある者にとって他者は意味ある存在である限り、実在の人(個人または集団)だけでなく、作品の人物、さらには動物や自然環境でもあり得る。歌人石川啄木にとってのふるさとの山、不登校の子どもにとってのアニメや小説の主人公、など。

教育や看護の仕事では実践者が対象者の他者となることの二面性をしっかりつかんで行動することが必要である。教育的関係で見てみよう。教師が子どもにとって「他者」であるとき、それは、否定的な意味で、不安や抑圧をもたらす相手として受け止められる面がある。「他者、この善きもの」ではなく、個人にとって、共生的・共感的な他者と、権威的・支配的な他者がある。教師は、子どもの前に、どのような他者としてのぞむか、その「自己の他者性」を意識してはじめて専門職者（プロ）といえる。

自分にとって否定となる他者が実はありのままの自分を認め支えてくれ、自分の肯定を経験する。他方、その自分が、相手のニーズに関わり応答する「頼れる他者」の役割を引き受ける。自分も「他者」を必要とし、その自分が相手（他者）にとっての「他者」となること、この相互作用の総体を「アザーリング」(othering) と呼ぶ[9]。

4 アザーリング

「アザーリング」は私が造語として表しているもので、他には誰もこの用語を使っていない。哲学上のその原点は「否定」概念にある。弁証法の哲学における「否定」を探るうちにプラトンの「否定」概念に至り、「否定」は「何も存在しない」(nothing) ではなく、「何か他なるものが存在する」（othering）ことであるとわかった。「アザーリング」概念の出自の検証のために、ここに必要な論拠を提示しておく。

ウィリアム・L・リース『哲学・宗教辞典』の「プラトン（Plato）」の項目で、こう述べる。「プラトンは、彼の思考の発展において最終的に、異なる段階、異なるカテゴリーを強調した、すなわち、実在（being）の不変と生成（becoming）の可動性である。ソフィストのあるものは、これらのカテゴリーの双方とも対等なものとして与えられるべきだという決定的な証拠をそこに見いだす。『子どもたちが懇願して言うように、「両方を私たちに下さい」、そうすれば（哲学者は）存在するすべての定義において、動かせるもの、動かせないものの双方を包括するであろう』と。ところが実在と生成のカテゴリーとはいうものの、そのソフィストの中でもプラトンだけは非実在（nonbeing）のカテゴリーは拒否するのである。彼は、否定（negation）は非実在にあてはまるのではなく、何か他なるものの実在（some other being）にあてはまると解釈する。こうして、否定は『他なるものの存在（othering）』として解釈されるのである[10]」

他のソフィストが実在は固定して動かないもの、これに対して生成とは動くものだからこれら二つのカテゴリーがあれば世界を説明できるとしたが、それら二つのカテゴリーでプラトンは満足しなかった。ある存在に対して別の存在が認められる（発現する）ときの「否定」概念を、何も無いものとしてとらえるのではなく、何か別のものがそこに在るとしてとらえたのである。だから、不変とされるある存在に対して別の存在が現れ否定を成すならば、そこに新たに生成が成り立つ。動かざるものが、動きうるものに変化する。そのカギを握るのが「否定」概念である。

プラトンは弁証法の源流を成す哲学者だが、ヘーゲルはこの「否定」概念に着目し、これをしっかりと継承して、みずからの弁証法的認識論を築き上げた。その端的な言葉が、「否定の中に肯定をつかむ」である。これが弁証法という哲学的な世界認識方法の真髄だといえる。

それはどういうものであるか。

自己が他なるものと出会い、この他なる存在を介して自己に還ることで自己は自分である確かさを得る。だが、これは自己と他者の一般的関係の可能性を述べることにとどまっている。フランスの哲学者ジル・ドゥルーズとフェリックス・ガタリによる『哲学とは何か』では、このような他者の性質を「可能的なものとしての存在」と呼んだ。[11]「他の主体」が「私」に現れて占める「他者の位置」、「私」が「他の主体」に現れて占める「他者の位置」、こうした「他者の位置」の「質」が問われなくてはならない。その「質」は、他なる主体がいる可能性を表現する「顔」、それにリアリティーを与える「言語活動」が合成されて生まれる。それが、私たちの言う自己・他者関係の「他者」である。彼らの定義によれば、「他者は、〈可能的世界〉、〈存在する顔〉、〈リアルな言語活動〉という三つの分離不可能な合成要素からなるひとつの概念である」。[12]

もう少しかみ砕くと、他者という存在は、「私」の前に現れそこにいる、あるいは「私」の意識に現れる表情のある別の主体で、言葉を発するか、あるいは何らかの内的なものを表出することでリアリティーを持つ存在である。

もう一つ重要なことは、「他者」は、ひとがものごとを知覚しうる世界で対象を認識するに当たって、「ひとつの世界から他の世界へ移り行くための条件[13]」だということである。対象Aを知ったことで、それとつながっているらしい対象Bに目を向けてこれをさらに知ろうとする。すると、新たな「他者という存在」に出会うことで「私」を一層知ることになる。「私」は自分で知っていた状態から自分では知らなかったことも含む状態へと移行している。この移行を媒介するのは「他者」というものごとをつかむ思考の枠組み、つまり概念である。

このような複合的要素を持った概念として「他者」を理解し、「顔」「言葉」「関係性」によって具体的で固有な、他なる主体が現れること、それが私たちの意識する「他者」であることをここでは押さえておきたい。

社会科学系研究者や思想家によっては、対象として自分とは別存在の他者を認知することから「他者化」という用語で表す人もいる。ノーベル文学賞（一九九三年）を授与された作家トニ・モリソン（二〇一九年逝去）は、アメリカ社会における「黒人」という他者化される存在に焦点を当てて、「他者」とは何かを問い続けた[13]。みずからもアフリカン・アメリカンである彼女は、アメリカで初めて黒人文学を樹立したと評された。モリソンは、単にアメリカの人種差別を追求したのではなく、人間の認識様式としての「他者」を問いなおしたとされる。すなわち、互いの差異をもって相手を「他者」と意識し、これが分断を生み、緊張関係から暴徒化することさえ起きる。モリソンは「他者」をただ敵対する存在として描こうとしたのではなく、「その他者の視線を通して自分を見つめ直す[14]」ことの可能性を提起したのではないだろうか。それは各自が対等に持つべき想像力の問題だともいえる。

モリソンの提起は、私たちの社会における「差別」の問題ともつながる。島崎藤村が描いた小説『破戒』における丑松の「他者化」もそうであり、今日なおも起きている「在日韓国人」の「他者化」もそうである。私は「アザーリング」の概念を立てることで、相手を対象化することをただ相手との差異・距離・間合いを設ける意味で述べたのではない。相手との相互作用、その相手が自己を肯定するうえで欠かすことのできない存在である相互性を事実として認識すべきであると主張している。

その意味では、磯野真穂が人類学の立場から論じた『他者と生きる　リスク・病い・死をめぐる人類学』の論点と重なる面もいくつかある。[15]磯野は諸説を検討しながら、「他者」を初めは「見知らぬ者」で了解可能だが不可知でもある不安定さをもった存在としてとらえ、大事なのは「出会い」であるという。その不安定な「他者」とのあいだで「あいさつ」などの相互行為をつうじて次第に安心して、交流できる関係を築いていく。その状態を「他者と共に在る」（共在[16]）と表現している。

このように否定的な要素をふくみそれを反転させる可能性を持つ相互関係を簡潔に表す単語が今は見つからないので私（筆者）は「アザーリング」という表記で「否定の中に肯定をつかむ」趣旨の概念化をしている。

「アザーリング」は、関係する当事者それぞれにおける「社会性の獲得」でもある。また、専門職の成長で見れば、子どもに出会う中で教師は教師になる。患者に出会う中で看護師は看護師になる。すなわち、自己の仕事に内在する他者性を自覚することは専門性の一部を成すほどの論理的要素なのである。さらに、教育でいえば、子どもにとって教師や仲間（他者）に承認されることは、とても大きな影響を持つ。その子どもが、自分も（友人・級友にとって支えとなる）他者であることを、学習や教科外活動などの場面で発見する。これを、「自分自身の他者性を学ぶ」と言う。この二重の意味、「他者に認められるその自分は誰かの他者になる」ことで、社会に参加し、認められてそこに「居てほしい人」となって生きていくのである[17]。

このように見てくると、自己と他者（非自己）の関係において、自己と他者（非自己）をすっぱりと区別して、自己は相手（非自己）をある状態で認識できたとか、つかむことができたとするのは思い違いであることがわかる。その自己自身が、非自己によってつかまれている。自己と他者（非自己）は、お互いがお互いを含む相互嵌入《かんにゅう》の関係なのである。ただし、主体としての自己は、自分の準拠枠をもって自己らしさを確立していくので、非自己を含みつつも、自己を維持していくことができる。その「自己準拠枠」（鶴見和子：社会学）にあたるのは、個人が広義の学習と経験で得ているものの見方・感じ方・考え方と行動の仕方、つまりその人なりの「生き方」である。免疫学でも、遺伝的に決められた分子群が「自己準拠枠」的システムとして働いているから「非自己」と関わりつつも「自己」を保つことができるとされる[18]（多田富雄：免疫学）。

有名なオランダの画家、エッシャーの描いた図画がある。右手は左手のシャツの袖を描いているが、これで出来上がりではなく、その左袖から出ている左手によって右手の袖が描かれている。こうして一方の手（自己）は他方の手（非自己）によって成り立つことが視覚的に、生き生きと描かれている（ドイツ語版「エッシャー画集」の解説より）[19]。

精神科医の内海健はこのエッシャーの図画の持つ意味をこう述べている。

「右手が描いた左手によって右手が描かれている、その右手によって左手が描かれている。相互に入り組んだ関係になっている。／脳と心の関係も、これで表される。心の中には脳が含まれるし、脳も心を不可欠の要素として含む。そこには相互嵌入がある」。脳と心を切り離して議論するのではなく、「お互いがお互いを内に含むという関係を想定するべきである」[20]。

5 看護のアザーリング

文化人類学者、マーガレット・ミード（Margaret Mead 一九〇一―一九七八）は彼女の調査フィールドであるニューギニアでの出産とその介助の実態を踏まえつつ、現代社会における看護職の専門的な意義を説いている。ミードは、看護職に就いている人びとを想定して「看護とは何か」を次のように定義づけている。

「皆さんは、弱く傷つきやすい者をかばい守っているのです。皆さんは、危険な状態にある、またはその可能性のあるすべてのひとびとのかたわらに立って、どんな種類の危険からも――病気からも、心の張りつめた状態からも、ショックからも、疲労からも、悲しみからも、つらいことからも――かばい守っているのです。この社会のなかで、危険・脅威にあるひとびとがいる所ならどこでも、そこが、皆さんが本領を発揮する場所なのです。

（中略）皆さんはいまや、ひとびとの福祉に貢献する重要な社会集団の一つに成長されました。弱く傷つきやすいひとびとならだれにでも、皆さんの手はさしのべられて、そのひとびとが社会から忘れ去られてしまったり、必要な世話を受けられなくなったり、じゅうぶんな休息が得られなかったり、臥床《がしょう》せねばならないのにそれができなかったり、悲しみに沈んだひとびとの訴えを聴くことができなかったり、安息できる場所を見いだすことができなかったり――そういうことを許さないことを目標にして皆さんはこの社会で働いておられるのです。どのように世の中が変わろうとも、弱く傷つきやすいひとびとをかばい守ることは、どうしても必要となるのです。この働きがない人間社会は、存続してゆくことができないでしょう[21]」

看護師は「弱く傷つきやすいひとびと」の「かたわらに立って」その対象者を「かばい守る」働きをする。ミードはこう述べている。しかも、それは人間社会にとって必然的な使命を帯びた働きであると述べている。ミードは、看護師にとって患者やその他ケアを必要とする人たちは「かばい守る」他者であり、その人たち一人ひとりにとって看護師は他者であることを明解に、シンプルに述べている。看護師は担当する患者という他者に出会い、みずからそのニーズに応える他者としての働きを意識して相手の疾病の治癒に努める。看護におけるアザーリングをミードは見事に言い当てている。

日本生活指導学会の研究大会で、「看護の目的は、どんな患者にも日常の生きる意味を整えること」という報告があった（東札幌病院副院長〈当時〉石垣靖子による[22]）。石垣は、末期がん患者のケアにあたる看護婦長（看護師長）である。そのレポートでは、胃癌手術後の状態が悪く入院してきた男性Aさん（四七歳）への看護ケアの様子が述べられている。癌の痛みと死の不安から看護師にきつく当たることもしばしばであるAさんに、医療スタッフチームは、「ていねいな〝かかわり〟」を持つ方針で臨んだ。「かたわらにいて耳を傾けること」を石垣は強調している。

Aさんの子ども三人のうち二人は高校・大学受験を控えている。経済的不安については、MSW（医療ソーシャルワーカー）が動いて障がい者年金受給が決まった。Aさんは、「あと何日くらいもつの？　こんな状態で生きているのはたまらない」など、不安をもらすこともあった。ドクターも親身に話を聴いた。ある日、Aさんは、石垣に「婦長さん、希望がないと生きていけないんですね」と語った。石垣は、深くうなずき返すほかなかった。Aさんは、二年後に他界された。この間、ケアに当たってきた石垣は、振り返って、次のように書いている。ガンを患い死が間近いけれども、病態が落ち着いている時は、「〝その人〟そのもので生きることができる」。そのこと自体が生きる希望である。

同じ医療分野では日野原重明も、患者とのコミュニケーションを重視して、看護ケアにおける〈感性〉の大切さを説いている。(23) 日野原によると、ナイチンゲールは九〇歳の時に、「自分がまだ経験したことがないことでも感じられる感性がなければナースになる資格はない」と語った。ナイチンゲールの言う「感性」は、一人の人に向き合う時の感覚・知覚の質を言っている。「経験したことがない」ことでも、相手の身になって想像を働かせることで、自分のことのように感情がわきおこるようなリアリティを大事にしたいからである。

日野原は、その「感性」は半分は素質、半分は環境だが影響としては「環境が大きい」という。そして、「患者とのコミュニケーションは感性がないとできない」と次のように述べる。[24]「自分がまだ経験したことがないことでも感じられる」その「感性」の質が「沈黙」の現れ方になって出る。「感知できないで黙っている」のは、「無知の沈黙」である。「感知しすぎて黙る」のは、「金の沈黙」ともいえる。ほんとうの感性は、wisdomとつながっており、感知するあまりに入り口でためらっているし、賢明である。疾病を抱える患者（他者）の全体を生き生きと理解するように働く感性が大事である。

その感性も、現場で他者と接し、他者から学ぶ（感得する）面があることを忘れてはならない。ある事例で、看護実習中に男子実習生が患者の温湯清拭をした際に緊張から湯をこぼして、患者から「来なくていい」と言われた。翌日、彼は休んで次の日は来た。もう看護師になるのを辞めようかと悩んだらしい。指導看護師が患者と実習生の調整をして実習生に同行して患者の部屋を訪れ、実習生は謝罪した。するとその患者は「もう来てくれないのかと思った」と言った。その患者は寿司職人で日頃から妻以外と話すことがなく、入院生活にも慣れなくて実習生が来ることにストレスを感じていたらしい。実習生は自分を受け入れてくれた患者の言葉に動揺し、涙を流した。「僕を待ってくれていたことが嬉しかった」と、後で彼は指導看護師に話した。[25]

この実習生にとって、初めは苦手であった無口な患者が実は自分を「待っている」他者であった。

この出来事を転機に彼は、空き時間には患者をたずね会話を重ねたという。

（注）

（1）山田有希子「ドイツ観念論およびヘーゲル哲学における『生命』概念」、日本哲学会編『哲学』二〇一九巻七〇号、知泉館、一一〇頁。

（2）G.W.F.Hegel Werke in swanzig Bnden3,s. 198. ヘーゲル、樫山欽四郎訳『精神現象学』（世界の大思想一二）河出書房新社、一九六六年、一五七頁。傍線部は原文では傍点。ヘーゲルは『小論理学』（百科全書の一環で書き著した「論理学」のこと）の「概念論　生命」において、「直接的な理念は生命である」（同書（下巻）、岩波文庫、二一六頁）としている。すなわち、生命は、そこに在ること自体が生きる目的を表している。そして、肉体が主観を、主観が肉体を相互に規定し合う弁証法、また生命という普遍性と、それをこの個体が表現するという個性との弁証法、これらから生命は「弁証法的なものとしての肉体性のうちでただ自分自身とのみ連結する」（同前、二一七頁）という。さらに、「補遺」（これは弟子が付け加えたとされる）で、生命の内部過程は「感受性」「興奮性」「再生産」の三形式を持ち、不断に自己を回復する・更新すると述べている（同前、二一九頁）。J・デューイは『民主主義と教育（上）』（岩波文庫）で、「生活とは、環境への働きかけを通して、自己を更新して行く過程」（同書、一二頁）として、ヘーゲルの生命観につながる規定をしている。デューイの「生活」(life) も生命を表すからである。

こうした定義は哲学の立場のものであるが、次のような事例は全く特異で、この定義から外れるだろうか。私はそうは考えない。

長年にわたって多くの死を看取ってきたクリニック医師、船戸崇史は、水頭症性無脳症、生まれつき大脳がない乳児K君の治療経過を述べている（船戸『「死」が教えてくれた幸せの本質　二千人を看取った医師から不安や後悔を抱えている人へのメッセージ』ユサブル、二〇二一年）。K君の生存は酸素分圧モニターと心音で確認するほかない。食事は鼻管から母乳と人工乳が交互に注入される。

K君の母親は胎児の時からこの状態を知って産むことを決意したという。医療センターと船戸のクリニックスタッフの合同カンファレンスを経て、じかにK君と面会した船戸や他のドクターたちは家族の希望通り、「家に帰してあげよう」と思った。帰宅後、母親は懸命な介護に努めた。その疲労を案じて薬物による鎮静状態の強化をすすめたところ、母親は「辛くはない」と答えた。この場面を船戸は「Sさんは、神経をすり減らす吸痰を、K君との貴重なコミュニケーションととらえていたのです。なんという愛でしょう。目が覚める思いでした」（同書、二一一頁）と述べている。その後K君の容体が悪化し救急入院したが、「一年二ヶ月と二〇日」という短い一生を終えて深い眠りについた。

こうした医療体験を船戸はこう振り返る。「K君は関わったみんなにとって、まるで鏡のような存在でした。彼の存在自体が、ただ在るだけで。相対する人の心を映し出したのです。ただ在るだけで、人々の心に大きな感動と問いかけを遺していったのです」（同書、二二九頁）。K君は「他者との関係のうちに自己を維持する」姿を見せ、「いのち」を生き切ったといえるのではないだろうか。同書には母親の手記も収められているが、そのなかで母親は「精神論で乗り切ろうとする傾向にあった」が、ドクター、看護師の専門的支援のおかげでK君が「しっかり家族の一人として存在する信念を持つことができたと書いている（同書、二二二―二二三頁）。在るだけの「いのち」であるとしてもその主体が生きることと、それを受容しその「いのち」の意味をつかむ他者との相互関係の全体が、「いのち」の本質である。前記の船戸の言葉がそれを表している。

（3）福岡伸一・伊藤亜紗・藤原辰史『ポストコロナの生命哲学』集英社新書、二〇二一年。
（4）ポルトマン、高木正孝訳『人間はどこまで動物か～新しい人間像のために』岩波新書、一九六一年。原著は一九五六年。
（5）（6）同書、六〇―六一頁。
（7）折出『人間的自立の教育実践学』創風社、二〇〇七年、七九頁。
（8）同書、七九―八〇頁。
（9）折出『市民社会の教育～関係性と方法』創風社、二〇〇三年、八五―一一一頁。「アザーリング」の原点は、存在論でいう、「あるもの」と「他なるもの」の区別にある。「各々は他者のうちに反照し、他者がある限りにおいてのみ存在する。（略）区別されたものは自己に対して他者一般をではなく、自己の固有の他者を持っている。言いかえれば、一方は他者との関係のうちにのみ自己の規定を持ち、他方へ反省している限りにおいてのみ自己へ反省しているのであって、他方もまたそうである。つまり、各々は他者に固有の他者である」（ヘーゲル、松村訳『小論理学（下）』改版、岩波文庫、一九七八年、二八頁。強調は原文）。

こうした区別は動的な変化の過程では、対立あるいは矛盾として働く。例えば、ある概念「青」の他者は「赤」や「黄色」ではなく、「非青」である。その「青」も、「非青」なるものからみれば他者、つまり「非『非青』」である。これは「青」の肯定となる。このように「他者に対立しているものは、他者の他者である」（同前、三〇頁。強調は原文）。

教育の場でいえば、生徒Aにとって生徒Bは「非・生徒A」の中の一人であるが、そのBがAの対話仲間となってつながる場合、両者には、それぞれに「固有の他者」が現れていることになる。同じく「非・生徒A」の一人である生徒Cはこの仲間関係に全く関与していないならば「非・生徒A」のままである。それは、存在が無であるという意味ではなく、単に他なるものとしているということ。だから、場面の変化や彼らが所属する集団の変化によっては、三者それぞれが相手を「固有の他者」と受け止めることが起きる。それは同時に、三者が相手にとっての「固有の他者」である自分を意識化することである。

（10）W.L.Reese: *Dictionary of Philosophy and Religion*. Humanities Press, 1996, p.587.

ドイツの哲学者D・ヘンリッヒは、「ヘーゲルの存在論的な否定概念」について述べた際に、「ヘーゲルがプラトンの他性を引き継いで〝他者性〟あるいは〝規定性〟と呼ぶ」ことに至った経緯を認めている（ヘンリッヒ、中埜肇監訳『ヘーゲル哲学のコンテクスト』哲書房、一九八七年、二二四―二二五頁）。ある存在にとっての「他なるもの」は必然的な契機として位置づく。それが人と人の関係においては、「他者」ありて「私」は「私」となり、その「私」が誰かの「他者」となって相互形成に関わるのである。折出がアザーリングで強調したいのはこの点である。

(11)(12) G・ドゥルーズ、F・ガタリ、財津理訳『哲学とは何か』河出文庫、二〇一二年、三三頁。

(13) トニ・モリソン、荒このみ訳（森本あんり序文）『「他者」の起源　ノーベル賞作家のハーバード連続講演録』集英社新書、二〇一九年。

(14) 同前、一三頁。

(15) 磯野真穂『他者と生きる　リスク・病い・死をめぐる人類学』集英社新書、二〇二二年。

(16) 同前、二三七頁。磯野の分析・考察は興味深いが、ではどういう生き方が望ましいのかになると、関係論的な共在は偶然にも左右される面があり、いろいろの「曲線」を生み出すので、これといった「処方箋」を描くことは難しいとしている。自分にとって「他なる」相手の中に自己肯定の契機をみいだす、それを感覚的に受け止める、互いに認め合える方向に歩み出す。こうした相互行為そのものの動的で弁証法的な視点が磯野の考察では弱いように思う。

(17) 自己と他者の相互性については、折出『他者ありて私は誰かの他者になる～今から創めるアザーリング』ほっとブックス新栄、を参照のこと。私は同じような視点から学生向けに、「君たちの素敵なアザーリング（othering）を—大学生に贈ることば：出会いから自分らしい生き方へ」（『あいち県民教育研究所年報二四号』二〇一六年、五一—五五頁）を書いた。
（18）多田富雄・鶴見和子『邂逅』藤原書店、二〇〇三年。
（19）M.C.Escher *Grafik und Zeichnungen*. Taschen Verlag, 2016, s.20.
（20）内海健『精神科臨床とは何か』星和書店、三〇頁以下。
（21）M・ミード「看護——原初の姿と現代の姿」『（看護翻訳論文集一）新版・看護の本質』（稲田八重子他訳）、現代社、一九九六年、七頁。
（22）石垣靖子「死にゆく人の伴走者として」日本生活指導学会編『生活指導研究』第七号、明治図書、一九九〇年所収。
（23）（24）C・サンダース、M・ベインズ（邦訳）『死に向かって生きる　末期癌患者のケアプログラム』医学書院、一九九〇年所収の日野原論文より。なお、日野原は同論文で、「末期のケア」という言い方は、「ネギの端を捨てるような響き」があるので「有終のケア」としてはどうか、とも述べている。ここにも、小さな問題のようであるが、実は「否定の中に肯定をつかむ」視点が働いている。「有終のケア」の言葉がそれを表している。
（25）臨地実習指導者講習会二〇二二年度（主催　人間環境大学看護学部）「教育原理」レポートより抜粋。別の事例ではこういうのもある。看護実習の場で、看護学部教員、実習生、指導看護師が、実習生の立案した看護計画について面談したときのこと。実習生は患者への「口腔ケア」を立案した。指導者は「その患者さんにとってなぜ口腔ケアが必要だと思ったの？」と聞いた。実習生「歯磨きって大切じゃないですか」と応じたが、指導者は「歯磨きはいつやっているの？　その患者さんの口腔ケアに対する考え方は？」とさらにたたみかけると、実習生は返答に困り、表情が曇った。指導者は「アセスメントできていないじゃない？　口腔ケアより大事なことが他にあるんじゃない？」と突っ込んだ。実習生は「じゃ、私は何をしたらいいんですか！」と大きな声を上げ、机をバンと叩いた。実習生を退室させた後、教員は実習生の態度を謝り、指導者は「なんですかあの態度！　指導者に対して声を荒げるなんて！」と立腹した（同じく「教育原理」の別のレポートより）。

ここでの問題は、指導看護師の感性にある。それが、相手に対する否定に否定を上塗りしていくものになっている。まず、実習生の立案に対して、詰問するような問いかけをしている。その緊張感から実習生が声を荒げてしまったその気持ちを指導者は受け止めようとしていない。また、看護計画について基礎を徹底させようとするあまり、一方的な指導になっている。実習生を萎縮させ追い詰めたかも知れないという指導者の振り返りができるかどうかも、感性の問題である。

Ⅱ　否定の中に肯定をつかむ哲学

1　ヘーゲル哲学は「治療としての哲学」

ドイツの哲学者、ミヒャエル・クヴァンテ『精神の現実性　ヘーゲル研究』は、今まで私が出会ってきたヘーゲル研究書とはかなり異なる角度からの考察で、驚きと共に新鮮味も感じる内容である。(1)

まず、著者はヘーゲル哲学を「実践哲学」として評価し、とても「アクチュアル」（現実的、実際的）だとしている。[2]ヘーゲルが生きた時代にはすでに資本主義が浸透し、生活形態のアトム化（個人が社会の中で粒子のような存在になること）、政治支配、自分のことは自分で守る自律観念が様々に現れていたなかで、ヘーゲルはその現実と向き合ったからである。著者は、そのヘーゲル哲学を現代の哲学と対話させる企図でこの書をまとめたのだという。

クヴァンテによれば、ヘーゲル哲学には三つの特色がある。[3]（1）ラディカルに一元論的である、（2）一貫して合理主義、（3）本質主義で、目的論的な存在論（要するに、過去の因果関係を観るよりは存在するものの目的にそのものの本質を見いだす）の三点である。その全体を通じて根本原理になっているのが「自由な意志」である。「意志」は最も価値の高い概念で、存在するあらゆるものは自分にふさわしい現実性を創り出す、という見方である。「自己現実化」という。ヘーゲル的には、社会的な法体系の成功と失敗もすべて「自由な意志」の実現過程を表している。[4]

ヘーゲルは孤立したままの「選択の自由」「恣意的自由」には否定的である。個別主体の要求が諸主体に承認されることを通じて、個人としての自由を獲得できるという考え方である。ヘーゲルが重視する市民社会における「相互承認」（他者からの承認を得るし、自分も他者の自立性を認めること）はそこから来ている。

では、「自由」とは何か。

ヘーゲルにおいては、一つは、それは自分自身で自分に規範的な規則を与えることができるものである。自律にあたる英語の「autonomy」は意味的にはギリシャ語の auto ＋ nomos（自分の法）、つまり「self-rule」であることからも、この趣旨は理解できる。二つめに、「自由」は社会的なものの現象の根本にあるものである。三つめに、それは二元論を克服し、家族や国家に自己同一化できるさいの原理となるものである。存在者は「自由な意志」の主体者として、自己を差異化し、自己展開をすすめ、自己を規定する。この「自己関係プロセス」（自己に始まり自己に還る過程）はあらゆる実在性の根本構造だと彼はとらえる。[5]

私が一番刺激を受けたのは、クヴァンテによるとヘーゲル哲学は人びとの思想に現れる諸問題への「治療としての哲学」だという点である。[6] 著者によると哲学の課題と役割には次の二つがある。[7]

（ア）哲学の誤りを治す（治療する）。

（イ）コモン・センス（世間に流布する常識）が与える苦しみを治す（治療する）。

この課題を解決するには、二通りあって、それは次の方法である。一つは、「konstruktiv（構築的、建設的）」、もう一つは「konstruiert（構成的、でっちあげられている）」である（原語はドイツ語）。

例えば「心は物質なのか・そうではないのか」の問いが人びとを悩ませるが、ヘーゲルは、「物質が真なるものだと論証され、精神が事物として表象されるときだけ、心の非物質性をめぐる問いは意義を持つ」と、冷静に述べている。存在者の対立や思考の葛藤に対して解決の要件を提示し、判断を理性的に行う主体性を、ヘーゲルの論理がサポートしている。ヘーゲル哲学のこの思考形式が「治療としての哲学」に当たるというのである。クヴァンテによれば、ヘーゲルは、同時代の思想界に見られる対立・分裂・破裂を「診断して」「治療した」のだという。(8)

「診断する」とはどういうことか。ヘーゲルから見れば、〈現実の矛盾のなかにも理性的な要素はあるのだから、そういうものとして現実を受け止めなさい〉という説明になる。そのことを指している。その一方で、そのために、ヘーゲル哲学は保守的で反動的だなどと批判され、避けられた一面があった。しかし、真相はそうではなく、ヘーゲルは徹底して、対立し合うものは相互に等値であるという認識方法をとる。だから、現実の中にある、現実を変えるかもしれない理性的要素もまた等値のものとして次への変化の運動に作用すると、とらえられるのである。否定的な状況の中に見いだす、それを抜け出すカギとなる要素あるいは変化の芽は、否定的な状況が重くのしかかっていても、その状況と等値の可能態として何らかの作用を発揮するのである。

弁証法は、どんな不合理も、不利益も、対立も、必ず次の変化にとっての要素になっている、と見る見方であるから、生きていく過程に起きるすべての出来事は「私は何者なのか」(存在の本質)を徐々に表していく必要な出来事だということになる。生きていることは自分の未知なものを感じ、様々な他者との出会いや出来事をくぐりながら自分でその芽をつかみ、伸ばしていくことなのである。とても元気づけられる思考様式ではないだろうか。

ほんとうの「教育学」は、子どもや教師・市民にとって「治療としての教育学」なのである。パウロ・フレイレ（ブラジル）の『被抑圧者の教育学』もその典型である。

2　対話のもつ「ときに」と「ことによって」の関係性

さて、クヴァンテが最も力を入れてオリジナリティを打ち出しているところが、同書の第Ⅲ部「精神の客観性」、第Ⅳ部「ヘーゲル精神哲学のアクチュアリティ」である。

（1）まずヘーゲルの論述の論理、普遍性・特殊性・個別性に立って、ヘーゲルが「意志」「人格性」「行為」「責任」をそれぞれどのような意味において社会的に構成されると述べたか、を著者は解説している。[9] その中心となる論点は、「人格」とは「自己意識の能力をもつ個人の〈社会的な関係における：折出〉特定の地位」だということである。[10]「人格」は「法的能力」の主体であり、ものごとに対する何らかの「意欲」をもち、「もろもろの他人を人格として尊重する」社会性を有している個人である。現代において子どもを「権利主体」ととらえ、相互のつながりや共同・自治を行うことのできる個人として育てる、とする私たちの民主主義教育観の原型を、すでにヘーゲルは哲学的な解明として差し出しているといえる。

（2）「自己意識」は対象との関係においてはじめて、（a）「わたし」として自己に言及し、同時に（b）（他者を前にして）自己自身に関係していることを知ることができる。（a）は目の前の自然、すなわち自分の肉体であり生命機能である。（b）は家族や隣人、友人等である。ここで「他者」とは、「自己意識」が自分に関係しながら対象を表象する（感覚的に認知する）ことで成り立つ存在である。関係の客体でありながら、その関係を結ぶ主体＝「自己意識」の「自己」は「他者」を介して初めて成り立つので、「自己意識」にとっての構成要素でもある。「自己意識」にとって「非自己」である「他者」が「自己意識」を構成する、という考え方を今日では「相互嵌入《かんにゅう》」（相互に浸透したい互いを成り立たせる関係）という（前章を参照）。

ここは弁証法の考え方のポイントなので、もう少しその論理を見ておこう。自己意識Aは、自己意識Bを対象とするとき、Bの自立性を「否定」するが、同時にBによる抵抗を克服して、自分（A）に還る（自己を自己として肯定する）。Aはその満足をBという他者を介することでのみ達成できる。この関係を、ヘーゲルは、「我は我々であって、我々は我である」と述べる。すなわち、「我」は「我々」としてのみ自分を具体的に表現することができるのである。

この点に関して触れておくと、「我思う、ゆえに我あり」のデカルト的な個の存在をヘーゲルは克服している。「我」は社会的文脈で初めて「我」たりえる、と。このことに関して、クヴァンテは『精神現象学』の「主と奴の弁証法」の箇所をふかく掘り下げて解説している。私も学生時代に卒論でヘーゲルの同書にチャレンジして、難行苦行の連続だったが、「主と奴の弁証法」には惹かれた。樫山欽四郎訳の文章をわくわくしながら読み進めた。

(3) ヘーゲルは「自己意識はただ承認されたものとしてのみ存在する」と述べる。これが有名な「承認論」である。これには二通りの意味がある。一つは、自己意識Aは自己意識Bによって承認される、という関係の事実である。もう一つは、AがBとの間に、互いの承認関係という普遍性(普遍的価値)を見いだすことである。ヘーゲルの有名な『法哲学』の基礎となる論理にもこれは関係していて、この相互承認関係が、市民社会の基盤を成すのである。

ここで、クヴァンテは、ヘーゲルがこの承認関係が成り立つ要件として、二つの関係性(社会の要素)を押さえているという。(ア)「自己意識は他者に対して即自的対自的に存在するとき」という「ときに」関係と、(イ) そのように存在することによって成り立つとする「ことによって」関係である。著者によると、こういう分析はこれまでのヘーゲル研究ではなかった(11)。

(ア) は、相手(他者)との同時性を意味する。(イ) は、時間的継続、さらには因果関係も意味している。自己意識Aは顕在的・同時的にBによって承認される「ときに」自己意識たり得るし、そのBによる承認を自分の行為の「原因」として必要としているのである。

私は専門が教育研究なので、そこでのテーマをこの文脈で受け止めると、教師が子どもと対話するとき、互いの存在と主体性を認め合えるのは、教師が子どもを目の前にし、子どもも教師に対して同じようにして関わっている「ときに」である。いつ、対話の関係をつくるか、である。ただ子どもを呼びつけたのでは、子どもがその場に来ないとか、来たけど「心ここにあらず」で無関心であれば、対話は成り立たない。また、教師は、子どもの反応・応答を含めて彼（彼女）と関わる「ことによって」教師としての何らかの「教えたいこと」を伝えられるし、また次の行為を促される。子どもの側でも、この教師は自分のことを受け止めてくれそうだと、教師との対話の可能性に前向きになれる。つまり、今対面する子どもに「どうあってほしいか」「どう変わってほしいか」の意図が教師には必要で、そうである「ことによって」（その出会い・つながりの事実によって）子どもは何らかの行為を促されるし、教師もまた子どもの変化を知って、その子のよりよい変化に向けてみずから方向づけていく。時間的な連続性がここにはある。これは、クヴァンテによると、『精神現象学』が述べる「水平的承認」なのである。[12]

（4）子どもとの対話が難しい、成り立たないという場合、私たちは、（もともと相互の承認をもとめる対話に不可欠な）「ときに」関係と「ことによって」関係の両側面を見落としている、あるいはそういう意識化で対話を見てこなかった（実践してこなかった）からではないだろうか。

いま、ここに子どもがいれば「ときに」関係は成立しているとしても、「ことによって」関係、つまり、この対話が「きっかけ（原因）」となって子どもにどう変化してほしいのか（高まってほしいのか)、その意図をもった会話(対話の要素)をしているであろうか。

私の知人の中学校美術教師で愛知の角岡正卿(故人、全生研会員)は、「問題を抱える」生徒と、教室ではなく敢えて廊下でおしゃべりする「ときに」、あるいは生徒とのすれ違いの「ときに」、その生徒の行動にとって必要なことを伝えた(指示した)というエピソードがある。その生徒は瞬間的な一対一の関係をもらうことで、教師のメッセージを自分事として受け止めようとした。これも「ときに」「ことによって」の両関係を角岡なりに実践家の感覚でこなしていたことを意味している。

逆に、子どもとの対話場面を設けた指導意図そのものは間違っていないのに、対話になっていないことがある。そうなるのは、どういう「ときに」その場をもつかがあいまいであったり、また「ことによって」関係の見通しがあいまいであったりしているからである。現場的に言う「出たとこ勝負」的な、経験から来るカンの偶然に委ねるものである場合が多いのではないだろうか。教育史分野では、古典的には、旧ソ連のアントン・S・マカレンコが「尊敬と要求の弁証法」という有名な実践のテーゼを出している。それは、非行に走った少年たちとの間に信頼関係を築くために、少年たちとつながるための「ときに」関係と「ことによって」関係をしっかりつかんでいる彼流の指導論であった。

つまり、子どもを尊敬しその可能性を認めるからこそ、「いま、ここで」こうして話を交わす「ことによって」その子どもがどう自己認識を改め、あるいは深め、どう変わっていくか(変わっていってほしいか）に対して、問題の性質によっては要求も出せる、ということである。だから「尊敬と要求の弁証法」と彼はその指導法を呼んだのである。

この他者との関係性を豊かにつくる問題はまだまだ奥が深いので探っていく必要はあるが、ヘーゲルの「相互承認」の哲学の目線を手掛かりに、私たちの「対話」関係、その指導性についても大いに考えることができると思う。教育の分野だけでなく、市民的な様々な運動の場面でも、そのことは誰もが経験している。ただ、そのような意味ある関係性として自覚していないだけである。読者であるあなたが活動の場面で、誰かメンバーの人たちと対話するときに、その「ときに」のタイミング、「ことによって」という前に進む段取りをそれとなく意識しているから、いまのあなたの地位や役割で、周りのメンバーあるいは同僚があなたに協力し、付いてきてくれているのである。

3　自己決定による自分の人生

クヴァンテのヘーゲル論では、第一二章「個人、国家、共同体」から第一五章（終章）「無際限の自律？　展望」までは、現代社会の対立や葛藤の読み開きが中心となっている。

（1）クヴァンテの論述をまとめると、ヘーゲルの社会哲学の評価をめぐっては、次の二つの立場がある。カール・ポパーらは、ヘーゲルは全体主義に道を開いた人物であるとし、共同体主義者は、ヘーゲルは倫理的方向づけをした歴史的・政治的先駆者の代表であるとみる。クヴァンテは、それぞれ自分のひいきの立場でヘーゲルを抱え込んでいると指摘し、大事なことは、ヘーゲルの哲学における方法論・存在論の次元と規範論の次元を区別しながら、正確に関連づけてその体系性を読み解くことであるという。

クヴァンテによれば、全体主義とは、倫理的な要求の基を個人に認めず、国家・社会または国民に置き、これらにとっての従属的な面のみを個人に認める立場である。これに対し、この関係自体を認めないのが自由主義の立場である。この点では、ヘーゲルは、全体主義とは違う選択肢を、個人と社会・国家を媒介する「客観的精神」として展開しているので、全体主義者との批判は当たらない[13]。

（2）自由主義と共同体主義の対立が、現代政治哲学の象徴的争点である。内容的には、前者が個人の基本権を絶対的優先事項と見るか、あるいは個人の積極的な自由の保障を求めるもので、後者は、個人の基本権は社会の倫理的要求と比較検討可能であるか、あるいは社会の共同体・制度の倫理的要求のみを認めるものである。ヘーゲルは「意志」を基本概念として位置づけ、これは社会現象として生まれる社会構成的なもので、個人的なことではなく共同体に向かう働きかけであるとする。共同体の内部の社会的関係が個人の内面的なものを支えている、とヘーゲルは見る。この点では、彼は「全体論的な」立場だと言える。しかし、だから彼は全体主義だとは言えない。なぜなら、ヘーゲルは、「意志」は社会的実践参加の主体である個人の実践知としてのみ働く、と考えるので、単純に個人が共同体全体の一つの属性としてのみ動くとはとらえていないのだから。

（3）ヘーゲルの社会哲学の利点は二つある。[14] 一つは、自分の属する社会的世界（組織や自治体、国家）は「個人に対して権力を行使する」何ものかである、とする見方を提示していること。これは、マルクスやルカーチ、ドイツのフランクフルト学派などに引き継がれた。例えば「疎外をどうみるか」もこの文脈で生じる問題である。もう一つは、個人の持つ『意志』概念の論理上の意義を明らかにしたこと。個人は意志をもって社会的世界（集団、組織、自治体、国家）に積極的に参加し、さらにはそうした社会的世界と自分とを同一化させる面を持っていることを、個人と社会・国家との関係で論理的に述べた。国家は理性の最高形態とするヘーゲルの考えもここから来ている。

（4）ヘーゲルはプラグマティストか？　クヴァンテの見解を基にすると、一つには、ヘーゲルは「事実と価値の二分法を拒否する」。また、「実践的なものの優位」の立場を取る。そのうえで、「現実的なものは合理的なものである」の彼の有名な言葉が示すように、「現実性が持つ理性性」を証明するために「自己自身を規定する主観性」、つまり思考する主体を不可欠の存在だと見る。ヘーゲルにおいては物事に向き合う意欲にとって思考が基礎であり、また思考が（意欲を方向づける）より高次の段階である。思考がつくりあげる概念形成＝認識こそが「絶対知」（『精神現象学』の結論部）を読み解きこれにたどりつく王道なのだと、ヘーゲルは考えた。

二つめに、「可謬《かびゅう》主義」（一貫した信念は認めない主義）との関係でみるとき、ヘーゲルの哲学はどうか。私たちの信念は発見や経験、社会的変化の結果、誤ったものであることが判明する。だから、いろいろと変化する状況に対して一貫して保持できる個人の信念などあり得ないのだ、と見るのがプラグマティズムの特徴である。ヘーゲルでは、あらゆる事象における変化は、そのものの内部にあった矛盾・対立の顕在化であり、ものごとをこのように認識できる主体の思考が活動するかぎり、「信念に誤りがあった」ではなく、いままで見えなかった内部的矛盾を読み解くことができる（できた）となって、新たな進歩になる。見えなかったもの・ことが見えるようになったのである。ここには、矛盾・対立による発展の一貫性がある。だから、ヘーゲルは「可謬主義者」ではない。

ヘーゲル哲学の特質は、人間がいとなむ科学・芸術・文化の最高の世界と諸個人をつなぐ「客観的精神」をもうけて、個人における適切な自己理解という課題は矛盾（葛藤）なしには解決されない、と明快に解いたことである。その「客観的精神」にも「もろさ」がある。それはクヴァンテの分析によると、（ア）自然は破壊的に作用することもあり、これに対して社会・政治の制度は不安定であること、（イ）歴史的発展の偶然性、（ウ）市民の信頼・信用という基本的感情の世界を伴っていないとき国家は安定性と力を失う、ということである。[15]

分析と総合による認識力によって課題を解決しうる、とするヘーゲルのプラグマティズム的な洞察は、こうした混とんとした時代状況において有効である。これがクヴァンテの基本的な見地である。

（5）人格の主観性と能動性について。ヘーゲルは、人格の特質には自己意識があり、これが人格の能力を構成し自律を可能としている、と提起している。ある人格が何かを意欲する場合には、ただ対象との関係だけではなく、「その人格はいつでも、自分自身を、そして自分自身の内容としての内容を意欲する」（ヘーゲル）のである。[16]

（6）自分の決定によって自分自身の人生を形作る。これは人格及び道徳的主体の権利である。これを社会的実在である国や自治体が法の下に保障する。一部の指導者・権力者が想定する「神の国」「共同体」を優先して、その下に各人の人格的自律を軽視することはヘーゲルの立場では認められない。ヘーゲル哲学の見地では、国家のテロス（telos：目的、実現を願うことがら）は、「可能な限り自由で自己決定的な個人の創出と保証」にある。[17]現代においてわれわれはヘーゲルの精神哲学を「重要な対話相手として」とらえるべきである。これがクヴァンテによるヘーゲル論の結論である。

4 エンゲルスの功績

ヘーゲルの哲学が「否定の中に肯定をつかむ哲学」であることを深くとらえ、その核心を継承したのは、フリードリッヒ・エンゲルス（Friedrich Engels　一八二〇―一八九五）の功績である。[18] エンゲルスの死後、彼の遺言で、イングランド西海岸の海に同志らによって遺灰の入った骨壺が投じられた。マルクスを立てて自分は第二バイオリンを果たした彼にはマルクスの死後、第一バイオリンの役割もあったが、彼の願い通りに「オーケストラに戻っていった[19]」。

私は、マルクスの偉大な才能と世界の革新に貢献した役割は認めたうえで、人間臭さをもちそれでいて科学的思考に徹し、最後までマルクスの共同者としての責務を果たしたエンゲルスの、ヒューマンな社会主義者としての生き方に惹かれる。

一つには、エンゲルスの真摯な探求心である。彼は、二〇代の若者らしく青年ヘーゲル派に属し当時の哲学・思想に学びながら、イギリスのマンチェスターで父が共同経営する商会（木綿工場の経営）に属してヴィクトリア朝時代の木綿都市における労働者の実態をつぶさに経験した。その経験をまとめたのが名著と評価の高い『イギリスにおける労働者階級の状態』である。彼が二四歳の時の労作である。このルポルタージュの源流ともされる労作は、後に、マルクスが『資本論』を準備をする際に労働者の実態を知るために何度も読み直したという。

二つめに、エンゲルスの探求対象の幅広さと粘り強い継続性である。彼は早くから当時の科学の動向に関心を持ち、詳しい情報を得ていた。その学びを踏まえ事実を客観的に把握し、その総合的な考察からその発展を読み解くというアプローチを彼は取って来た。その成果は、『反デューリング論』『空想（ユートピア）から科学へ』『フォイエルバッハ論』『家族・私有財産・国家の起源』『自然の弁証法』となって結実した。

三つめに、世に語られるほどにエンゲルスとマルクスは親密だったわけではなかったが、プロレタリアートの解放のための社会主義建設に対する熱情と探求と同志としての対等な関係性はきちんと保ち、その延長で、マルクスの死後、彼が書き残したノートやメモを手掛かりにして『資本論』第二部、第三部を完成させたことである。もともと経済学的な情報と知識とセンスのあったエンゲルスには、象形文字のようなマルクスの悪筆とも格闘しながらマルクスが言わんとすることは理解でき、ある意味ではマルクスを超えるほどに綿密に資本主義の矛盾と没落の必然性を論じた。

エンゲルスの生涯と功績に関する評伝から見えてくる彼の実像は、人間味あふれるコミュニストというイメージである。その著作の原題は、「*The Frock-Coated Communist The Life and Times of the Original Champange Socialist*」（フロックコートの共産主義者～創意に富む贅沢な社会主義者の生涯と時代）である。評伝をまとめた著者、T・ハントが社会科学的なテーマを前面に出さなかったところに、著者のエンゲルスに対する共鳴・共振を感じる。その労作が描き出すエンゲルス像を私なりに記しておこう。

一つには、読者も写真で見たことのあるエンゲルスの肖像のこと。豊かなあごひげを蓄えてりりしく正面を向いてフロックコートを着ている。とても革命の闘士という雰囲気ではない。

二つめに、エンゲルスは酒に強く、若い頃からシャンパンやビールを飲みながら議論するのが得意だった。父親の経営する商会に属しながらマンチェスターの労働者たちの生活を自分の目で確かめ、あの名著をまとめたことは前に書いたが、その時も、夜は時間があれば酒場で楽しく過ごしていた。

三つめに、エンゲルスは、「労働者階級の状態」を詳しく観察し考察し、その解放のための科学的な道筋をマルクスの哲学に支えられながら探求したが、自分自身が労働者の労働を搾取するブルジョワ階級の側にいたことも事実である。マルクスと出会い、ヘーゲル弁証法の歴史への応用（史的唯物論による弁証法）から労働者階級の解放こそ歴史の必然だと認識すればするほど、自分の二重性に苦しんだそうだ。

しかし、その矛盾をあえて背負って彼は生きた。マルクスと共にプロイセンドイツから追放され訪問先の国々でも監視されるなかで、ようやくイギリスに戻ったあと、エンゲルスはエルメン&エンゲルス商会に社員として勤めた。そこを退職するまでの一七年近く、所得の中からマルクス家族の生計を支えるために資金提供を続けていた。その「二重苦」を彼はあえて親友には話さなかったようである。

四つめに、そうした環境で、工場で働いていたアイルランド人の若い女性と知り合い、無学ではあるが社会変革の志の高いこの女性と、婚姻関係は結ばなかったが生涯を共に過ごした。彼女が病気に倒れて死期が近づいたときに、無神論・無宗教のエンゲルスが教会の牧師を病院に呼んできて、そこで結婚のセレモニーを行った。ハントは、エンゲルスの女性との交際も描いているが、それは一般的な意味ではなく、革命をめざす運動のなかで出会った女性たち、あるいは酒場で社会問題を議論している時に出会った女性たちとの付き合いがそれだけ豊富にあったということである。

エンゲルスは、長身で、その育ちからくる品があり、大酒飲みではあったが人に暴力を振るうタイプではなく、要するに周りの女性からもてたようだ。『反デューリング論』や『自然の弁証法』『家族・私有財産・国家の起源』などの著作に見られるような博識で、冷徹なまでの科学的思考の持ち主であると共に、夜を徹してでも飲みながら、社会主義者の仲間と議論し、必要とあらば集会で演説も行い、マルクス家族の経済支援もする。まさに社会主義運動における最高の調整役といっていいであろう。

この邦訳の帯の言葉で、佐藤優は、「エンゲルスのヒューマニズムから学ぶことがたくさんある」

と書いているが、私も同感である。エンゲルスから学ぶことは何か。社会主義への変革を目指すにしても硬直した革命の言辞を教条的にただ振りまき声高に叫ぶのではなく、今を生きる者として生活に浸り、人びとの生活に出会い、その根源となる食の文化も味わい、様々な場面で会うすべての人々と交流することである。八方美人ではなく、意見の違いは違いとして、批判は批判として、しっかりと主張していく生き方である。「一点の曇りもない、満点の革命家」とのイメージはエンゲルスからは出てこない。かといって「曇りだらけ」ではない。青年期から壮年期、老年期に至るまで、その生涯をいつも「向かうべき課題」、すなわち社会主義の実現による労働者階級の解放、を見失うことなく追究し、そのために知を働かせ、必要な文献や資料は徹底して読み込む「生き生きとした学び人」であった。これがエンゲルスが後世に伝えたかった生き方なのではないだろうか。

（注）

（1）ミヒャエル・クヴァンテ、後藤弘志監訳『精神の現実性　ヘーゲル研究』リベルタス出版、二〇一七年。著者は、一九六二年生まれ。ミュンスター大学教授で、現在、六〇歳。若くしてドイツ哲学協会の会長を務めたり、膨大な著作物もある（我が国での翻訳は本書が五冊目）など、哲学界では著名らしく、しかもヘーゲル研究ではその先端を拓いている研究者だそうである（「訳者あとがき」

より）。数ある最近のヘーゲル関係の著作（翻訳を含む）の中でこの書物に惹かれたのは、ざっと目次を見て、ヘーゲルの思想にある「主体性」と「行為」の関係を中心に、現代における個人、共同体、国家に関する論が展開されていると感じたからである。シカゴ大学のロバート・ピピンによる「序文」もおもしろい。それによると、これまで（哲学界では）個人主義と共同体主義の二項対立が長く続いてきた。すなわち、個人の固有の価値を優位に置く立場と、個人の存在といえどもその属する社会的価値に規定されるとする立場の関係をめぐる議論が続いた。クヴァンテ教授のヘーゲル研究は、これらの対立を統一的にとらえ直し、現代の「自律」と社会・国家の関わりに対して問うべき問いをだしてくれている、と「序文」は高い評価をしている。しかも、「序文」によれば、クヴァンテ教授は、従来のヘーゲル研究に見られた原典主義、ヘーゲルの言説をヘーゲルが考えたであろう通りに正確に読みとるやり方を本書ではとっていない。そうではなく、ヘーゲルの哲学に含まれる可能性を出来るだけ最大限に引き出そうとする現代の視点からの積極的読み取りを展開している点でも優れている。

（2）同書、一三頁。
（3）同書、一六頁。
（4）同前。
（5）同書、二一頁。
（6）同書、五〇頁以下。

（7）同書、五四頁。
（8）同書、六〇頁。
（9）同書、一五三頁以下。
（10）同書、一六一頁。
（11）同書、二一三頁以下。
（12）同書、二一〇頁。
（13）同書、二二三頁。
（14）同書、二三六頁以下。
（15）この論点のうち（ア）は、今も進行中の「新型コロナウイルス」感染拡大に関して、中国をはじめとする各国の動揺と政府対応の危機的な状況を指している。（ウ）は、我が国の安倍元首相の国会運営のずさんさ（森友学園、加計学園問題での説明など）やアメリカのトランプ前大統領をめぐる国内の二極化現象などに示されている。
（16）この論理を後にエンゲルスが、人格と性愛の関係で論じた。ある人が、別の人（異性又は同性）を愛するのは、その人自身の在り方、その人がどのような欲望を持ち個人をどのように見ているかを内容とする行為でもある、ということである。またエンゲルスは、この人格と性愛の関係における「疎外」も指摘した。一方の愛が、他方の返しの愛を得ないならば、その愛は対象なき愛であり、それはもはや欲望に過ぎず、一種の疎外であると。これが当時のブルジョア的結婚観（女性を所有の対象とみる婚姻関係）を革新的に批判する根拠にもなった。

（17）二九六頁。

（18）トリストラム・ハント、東郷えりか訳『エンゲルス　マルクスに将軍と呼ばれた男』（筑摩書房、二〇一六年）は、今まであまり知られなかったエンゲルスの生涯、人柄、思想の探求、マルクスとの交流、社会主義運動への貢献などをひとまとまりの叙述として示してくれた。著者はケンブリッジ大学・シカゴ大学を出て、ロンドン大学クィーン・メアリー校の英国史学講師。二〇一〇年から労働党の議員を務める（奥付より）。著者は四七歳という若さを発揮して、マルクス、エンゲルスの主要著作はもとより、相互の往復書簡や身近で活動した数々の社会主義者たち、さらには論敵などとの書簡や、マルクス、エンゲルスが編集発行又は執筆したジャーナルの記事など、非常に豊富な資料＆史料を克明に調べて、書き上げている。歴史専攻らしい、とてもオーソドックスで学問的な誠実さを本書から感じた。訳文は日本文としてこなれていて、読みやすい。なお、一八四八年のマルクスの名著を、本書では、『共産主義者宣言』と訳出している。内容は『共産党宣言』のこと。

（19）同書、四六〇頁。

Ⅲ　指導・支援・ケアとアンラーニング（脱学習）

1　指導はどういう行為か

（1）自主であるから指導を求める

教育における指導は、弁証法の要素を多様に含む活動である。

戦後生活指導研究をリードし、日本生活指導学会の代表理事も務めた城丸章夫（二〇一〇年逝去）

は、指導についてこう述べた。「（私や私の友人たちは：注記）指導と管理とは区別すべきものであり、これを混同してきたところに、我が国の教育のさまざまな不幸があったと考えている。そして、指導は相手の自主を前提としており、従ってまた拒否の自由を認めた上に成立するものだと考えている。また、自主であるからこそ、指導を求めるのだと考えている」[1]

注記の「私の友人たち」とは全国生活指導研究協議会（全生研）の指導的立場の会員のことである。「指導は相手の自主を前提」とすることは、教師にとってまさに否定（子どもの自主）の否定（子どもから引き出して成果を生み出す）の働きである。教育実践の中で、教師は子どもの生活と向き合い、模索しながら、この弁証法的指導観をつかみとってきた。その源流は、戦前の生活綴方教育に取り組んだ教師たちが発見した、生活者としての子どもとの対話である。

国定教科書時代において教科書のなかった「綴方科」（「国語科綴方」。「綴り方」の表記も混在したが「綴方」に統合された）では、教師が作文教育をした。その実践と運動の中心的人物の一人である芦田恵之助は「綴方は自己を書くものである」と提起した。[2]「富国強兵」をめざす明治政府の重工業政策から取り残されがちな東北や四国などの零細農業地方では、貧しい小作農民が子どもの手も借りながら暮らしていた。その地方では、「綴方」では子どもの生活のありのままを書かせるしかなかった。すると、それぞれの作品には、貧しい中でも父や母の労働を助け弟妹の面倒を見ながら懸命に生きる子どもの思いや意思が表れていた。貧困の中にあってもそれに埋もれない子どもの生き方を教師は見いだした。それが「子どもの自主」の原点であった。

しかし、子どもたちがそれぞれに表現したものは原石のようで、方向性も定まらない。教師は、これに方向性を与え、ともに時代を生きる立場で子どもたちに応答していく。そのなかで子どもの生活の指導を必然のこととして認識するようになった。その指導とは、ある価値を教え込んだり生活を統制したりするものではなく、表現主体である子どもの可能性をつかんでこれを肯定し支えていくものであった。この関係性が原点となって、教師は「生活指導」の言葉を編み出した。それは子どもの生活と向き合う中で生まれた教育の概念であった。その生活は矛盾に満ちていた。父や母は地主の言いなりで苦労を敢えて背負っていたが、子どもには「なぜ」「どうして」の疑問があった。小作農だから黙っていなくてはならないという不合理にも感覚的に異議を唱えていた。こうした子どもの生活の解読が、子どもなりの抵抗あるいは拒否の存在を教師に感じさせることとなった。

戦後の教育においては、民主主義の原則に従って、子どもと教師の相互応答関係は順調に発展するはずであった。それを方向転換させてきたのが、一つには、日米同盟を背景とする愛国心教育の導入であった。もう一つが、受験競争が激化した頃の中高生の非行・問題行動を抑えるための管理優先の教育であった。その最大の目標は学校の秩序維持、規律・規範意識の育成であった。こうして全国で、教師が学校目標の達成のために生徒への管理を徹底することを是認するように変わっていった。それは一九八〇年代の「管理教育」と称される管理優先、学校の指示・命令への服従の正当化、そして教師による事実上の懲戒の正当化という特徴を帯びていた。そこに流れていたのは、先の定義と対比させて言えば、こうである。指導とは、生徒の服従を前提としており、生徒が自分の制圧下に入ることを認めた上に成立する。

この指導は実は管理そのものであり、それが日常化する中で、校則やきまりの徹底に名を借りた管理が横行するようになった。この風潮の下で、厳しい遅刻指導を徹底してきた兵庫県神戸市にある県立高校で鉄扉をスライドさせる校門に女生徒が挟まれ圧死する事件が起きた（一九九〇年七月六日）。

生徒の服従を当然視する指導観をどう転換させ、子どもの側に少しでも近づいて子どもの自主を引き出す指導をどうつくりだすか。

一つには、生徒の「拒否する自由を保障」(3)し「非強制的作用」であるように教師の「指導」を機能させる。そのためには、「教師は知らず知らず子どもと共同するひとりの探求者として現れ」、「人格的・個性的・創造的言動」を主体的に発揮しようと努める以外にはない(4)。ところが、今日の学校業務の事務化・多忙化がこのことを大きく制限している。その勤務条件の打破と改変も必要である。

二つめに、教師が自分の言葉で自分の実践を語り生徒の変容（成長）を語る場を意識的に創る。そのこと自体が、「指導」のもつ「人格的・個性的・創造的」作用を高めるトレーニングの場になる。それがPC等による書類作成・データ処理で奪われている現状を問い返すこと。この実態を見直し、教師同士の「教育実践対話」を意識的に復権させること。

三つめに、「上から」下ろされている「学校スタンダード化」は、一斉・一律を教師に要請し生徒たちと管理的に向き合うことを是認するだけではなく、事実行為としての懲戒を誘発しやすい。したがって、「スタンダード」推進はいったん中止し、各クラス、各学年の実態や実践目標を教師の言葉で出し合えるリフレクション&プラクティスの関係に変えていくこと。心ある校長は、そのリーダーシップを取るべきである。

四つめに、『生徒指導提要』改訂版（生徒指導提要の改訂に関する協力者会議が草稿を書いた）では、児童生徒の「自己決定の場」の保障に言及するなど改善は見られるものの、「指導」とは何か、という原理的な考察が抜けており、教師が「必要」と考えればどのような内容・方法も採り得る余地（指導の行為が管理に転化する状態）が残されている。これらの諸点を子どもの権利保障からチェックしていくこと。

五つめに、弁証法の基本法則である「否定のなかに肯定をつかむ」という主体性を回復すること。城丸も、（懲戒を乗り越えるために）「罰の可能性」を生徒に提示して生徒の論議を保障することでかえって教師による教育を生徒が要求してくるという弁証法に注意すべきだと述べている。

（2）人格否定と権力的「指導」

二〇一一年六月一〇日、愛知県立刈谷工業高校二年の男子生徒（享年一六）が自死した事件は、彼が属していた野球部副部長が部員に体罰を繰り返していたことが背景要因にあった。その母親が「身近に潜む『指導死』」として、インタビューに答えて語った(5)。

それによると、高校で野球をやりたくてこの高校に入った息子は、一年の夏が過ぎるころから、「監督（副部長）が自分の目の前で部員を殴る」「それを止められないでいるのが嫌だ」と家で話すようになった。二年になると、彼はもう続けられないと言い、ついに監督に「部を辞める」と申し出たら、「お前、逃げてるだろう」と言われた。その後の試合で（守備の時）ボールを落としたらみんなの前でユニホームを脱がされ「消えろ」と監督に言われた。それをきっかけに部活に行かなくなった。

すると監督は「練習をさぼっているのか」と彼を監督（体育の教諭）の教官室に来るように指示した。一日休んだ翌日、少し元気そうな様子でいつも通り家を出たが、学校には行かずに（別の場所に行ってそこあった）車に練炭を持ち込んで自死した。学校に調査を依頼したが、「自殺と指導の関係はない」と言われ、改めて第三者委員会の設置を県知事に願い、話を聴いてもらい第三者委が設けられた。その結果、野球部内の暴力があり、それによるうつが原因で自死に至ったとされた。

地域の声として、「(殴られた部員も含め) みんなは耐えている」「(殴られていない) 本人が弱かった」といわれたという。しかし、この事案のように、指一本ふれないで子どもを追い込んでいることが問題である。この事件の監督は「熱心な指導」者として知られていた。弔問に来てくれた野球部員たちに母親が聞いても、彼らは「自分が悪かったから殴られた」「自分に原因がある」と話していた。「自分は殴られていい存在ではない」と、子ども自身が自分に人権があるということを教えられていないのである。自死した生徒には繰り返される監督の高圧的な「指導」と暴力に対して「それはおかしいよ」という感覚があったと思われる。誠に惜しまれるが、彼はその自分を守ろうと自死を選んだ。

教師の指導が委縮して、行われるべき子どもの指導が難しくなることはないのか。そういう声もこの事案をめぐってはあった。しかし、そうではない。Ⅱ章の2で述べた「ときに」と「ことによって」から成る対話を意識して、指導を成立させることが求められている。どの子も一人の人権主体として尊重し、その自主だからこそ本人の理解と納得に働きかける要求を基本とするし、体罰は必要ない、ということである。

2　支援とケアの関係～共同性の論理～

相手の自主を認めて成り立つもう一つの行為概念は支援である。支援は、あくまで当事者を主体として、その行為・行動ならびに考え方、自己決定を「支え援《たす》ける」ことを意味する。類似の援助は当事者のニーズに応じる具体的な補助である。支援は、ただ子どもを見守ることではないし、指導の後退や否定でもない。支援の行為は、対象者の要求を理解するために伴走者（並走者）のように接し、その自主を支えることを基本として、対象者が活動していきやすいように方向づけ、活動の中身に働きかけることである。これは、教育実践でも看護でも、児童福祉でも、基本は同じである。

他者論の視点から支援をとらえるならば、「子どもの発達を支援するとは、子どもにとって共感的で共生的な『他者』としての役割を果たすことを意味する」[(6)]。（八八頁を参照）

この「『他者』としての役割」がなかなか実践家には見えにくい。いつも自分が実践主体として、子どもや患者のために働いていて、その自分が「他者」であるなど思ってもみないからである。しかし、教師も看護師も福祉士も、対象者にとっては「他者」として現れていることは事実である。子どもを出産した母親も、その子どもには「他者」である。

「他者」の「他」がよそよそしく疎遠な存在を表す漢語なので、一定の心情を傾けて関わっている相手にとって自分がそういう存在であるとは考えたくない。ところが、例えば子どもからすると、担任教師は、自分のことを見てくれているのか、気にしているのか、とその関心や思いが知りたくなる相手であり、低学年であれば「先生、あのね」と聴いてほしい相手であり、思春期であれば、何か「上から目線」で指示してくるようだが本当は頼りたい存在であるなど、別の主体だからこそ子どもの方からいろいろと意識する相手なのである。相手を支援する主体がその相手にとって「他者」という関係の質（他者性）をもつことは、支援やケアを考える場合には前提となる。

ところで、支援とケアとは密接な関係にあるとされるが、この前提となるのは、支援もケアも、権力・暴力と支配に反対する・抗する立場に立つ行為だということである。そのうえで、ケアについては、哲学の立場から次のように定義された。

「一人の人格をケアするとは、最も深い意味で、その人が成功すること、自己実現することをたすけることである。（中略）他の人々をケアすることをとおして、他の人々に役立つことによって、ケアする人は自身の生の真の意味を生きているのである。この世界の中で、私たちが心を安んじていられるという意味において、この人は心を安んじて生きているのである。それは支配したり、説明したり、評価しているからではなく、ケアし、かつケアされているからなのである[7]」

文化人類学の立場からすると、「ケアの論理」とは「苦しむ人々の傍らに寄り添い彼らの生の道程を共に歩む」ことにある。具体的には、ケアの論理の出発点は、「人が何を欲しているかではなく、何を必要としているか」[(8)]にある。以下、その論旨を引用する。

「それを知るには、当人がどういう状況で誰と生活していて、何に困っているか、どのような人的、技術的リソースが使えるのか、それを使うことで以前の生活から何を諦めなければならないのかなどを理解しなければならない。重要なのは、選択することではなく、状況を適切に判断することである。

そのためには感覚や情動が大切で、痛み苦しむ身体の声を無視してたとえば薬によっておさえこもうとするのではなく、身体に深く棲みこむことが不可欠である。脆弱であり予測不可能で苦しみのもとになる身体は、同時に生を享受するための基体でもある。この薬を使うとたとえ痛みが軽減するとしても不快だが、別のやり方だと痛みがあっても気にならず心地よいといった感覚が、ケアの方向性を決める羅針盤になりうる。それゆえケアの論理では、身体を管理するのではなく、身体の世話をし調えることに主眼がおかれる[(9)]」

関係するあらゆるものにケアの行為の力能を見いだすことが求められる。「ケアとは、『ケアをする人』と『ケアをされる人』の二者間での行為なのではなく、家族、関係のある人びと、同じ病気をもつ人、薬、食べ物、道具、機械、場所、環境などのすべてから成る共同的で協働的な作業なのである。それは、人間だけを行為主体と見る世界像ではなく、関係するあらゆるものに行為の力能を見出す生きた世界像につながっている[10]」

要は、人と人、人と環境の新しい相互作用（インタラクション）がケアなのである。

「『ケアの論理にあっては疑問が行為を妨げることはない。その態度は実験的なものである。何が改善をもたらし、何がそうでないかを探求しながら、あなたは世界と相互作用する。（中略）水の欠如、食物の欠如、きれいな空気の欠如、スペースの欠如。賭けられている生が、人間のものか、動物のものか、植物のものか、生態系のものかであるかにかかわらず』（引用者注記：オランダの政治哲学者アネマリー・モルの言葉）。

だからこそケアは、ケアする者とされる者という二者間にのみ見出される出来事ではなく、人間と人間以外の生物、薬物、機械、環境とのあいだの本質的に共同的な協働へと開かれてゆく。こうした共同性として現れるケアの論理は、個人主義をベースとする選択の論理と対照をなすインタラクションのモードである[11]」

「4」で述べる教育論としてのケアリングでは子どもと教師の二者関係を重視するが、前記の概念が人間と人間をとりまく環境の相互作用まで含めて見ている点は参考にすべきである。

3　誰のためのケアか

最首悟《さいしゅさとる》（元和光大学教授。重複障がい児である娘・星子さんとの関わりを綴った著書もある）と、『こんな夜中にバナナかよ』の著者、ジャーナリスト渡辺一史との対談「誰のためのケアか」は、ケアを考えるうえで大事な視点を提示している。(12)

（1）人はなぜケアをするのか

渡辺は二四時間介助がなければ何もできない筋ジストロフィ患者の鹿野さんが募集した介助ボランティアに応募した体験を基に語った。鹿野さんのケアをしていると、普通なら見せたくないような面もふくめたトータルな人間が見えるようになった。これを受けて最首は、いま人々には身体接触への飢えがあるとして、「ふれる・なでる・さする」は人間関係の基本であるのに近代の労働によって分業化して、「ふれあい」が消えたという。

私の経験では、看護の臨地実習指導者講習会（二〇二二年度）で「教育学」の講義をした時、授業の感想文の中で、ある看護師は「日頃『清潔ケア』『排泄ケア』と呼んでいるものだけがケアだと思っていたが、患者との関わりはすべてケアだったのだと気づきました」と書いた。看護師が患者との間に「ふれあい」を持ちながら、それがケアという相互性・双方向性をもつ作用とは意識していなかったことを表している。言い換えれば、その人そのものにふれて、自分もまた成長のきっかけをつかむのである。

人はなぜケアをするのか。それは、ケアする人は、相手の自己実現に関わることで自分の成長や自己実現を実感するからである。先の講義で別の看護師は患者が快方に向かうのを間近に見て「自身の心に自己満足感や自己肯定感を得る」ことができるし、「ケアをすることで、逆に自己がケアをされる」ことを実感として理解できたと書いている。そのプロセスには、共に信頼し合って困難を解決していく手応えが双方の自己実現に働いている。だから、ケアは、他者と関わるその空間の中で身体的・精神的・社会的な相互性または二者性を、相手の尊重と気遣いで具体的に創り出していく行為なのである。

(2) ケアから見える自立と依存の関係

鹿野さんとボランティアとの相互関係を実際に観てきた渡辺によると、鹿野さんは自分の身体を提供して（ボランティアに）支えさせてあげているのではないかと思えた。どちらが「障がい者」かわからないほどだという。この点に関連して、最首はこう語っている。娘さん（星子さん）は重度の障がい者で言葉を発しないのだが、彼女は「これをしてほしい」と欲しているというより、誰にもすがっていないし、生きることに執着していない風である。助けられねば日々生きられないのに悠々として生きている。むしろ自分（最首）のほうが彼女に関わることで生かされている感じで、介助者が要介助者に依存している。

二人の対話から、前掲・エッシャーの画にあったように、右手と左手の相互嵌入《かんにゅう》が、ケアの活動と関係性にも見られる（九六頁）。ただし、それはお互いを同一視するものではなく、個と個として相互の人格の自立性を認め合う関係だといえる。

（3）ケア・テーカーの変容

ケアをとおしてケアするひと（ケア・テーカー）は変わるのか。「人を支えていると自分が支えられていることに気づく」し、誰かを支えることで自分の私的なものが生きてくるという（渡辺）。鹿野さんのケアに参加したある法学専攻の学生がこのボランティア体験をとおして医学部に入り直した。渡辺自身も福祉を考えるようになった。

最首は、『朝日新聞』の「声」欄の投稿文を引用しながら、わたしたちは地球に立ち寄っている存在、これを少しでも長く続けるために人と関わるのではないか、という。そして、ケアというのは、（その立ち寄る者同士としての）身体どうしの接触があるということ、意味は後からついてくることではないかと述べた。

小括すると、①二人の対談から、ケアは双方向性・相互性をもつ働きかけを指し、臨床哲学のM・メイヤロフも述べたように、相互成長であり、相互関係を意識した言葉だといえる。②ケアは「関係性」「他者」「自立と依存」とも深い関係にある。③ケアしケアされる関係自体が、人間としての自立という広義の教育から見ると、教育的価値を持っていることがわかる。(13)

4 教育におけるケア

教育実践の分野では、子どもに即した、子どものための、（人権主体としての）子どもの支援として「ケア」の意義が今提起されている。これは、教育目標に沿って子どもをリードし、統制し、規範的に導いていく観念である「指導」とは相容れない面があるので、福祉やソーシャルワークの世界で言われるほどには学校現場には「ケア」はすぐには根づきにくい。しかし、「ケアとは何か」を問うことで「指導」概念を「子どもの自主」（前述）に寄り添うように解きほぐし、書き換える（その意味内容を主体的に組み換える）方向が出てくることに大きな意義がある。「ケア」は「指導」に代わるものではないし、「指導」を否定するものでもない。「ケア」概念によって「指導」のもつ他者性、民主性をその本来の姿に練り上げキープしていくことが大事である。「学校教育」「教職」は、子どもを統制し評価しある基準で分ける機能を表に出しやすいので、「ケア」概念は、常に「教育とは何か」「指導とは何か」を持ちかける（自分を映す）「鏡」の役割を果たす。

この角度から踏み込んだ論議を示したのが、アメリカの教育学者ノディングズである。

彼女は、ケアする者とケアされる者との「関係性」をとても重視している。それは「両者が独特のやり方で貢献をしなければならない[14]」というものである。その「貢献」とは、例えば「その人の要求に注意深く耳を傾け、その人が受け止め、認識するように応答する」ことであり、相手はこちらの「ケアしようとする努力を受け入れる」ことを意味している[15]。

彼女は授業における教師と子どもの関係性を以下のようにとらえ直している[16]。

「授業で教師が問いを投げかけ、それに対して生徒が応答するとすれば、その教師は、『応答』だけではなく、生徒をも受け容れている。生徒の語る事柄は、正しいか間違っているかにかかわらず、重みがあって、教師は思いやりを込めて、明瞭化、解釈、寄与をめざしていく。教師は解答を求めているのではなく、ケアされるひととの触れ合いを求めている」

「教師からの特別の贈り物は、生徒を受け容れ、生徒とともに題材を眺めることである。教師の関与は、ケアされるひとである生徒に対する関与であり、――そのような関与によって――生徒は自分の正当な考えを行動に移せるように解放されるのである」

「(授業における：引用者) 対話の目的は、観念と触れ合い、他のひとを理解し、他のひとと出会い、ケアを行なう点にある」

こうしたノディングズのケア論においては、子どもと教師の相互作用が貫かれ、子どもをケアすることで教師がケアされる弁証法に着目している点が大事である。ここにも「働きかけるものが働きかけられる」相互作用(弁証法)が働いている。

5 アンラーニング(脱学習)と反転・自立

(1) アンラーニングの意味

コロナ禍を生き抜くうえでも、アンラーニングという、対象との関係性・対象(他者)理解、そのスタンスは大事ではないかと思う。「コロナでなければああできたのに、こうできたのに」という後ろ向きの思考では、ややもすると他者をも自分をも、ただただ否定的に見てしまいがちである。コロナ禍前の日常生活、旅行などの外出、あるいは友人・仲間との様々な対面のつどいは、大事な記憶として保存しておく。その一方で、活動内容や課題によっては新たに一緒に創り出すつもりで、ものごとに、また他者に向き合い直してみる。すると、今までとは違った関係性づくりが見えてくる場合もある。コロナ禍の前に見えなかったもの（こと）が見えてくる。これは、「否定の中に肯定をつかむ」を、知らず知らず日常の中で生かしていくことのできる方法である。

川瀬和也『ヘーゲル哲学に学ぶ　考え抜く力』は「アンラーン」について以下のように延べている。[17]

『アンラーン』とカタカナで書かれたり、『学びほぐし』と訳されたりするこの言葉は、『学び』を意味する『ラーン（learn）』と、それを否定する『アン（un-）』から成っている。これは、自分がそれまでに学んできた前提をいったん忘れて、新たにゼロから学び直すつもりで人の話を聞いたり、本を読んだりすることを指す」

「凝り固まった思考の枠組みをいったん取り払うことで、自分自身の思考を解放することがアンラーンである。このアンラーンのプロセスは、全く新たな考え方を受け入れて成長するために必要な、新たなビジネススキルとして、近年よく言及されるようになっている」

「アンラーンは、前提を疑い検証する『そもそも論』としての哲学研究においても必須のものである。例えば現代哲学において、人の『心』を人工知能によって再現することはできるのか、という問題がしばしば問われる。

この問いに取り組む際には、『機械で心を作れるわけがない』という固定観念や、あるいは逆に、『心は脳と同じであり、機械でも作れるに決まっている』といった固定観念をいったん『オフ』にして、そもそも自分や他者がどのような前提のもとに思考しているか考えることが求められる。

（後略）」

川瀬は、アンラーンを「学び直し」や「固定観念をオフにする思考様式」の意味で述べているが、私は、精神医学者、J・L・ハーマンが『心的外傷と回復』（原題：Trauma and Recovery. 中井久夫訳、みすず書房、一九九六年）で述べたアンラーンの意味を重視したい。中井はそれを「脱学習」と訳した。(18) 暴力・虐待の被害、独房での長期間監禁被害などによって、「世界と積極的に関わる能力の狭まり」が習慣化しているため、解放された後も支援の過程で、脱学習しなければならなくなる。被害者において、「心の他者像が、ゆるぎない確かなものではなくなっている」ので、支援者・援助者とのつながりで、その「他者像」をゆっくりと取り戻す（restore）ことが必要になる。そうして、自己身体像と、内面化された他者像、本人に存在感覚を与えてくれる価値や理想を結びつける新たな学習をしていかなくてはならない。

同書において「脱学習」は、児童虐待やレイプ等の被害者が絶望の淵に立たされながらも自死念慮を乗り越えて生き延びてきたその自立の過程に即して使われている言葉である。外部からの暴力で人格を壊された当事者が、そこで学習してしまった否定的な自己認識を「脱することで必要な学びに出会う」（un-learn）という意味である。中井の訳語は、少し硬い感じを与えるかも知れないが、それが使われる文脈からすれば絶妙の言葉を当てたと思う。

（2）生きづらさの中で子どもの訴えを信じてほしい～性的暴行罪で父親に有罪判決

二〇二〇年三月一二日、名古屋高裁は、父親による娘への性的暴行罪に対し、一審の名古屋地裁岡崎支部の「無罪判決」を破棄して逆転の有罪判決を言い渡した。被害者である娘のAさんが、判決後に手記を公表した。「今日の名古屋高等裁判所の判決を受けて（令和二年三月一二日）[19]」の中で、彼女は繰り返された虐待の問題を語り、その介入がなかったことが性的暴行にまで事態を極悪化させたのではないかと問いかける。

①父親の暴行に抵抗できなかったのは、幼少期からの虐待があり、精神的な支配・隷従関係におかれていたからである。

《「逃げようと思えば逃げられたんじゃないか。もっと早くに助けを求めたらこんな思いを長い間しなくて良かったんじゃないか・・・」。／そう周りに言われもしたし、そのように思われていたのはわかっています。／でも、どうしてもそれができなかった一番の理由は、幼少期に暴力を振るわれたからです。

「だれかに相談したい」、「やめてもらいたい」と考えるようになったときもありました。／そのことを友達に相談して友達から嫌われるのも嫌だったし、警察に行くことで弟達がこの先苦労するのではないかと思うと、とても怖くてじっと堪え続けるしかありませんでした。／次第に私の感情もなくなって、まるで人形のようでした》

Aさんがこれほどのつらい被害体験を繰り返していながらも、周りの大人社会にそれが知らされず、警察や児相の介入もなかったことが、この事案の深刻な背景要因である。しかも、父親の意に反する行動をとると、弟から引き離され孤立させられるのではないかという不安もあったと書いている。

父親による、まったくの意に反する性的暴行と、弟から引き離される結果を思う怖さと、二重の恐怖がAさんのこころを壊し、奴隷状態にしていったのではないか。「まるで人形のようでした」がそれを物語る。

②この被害体験が非常につらいけれども自分史の過去の出来事として位置づけられるかどうかが今後の課題である。

《もう二度とこんな思いはしたくありません。／これから私は無駄にしてしまった時間を精一杯埋めていきたいので、邪魔しないでもらいたいです。

私は父を許すことは絶対にできません。／不安と苛立ちに押しつぶされそうな苦しい毎日でした。／そして今も同じです。／私や弟たちの前に二度と姿を現さないでほしいです》

Aさんが人間的にダメだからこのような酷い生活をさせられたのではない。繰り返された虐待は許しがたいことだが、Aさんはそれを耐えてここまで生きてきた。あなた自身が自分の足で自分の人生を歩もうとして少しでも闇の中に光を探しながら闘ってきた。その生きる力はあなただけが獲得できた自己肯定の力。こういうAさんをエンパワーする周りの人びとの支えがこれからの大きな課題である。

有罪判決はAさんが今後の人生を切り拓いていく大きな一歩となる。

③信頼し伴走してくれる他者の存在こそ、立ち直るうえで重要な条件である。

《私が訴え出て、行動に移すまでにいろいろな支援者につながりました。／しかし、「本当にこんなことがあるの？」と信じてくれる人は少なかったです。

失望しました。／疑わずに信じてほしかったです。／支援者の皆さん、どうか子どもの言うことをまず一〇〇％信じて聞いてほしいのです。／今日、ここにつながるまでに、私は多くの傷つき体験を味わいました。／信じてもらえないつらさです。

子どもの訴えに静かに、真剣に耳を傾けてください。／そうでないと、頑張って一歩踏み出しても、意味がなくなってしまいます。／子どもの無力感をどうか救ってください。（中略）／苦難を生きる子どもにどうか並走してくれる大人がいてほしいです。

最後に、あの時の自分と今なお被害で苦しんでいる子どもに声をかけるとしたら、「勇気を持って一歩踏み出して欲しい」と伝えたいです。／一人でもいいから、本当に信用できる友達を持つことも大切だと思います》

このAさんの告白とメッセージは、子どもたちの支援や援助に関わっているすべての方に対する心からの訴えだといえる。「頑張って一歩踏み出しても、意味がなくなる」の言葉は、千葉県・野田市の虐待死事件（二〇一九年一月）の被害少女（小四）が担任教師に親の暴力を訴えていたにもかかわらず受け止められなかったことと、深くつながっている問題である。

Aさんの事案は、臨床精神医学で言う「脱学習」のプロセスが困難をきわめるとしても当人の意思でそれを切り拓くことが可能であることを証明している。同様の支配構図であるハラスメントやいじめとその被害者が「声」をあげにくい実態と併せてリアルにとらえる必要がある。例えば、厳しい待遇条件下にある非常勤講師が職場の上司から嫌がらせを繰り返し受けても、その現場を見ていながら周りからの介入はなく、ただ本人が耐えるだけで、抵抗や抗議の気力さえ失わさせられ、ついには退職せざるを得なかった事例などもある。

先の性的暴行の事案から見えて来るのは、繰り返される暴力によって支配と隷従の構図の中に押し込められて、言いたいことも言えないために自分で自分を閉じ込めていくほかないというその精神的苦痛の深さである。ある教師によれば、小学校三年生を担任した時に、ある男児がいうには、母親がその子に灰皿を投げる暴力をふるって怖かったと話した。本人は、自分が妹を泣かせたりしたから自分が悪いので、と自分のせいにしたが、それだけではなく、彼は「どのお母さんも、そういうもんだと思い我慢した」とも話したという。

このように、親の行為の酷さ、おかしさ、異様さを、その攻撃をまともに受ける子どもみずから、自分の心の中に精いっぱい引き取ろうとしている。それがあふれ出て、教室で周りの子にいたずらしたり、嫌がらせをしたりもする。そのとき、「お前がまたやったな」と担任は「問題児扱い」して叱るばかりで、その行動の裏にある本人の気持ちを聴こうとしない。言うに言えない心の状態に気づき、そばにいて「伴走するおとな」の登場があれば、事態は内側から変わっていく。この伴走者は、どの子にとっても、とても切実な存在だといえる。

6　「生きる意味」を問う諸事件の背後にある孤立と自己否定

（1）事件が問いかけていること

二〇一九年六月に起きた新幹線殺傷事件は、愛知県O市出身の被告（男性、当時二二歳、現在服役中）が、無期懲役刑を受けて刑務所で生涯を過ごしたいという願望でおこなった犯罪であった。両親には見離されたが祖母が親身になって面倒を見てくれたのに、その祖母の支援も振り切って長野県にまで行って、野宿生活を始めた。そうした過程で、この社会生活の中で生きる意味を失い、刑務所に最後の居場所を求めた結果、あの犯行に及んだのであった。

本件に関する『東京新聞』記者から取材を受けて、私は「孤独からくる自己防衛」が犯行の背景にあると述べた[20]。同社の記者が三回に及ぶ公判を傍聴しそのメモをメール添付で送ってきたものと、被告の青年に関する私なりのプロファイリングなどを総合してそう判断した。検察は彼を「猜疑性パーソナリティ」と特徴づけた。他者に対して疑い深いがゆえに攻撃的になるということである。

幼児期から父親による虐待を受けたうえに母親からも疎まれてきた彼の生育過程で、他者不信と自分の能力の自信過剰とのアンバランスが彼を苦しめた。その結果、思春期から交友関係でも孤立し、「こもりがち」になり、ついには、独りで長野に行ってホームレス生活までした後の犯行であった。

公判での彼の証言ではっきりとわかるのは、彼の「ひとりぼっち」と、そこから抜け出して誰かと「一緒にやってみる」ことをつなぐ接点がなかったことである。アンラーニング（脱学習）の欠落である。私がこの事件に関心を抱くのは、こんにちの小学生から高校生の年代にも共通する、「ひとり」と「みんな」の離断を象徴的に表している一面があると見たからである。普通に活動する子どもたちと殺傷事件の犯行者の生い立ち等を同じ次元で扱うことには反発もあるであろう。しかし、教室の子どもたちの間にある「差異」がそのまま排除になる現実を冷静に見れば、その「普通に見える」子どもらにも潜在的には、他者とつながりたいのにつながることができない葛藤、その中で異質な存在を排除しかねない他者の見方があることがみえてくる。それを表立ってはできないので、SNSで匿名で発信しているのが「ネットいじめ」の特徴だと思う。

学校生活において、子どもたちの「ひとり」と「一緒に」あるいは「みんなで」をつなぐ意識的な活動プランが果たしてどこまで教職員の中で共有されているであろうか。「主体的・対話的で深い学び」を基調の方針として打ち出した中教審答申においてさえ、その「学び」を担う子どもたちの人間関係（関係性）をどのようにとらえ、どのように肯定的な方向に育てていくかが、全く触れられていない。ここが、現場での混乱や実践のしづらさ、形式に流れる安易さ、などを生んでいるのではないか。「ひとり」か「みんな」かの二項対立はもはや時代に合致しないことは明らかである。かといって、両者は放っておけば自然につながるものでもない。「つなぐ」働きを創り出す実践の創造が必要である。そのヒントは、足下の子どもたちの要求そのものにある。否定的な状況の中に肯定をつかむことは可能である。

二〇二二年一月一五日、大学入学共通テスト会場の東京大学で、一七歳の男子少年が受験生二人と七〇代の一人を包丁で刺す事件が起きた。三人は救急入院、少年は現場で逮捕された。報道によれば、少年は、名古屋市内在住の高校二年生。その前日（一月一四日）に深夜バスに乗って東京にきたという。いっぽう、家族は少年が学校から戻らないと捜索願いを出していた。また、東京メトロの東大前駅でボヤがあり、これもその少年による放火の疑いがあることがわかった。取り調べの中で少年は、「医者になるため東大に入りたいが、最近成績が下がってきて入れそうにない。事件を起こして死のうと思った」と話していると報じられた。

彼のアイデンティティ形成は、私の推測だが、「医者になりたい」「それには東大に行くこと」「しかし、成績が下がってきた」「東大に行けないなら、生きている意味が無い」「事件を起こして、死のう」というように葛藤が進行していたと思われる。もちろん、東大医学部がすべてではないこと、他にも医学部はあるし、医者ではない道だって選べることを第三者が少年に対して言えるであろう。しかし、彼のいた高校は、全国でもトップクラスの東大医学部進学を誇る高校であることも背景にはある。心の世界は、医者↓東大入学というベクトルで一杯になっていたのであろう。その目標に向かって集中できている間はよかった。しかし、その集中を維持できたのは「得点を挙げるための受験勉強」であり、成績が下がりはじめると、その「得点を取る」行為さえ自分でも疑問になってきた。いや、ことは逆かも知れない。「得点取りの勉強」に嫌気がさし意欲が下がって、それが成績ダウンになったのかも知れない。側聞によれば、彼は良く本を読む少年であった。読書の中で「問い」をつかんだが、その「問い」に共振し、一緒になって問題を見つめてくれる他者の登場こそ、彼が必要としていたことだったかも知れない。

似たような事件がその前にも起きた。二〇二二年一月八日、東京渋谷の焼き肉店に入った二八歳の男が店長を人質に立てこもったが、九日未明に逮捕された。男は取り調べに対して、「約二週間前に長崎県の自宅を出て、都内で路上生活をしていた。生きている意味が見いだせず、死にたいと考えた。大きな事件を起こし、警察に捕まって死刑になればいいと思った」と説明したという（『朝日新聞デジタル』二〇二二年一月九日配信）。別の事例で、大阪のクリニックで放火して自分も火災に遭って死亡した男も、周到な計画性を持って、多くの人を巻きこんで自死を遂行した。離婚後の長男への傷害事件で逮捕、服役の後も生活が定まらず、このクリニックに通っていたが、生きる意味が見えず、希死念慮を強めた末の犯行であった。

「生きる意味」が無くなったからといって他人を巻き込んでまで自死を遂げようとするのは、絶対にしてはいけない。そう言いたい。しかし、冷静に見つめると、この数年こうした事件が相次いでいることには何か共通性があるのではないかということも見ておく必要がある。

(2) 生きる意味とは

では、「生きる意味」とは何だろうか。私たちにはそれがしっかりと根付いているのだろうか。文化人類学者上田紀行は、悩みを通して「ひとりひとりが自分自身の『生きる意味』の創造者となる」[21]ことができるという。しかし、思春期・青年期のアイデンティティ形成の悩みや葛藤は、奥が深い。いわゆる「点数を取る」ための勉強に打ち込みすぎると、自分を最大限効率化することに集中し、その活動の意味を切り捨てている。そのため、こうした勉強を積み重ねると、「自分はどうやって生きていくか」の問いの前では無力になる。上田も、高校時代に大学受験でそのような体験をしており、東京大学入学後、生き方が見えずほんとうに苦しんだという。

「得点を上げる」ための勉強に集中すればするほど、その効率化のために、活動の意味を切り捨てる。受験を含む競争社会は「競争の自由」を後押しするが、「生きる意味を生み出す自由」を人々に保障しようとはしない。新自由主義の競争社会では「生きる意味」は「いっそう『数字』に縛りつけられる」し、その「数字」を達成しているかどうかを監視する誰かによって「生きる意味」が与えられる。[22] 上田はこう分析している。妥当なとらえ方だと思う。

大学共通テスト会場で刺傷事件を起こした前述の少年も「数字」に縛られ、「数字」の高度の達成に「生きる意味」を見いだそうとしていたのではないか。

このように競争の達成目標が数値化され、それが「エビデンス」としてすべてを従えるほどの客観的証拠であるかのように扱われることは、一見すると、教育者の主観に左右されない正しい方法と映る。しかし、それに従事する者が活動の「意味」を問わなくなる半ば思考停止状態になることの問題を見落としてはならない。このことは、学びの「個別最適化」問題でも十分に警戒すべきことだと私は見ているが、改めて第Ⅵ章で取り上げることにしてここでは深入りしない。

「生きる意味」は「生きがい」とも深い関係にある。精神医学者・神谷美恵子の論点を手がかりに考えると、[23]「生きる意味」を見いだせる対象や他者とのかかわりが必須である。神谷によれば、そのひとの生存理由 (reason of life, reason to live) が「生きがい」の本質で、生活の「張り合い」はその一種である。生きがいを失った人が欲するのは、慰めや同情でもなく、金や物でもない。「自分の存在は誰かのために必要だ」ということを強く感じさせるもの、あるいは出会いを求めている。そこをくぐり抜けると、心の広がりが生まれ、自分の生を、人々の生きる社会や歴史の流れの中でとらえ直して、意味づけられるようになる。「心の複眼視」ということが言われる。経験のしかたの深さで同じ対象を別の角度から見ることを学び、ものの深い見方と心の奥行きが生まれる。ものの感覚的表面だけを見るのではなく、苦しむとき、悲しむときにも、その自分を眺めてみる（相対化する）ことができる。

関連して、「自己肯定感」も良く持ち出されるが、ある子どもについてそれが「高い」「低い」と、教育実践レポートで子どものプロフィールを書く際に個人を評価することが当たり前のようになっている。一見、個を重視しているようで、どこかに「自己肯定感が高くないと、社会の中で安定して生きているとはいえない」という、評価観念を潜めているのではないだろうか。不登校で苦しんできた一九歳の若者が、「自己肯定感に縛られている自分が嫌で、苦しかった。自己肯定感なんてくそ食らえだ！」と手記で書いていた（長崎の不登校支援「フリースペース　ふきのとう」の文集より）。私には、今なおこの一文の問いが、重く働いている。子どもたちを孤立させておいて、その当人に「ありのままのあなたでいい」と「自己肯定感」を持たせようとすることはすり替えなのではないか。その疑問が離れない[24]。

こうした問題を読み解くための処方箋はない。ただ言えるのは、新自由主義を経済論やシステム論、あるいは民主主義との対比などで批判的に考察することが多いが、新自由主義（孤立した者同士の競争徹底による秩序維持）自体が持つ心理操作のひどさをもっと直視すべきだということである。特に、思春期を生きる子どもたちにはその視点からの共感と寄り添いと聴き取りと支援、つまりこれらを包括する概念としての（社会的な）ケアがいかに立ち後れているか。一連の事件はそれをはっきりと浮き彫りにしている。もはや新自由主義の限界もはっきりしてきたので、国政レベルでこの体制を変革していくときである。

（注）

（1）城丸章夫「生活指導とは何か」日本生活指導学会編『生活指導研究　一』明治図書、一九八四年、一二九頁。
ジョン・デューイは、指導（direction）は「教育の基本的機能」だと述べている。もともと「あらゆる刺激は活動を指導する」し、その刺激が目的の方へ活動する者を導く。その根拠は、刺激に対する反応は、単なるリアクション（刺激への反作用）ではなく、主体における応答（answer）であるということにある。刺激はある条件を用意し、あるいは示して活動のもつ本来の機能を発揮させるように働く。したがって、指導も、子どもが「既に行おうとしていることを十分になしとげるように助ける」ことなのである。「全く外的な指導は不可能」である。教師が外部から行動する前に、子どもは生活環境のいろいろの刺激に自分で答えている、あるいはそうしようとしている。そこで既に子どもは何らかの方向に導かれつつある。だから、デューイは、「指導は再指導である」と述べた。ということは、すでに進行している子どもの活動の力を知っていなければ指導はできないということである。それと同時に、どういう方向に導くかの見解を持っていなければ指導はできないということである。

デューイによれば、指導が極端になれば「規制または支配となる傾向がある」。これとかかわる「統制」(control)は、個人の本性は公共の共同目的とは相容れないので個人に威圧的になることを当然視する。政治体制や国家の教育論がこうした考えの基にすすめられ、個人への不要な圧力や攻撃が加えられてきた。しかし、「そのような見解のどれにもまったく根拠がない」とデューイは否定している。彼によれば、「個人は、他の人々の活動の中に入り込み、連帯的で協働的な行動に参加することにも興味を持つ」と述べて、自主性と公共性との結合の原点を述べている。個人は他者に先導されながら自分自身が努力して自己を規制する能力を獲得できるのであり、「統制する」のではなく、本来、その個人的能力の獲得を強調する指導であるべきなのである。以上は、デューイ、松野安男訳『民主主義と教育(上)』岩波文庫、一九七五年、四六―五〇頁を私の視点で要約したものである。
(2) 中内敏夫『生活綴方成立史研究』明治図書、一九七〇年、二七九頁。中内によれば、綴方論では「自我」を軸として記述することの教育的意義が主張されたが、それは、綴方教師である小砂丘忠義らによって、「『自我』というよりも自己との関係において存在する社会ないし共同体」を、子どもを教育する「軸」とするように移行していった(同書、「序説」一三頁)。つまり、生きている社会現実と向き合う自己をしてその社会に問いかけるかのように内面を表現することを促す(ありのままの表現を引き出す)ことが、綴方における指導として求められたのである。「子どもの自主を前提にした指導」とは、このような生活綴方教育の「子ども」観を源流としている。これは戦後の生活指導運動に引き継がれており、城丸からすると、日本の教師が開拓してきた当然の指導観だといえる。その意味で、「生活指導」を含む指導観を教師たちが実践に根ざして切り拓いてきたことがとても重要である。

（3）『城丸章夫著作集八　教育課程論・授業論』青木書店、一九九二年、一九〇頁。

（4）参照、同前、二三九頁。この指摘は、今から三〇年前のものだが、現在にも当てはまる大事な提起である。

二〇二二年一〇月八～九日、愛知県蒲郡市で「第四〇回全国父母懇談会　私学助成をすすめる会交流集会　愛知大会」の記念講演で、愛知私教連の仲井真司委員長は、父母との共同を探る私立学校の教師が「指導」をどう考えているかを次のように報告した。「教師が、決まりだからとしか言えない指導（仮面をかぶった指導）をすることで、生徒も父母も敵意を持ち、教師の価値観も歪んでいく」。「本音の言葉で、教師が父母に語っていないのではないか。教師が父母から離れていけば、私学でなくなってしまう」。「教育に公平を」を掲げてとりくむ私学助成運動で「父母提携」とは、「教師が『父母を仲間にする』『父母が仲間になる』こと。父母の悩みを聞く。教師も自分の悩みを聞いてもらえる。嬉しいことは一緒に喜び合える。父母にとって〝仲間〟ができる意味（要求）はすごく大きい」。

前記にある「仮面をかぶった指導」は鋭い言葉である。城丸のいう「人格的・個性的・創造的言動」を教師自ら押し殺している姿を指している。言いかえれば、私学の経営者の側にすり寄った言動を取ることで自分は「指導」をしていると錯覚しているのである。これらのことは私学運動のなかだけのことではない。公立校における教師の指導のあり方とも通底している。

別の問題として、「教師のヘゲモニー」をどうとらえるかがある。「ヘゲモニーは、構成員に分有化されて働く集団の教育的な政治力である」（折出「市民的自立の学校─関係性の再構築」豊泉周治他編『哲学から未来を拓く二　生きる意味と生活を問い直す─非暴力を生きる哲学』青木書店、二〇〇九年、二三五頁）。教育界の生活指導分野では、子どもたちの自治活動を前進させ自己指導力をそだてるうえで「教師のヘゲモニー」確立が必要であるとする見解があり、特に「荒れ」「非行」がめだつ思春期の指導では一定の支持を受けてきた。しかし、「ヘゲモニー」は集団構成員がそのすぐれた面を認めて支持することで多数の意思が調達されて成り立つ行為であるから、教師個人にそれが備わるかのようなとらえ方は誤りである。「〝教師個人の有するヘゲモニー〟説は、まわりの実践者に共有されがたく、指導論としては広がりを持てない。教師の権威と権力をまるで教師本来の指導力であるかのように喧伝して、子どもに対する積極的な『ヘゲモニー』の発動を呼びかけるのは、結局、子どもとの関係性を教師の支配力によって統制する道を推奨しているのであって、これからの学校改革の進むべき方向を惑わせ混乱させるやり方である」（同前、二三六頁）
（5）二〇一八年六月、「ＮＨＫラジオ深夜便」で山田優美子が「身近に潜む『指導死』」として、インタビューで話したもの。山田は「カナリアハート」という、自死遺族のための保養（レスパイト）施設（屋久島）を創立し、そのプロジェクトの代表理事を務める。

（6）折出健二『人間的自立の教育実践学』創風社、二〇〇七年、七九頁。日本生活指導学会の福祉・教育・司法・看護の各分野をつなぐテーマをまとめた『自立支援とは何だろう』（高文研、二〇一九年）で私は「終章　人びとの自立への反転をつくりだす地域生活指導の可能性」をまとめた。そこでは「具体的な課題を抱える当事者への具体的な援助を通して、当事者が自らの力を発揮して困難を乗り越え課題を解決していくその（主体的な）自立を支援する」と述べた（同書、一六七頁）。このとき、他者の役割がとても大きい。

（7）Milton Mayeroff : *On Caring*, 1971, pp.1-3. 田村・向野訳『ケアの本質生きることの意味』ゆみる出版、一九八七、一三―一六頁。

（8）〜（11）松嶋健「ケアと共同性――個人主義を超えて」、松村圭一郎、中川理、石井美保編著『文化人類学の思考法』世界思想社、二〇一九年、所収。

（12）二〇〇四年九月一二日夜、ＮＨＫラジオ第一放送番組「ラジオ深夜便」での二人の対談を私が聞き書きしたものである。よって文責はすべて私にある。

最首悟は、相模原市の障がい者施設「津久井やまゆり園」でおきた入所者殺害事件に関わるインタビューで、こう述べている。「人は他者と関係を持たなければ生きていけません。『あなた』がいるから『わたし』がいる。相手を立てて互いがいる二者性という考え方に、八〇歳になってたどり着きました。この関係は共生につながります。（中略）星子（注記：重い知的障がいのある娘さん）

という『あなた』から頼られていると思うと、『わたし』は勝手なことはできない。同時に泰然自若としている星子に頼っていることに気づく。（略）植松死刑囚にこうした関係があったでしょうか。彼が、社会との絆を失った『故人』のように見えるのです」（「『いのち』とは　問い続ける」『朝日新聞』二〇二一年八月二日朝刊、名古屋本社版）。

(13) 既に言われているように語源的に見れば「教育」は「ケア」を内在させている。「教育する」の英語educationはラテン語のeducere（引き出す）ではなく、educare「（栄養を与え）養う」に由来し、nurseの語源とされるラテン語nutrireと同じ意味だとされている（白水浩信「ラテン語文法書におけるeducareの語釈と用例」『北海道大学大学院教育学研究紀要』二〇一六年、一三九―一五四頁）。

(14) ネル・ノディングズ、佐藤学監訳『学校におけるケアの挑戦　もう一つの教育を求めて』ゆみる出版、二〇〇七年、四二頁。

(15) 同前、四四頁。

(16) ネル・ノディングズ、立山善康他訳『ケアリング　倫理と道徳の教育――女性の観点から』晃洋書房、一九九七年、二七二―二八七頁。

(17) 川瀬和也『ヘーゲル哲学に学ぶ　考え抜く力』光文社新書、二〇一九年、八―九頁。

(18) J・L・ハーマン、中井久夫訳『心的外傷と回復』みすず書房、一三七頁以下。

(19) 以下の《　》は、「NHK NEWS WEB 2020.3.12.」二〇時一八分掲載のデータからの抜粋・引用。

／は原文では改行。

(20) 二〇一九年一二月一八日、横浜地裁小田原支部での裁判員裁判で、求刑通り「無期懲役」判決が下され、被告は控訴せず刑が確定した。その判決を前に取材を受けて、私は以下のようにコメントした。その関連部分を引用する。

「公判での被告の特異な言動を、折出氏は『異常に見えるが、他者不信から孤独感に陥り、自己を世間から遮断させて初めて自分を守れるという自己防衛が支えになっていることがわかる』と分析する。／無期懲役にこだわる態度について『家族や友人らがいる社会には、二度と戻りたくないという意思の表れ』とみる。そこに最大の問題点もあると指摘。『社会参加させる機会が学校や職場、地域になかった』／折出氏は、歪んだ自己防衛を肥大化させない社会的な支援の必要性を訴える。『孤立など問題を抱える若者にとって、聞き役になれる他者がそばにいることは、大きな支えになる。話を聞いてもらえることは、チャレンジにつながる。一歩踏み出すための関係づくりはこれから、大きな意味を持ってきている』」（『東京新聞』二〇一九年一二月一七日付夕刊。執筆は、丸山耀平記者、／は原文では改行）

(21) 上田紀行『生きる意味』岩波新書、二〇〇五年、一三二頁。

(22) 上田、同前、一三三頁以下。

(23) 神谷美恵子『生きがいについて』（神谷美恵子コレクション）みすず書房、二〇〇四年。

(24) 私たちの社会における「孤独」「孤立」をめぐって、南後由和（社会学）によると、現代は「ひとり」の空間と「みんな」の空間を志向する「二極化の傾向」があるという。藤森克彦（社会保障政策）によれば、「孤独」は個人の感情で内面的問題であり、ここに政策を関与させるのは難しいが、「孤立」は「他者との関係性が乏しいこと」で、六五歳以上の男性でしかも未婚者の割合がこの五年で約二・五倍に増えているなど「孤立」リスクは高く、「制度的にもインフォーマルにも対応が必要である」という（『朝日新聞』二〇二〇年一月五日付朝刊（名古屋本社版）別刷「The Asahi Shinbun GLOBE」）。

第2部

自立と教育の弁証法

Ⅳ 西洋教育史にみる「否定の中に肯定をつかむ」思想

西洋の教育思想の歩みは、子どもの存在をどうとらえ、その成長・発達のための教育や学校をどのように実現していくかを探求してきた歴史である。ギリシャ時代のプラトンから、近代のルソー、カント、現代のデューイらをはじめとする思想家・教育者たちが世に問うたことは、人間のほんらいの姿（本質）にふさわしい教育とは何か、である。この問いは、二一世紀の今もなお私たちに引き継がれてきているものである。教育の思想史を学ぶことについては、過去のことを知って役に立つのかと疑問を持つ人もいるであろう。しかし、過去の教育思想を知ることは、現在、そして未来の教育の在り方を知るうえで、とても意義あることである。

特に、私は、それぞれの教育思想家の見方・考え方の中に共通する原理に着目したい。それが「否定の中に肯定をつかむ」である。個としての成長の未熟さや家庭環境の貧しさ、社会体制の非民主主義的な状況など、どの時代、どの思想家の対象にも「否定」的要素が必ずあるが、その中に「肯定をつかむ」ことで思想家たちは次の時代の人間を育てる可能性を論証してきたのである。

1　教育とは何か：洞窟の比喩

古代ギリシャの哲学者・プラトン（Platon）の教育観に、すでに「否定の否定」思想が刻まれている。彼によると、人間は学び知るという器官、すなわち「魂」（プシケ：ψυχή, Psyche）を生まれたときから持っている。それをどう方向づけ育てるかが教育だと、とらえた。プラトンの説く教育原理を象徴するのが「洞窟の比喩」である。

これは、現代にも通じる「問い」を含んでいる。今日、市場的な価値競争や欲望の充足に縛られ、そこでの利益・利潤や地位の維持を果たすことを「真」だと思い込んでいる。しかし、私たちが生きている世界は、本来の人間社会が持つべき姿を真に現しているのか、それは仮象ではないか、ということである。私たちの存在の有り様は、もっと「違う」世界・場所にあるのではないかという問い。これは、批判的学びの課題として、現代の教育学者たちによっても議論されている。今見ている仮象に気づき、そこから真理への「向け変え」をして、ほんらいの自己を問い直す能力・行動・チャンスを得る、それがプラトンの説いた「知」の獲得である。

では、彼の「洞窟の比喩」とはどういうものかを見ていこう。ギリシャ哲学の中心人物ソクラテスとグラウコン（プラトンの兄）の対話の形を取って、「教育と無教育」が語られる。

「地下にある洞窟状の住まいのなかにいる人間たちを思い描いてもらおう。光明のある方へ向かって、長い奥行きをもった入り口が、洞窟の幅いっぱいに開いている。人間たちはこの住まいのなかで、子供の時からずっと手足も首も縛られたままでいるので、そこから動くこともできないし、また前のほうばかり見ていることになって、縛《いまし》めのために、頭をうしろへめぐらすことはできないのだ。彼らの上方はるかのところに、火が燃えていて、その光が彼らのうしろから照らしている」(1)

続けてソクラテスは、こう語る。火と人々のあいだに道があり、道にある低い壁に沿って、石や木などで作られた人間や動物の像が、壁の上に差し上げられながら人びとが運んでいくのを、洞窟に住む人間たちは影として見ている。音も正面から反響するものが目の前の影から出ていると人間たちは思う。彼らは、あらゆる面で、様々に動くものの影だけを真実のものと認める。さらにソクラテスは、彼らが「こうした束縛から解放され、無知を癒やされる」ためには、縛めを解いて、火の光を見せ、実物を見せることが必要だと説く。そして、ゆっくりと外に通じる道を案内して、太陽の光のなかへ引き出すことをすべきであると。彼らは地下の住まいで互いの賞賛や名誉を欲しがったりしていたが、ひとたび太陽のもとに出た後でもそれらを欲しがるだろうか、と問う[2]。

この対話編でプラトンが説いたのは、人々の目に映るのは「実体」だと思い込むが、それは後ろからイデア（真実を観る思考がとらえた永遠の価値）に照らされた影なのである。この状態を知るには、イデアを認識している別の人に導かれて洞窟を出て、太陽の日が差す道を上って陽の光をあびなければならないということである。そこへ導く人（ペダゴーグ）が、後の教育者のことであるし、「教育学」(Pedagogy) の語源ともなった。

この「洞窟の比喩」はギリシャ時代の提起でもあるし、その中身からして非科学的で、全く無意味と受け取る読者もいるかもしれない。しかし、ここには人が真理に向き合うのは「否定の否定」であることが簡潔に示されている。洞窟に住んで生まれながらに壁を見ているがそれは「実体」の影である、という否定的状況。それを日常的に経験して当たり前と意識している人びとに対して、外に連れ出して太陽の光（真理）に出会わせる。そこで初めて、自分たちが見ていた影に気づき、真なるものをつかむ行動の仕方に変わっていく。ここに見られる「否定の否定」は、今日の学び論にも有効に働いている。そのことをⅢ章の５「アンラーニング（脱学習）」のテーマで述べた。

2 封建主義時代の教育と子ども

school の語源はギリシャ語 schole（閑暇《かんか》：仕事から離れている）から来ている。「学校」は、生活のための労働から解放された場で、子ども世代に文化と技術の基礎・基本を伝達するために、その国と社会が格別に設けた施設のことである。

なぜ、学校が必要だったのか。二足歩行による行動範囲の拡大、言語の発達、道具の発明によって人類は狩猟採集を営む経済社会をつくり、その道具を使う技は、前の世代から次の世代に伝えられた。しかし、農耕の革命が起こり、文化の広がりとともに知識・技術の継承を必要とし、支配する者・される者の集団を生み、古代国家の形ができた。すると、統治のための租税・契約・歴史の記録のために文字と記号が開発され、それを理解して自分で操作できる能力の教育（訓練）が必要となり、そのために学校が成立した。古代から中世・近世に至るまでは、学校は広く民衆に開放された場ではなかった。王侯・貴族、教会幹部など限られた階級・階層が学校を独占し、各国家の支配層の保持と安定的継承のために利用した。

ヨーロッパの中世では、大きな変化が生じた。支配的な特定階級のための学校を、広く民衆の人間的自立のために解放する運動である。中世とは、ローマ帝国が分裂した四世紀末から、一五世紀の東ローマ帝国滅亡および一六世紀にかけてのルネサンスおよび宗教改革に至る時代をさす（参照：『デジタル大辞泉』小学館）。それは封建時代であり、これに対抗する様々な勢力が現れる時代であった。封建制度とは、君主（領主）とその家臣が領地を支配して統治する仕組みを指す。ヨーロッパでは、国王が神から全権を授けられたとする王権神授説をもって絶大な権力を誇り、国王の庇護の下で権力を伸ばした教会、貴族、家臣たちの階級と、その支配におかれる農奴たちの階級の上下関係がはっきりした。

したがって、この時代は階級・身分にもとづく教育が中心で、王侯・貴族は宮廷の教育、都市の市民は読み・書きのための私的な教育、教会・修道院の教育と、分かれていた。子どもも、おとなの階級・身分を基準に、その小型のように見られて、注入教育が主であった。一六世紀には、ドイツのルターらによって、イエスを救済者とする思想の土台は変えないが人々の信仰を教会の権威・上下秩序から解放する改革運動が起こった。ここから、市民の主権意識につながっていき、それが、近代の市民国家への大きな転換点となった。その原動力となったのは、人間性の事実を踏まえ解放を説く人文主義の思想が台頭したことである。これによって市民社会の知性を保持し伸ばす教育も、ラテン語文献を主とする古典主義の教養教育が改革され、体育・自然科学教育を持つ近代的な教育へと造りかえられてきた。

その歩みを簡単に見ておこう。もともと、一二世紀にヨーロッパで初めて大学がつくられた。それは知性を核として集まる学生・教師それぞれの集合を意味するuniversitasといわれ、これが今のuniversityの起源になった。universitasは、専門の学芸を授ける教授者たちが私塾的な場を設け、それを学ぼうとする者たちが真理を求めて集まり、同業者組合（ギルド）的世界を築いたことに始まる。ローマ教皇による庇護のもと、神学部を頂点に研究と教育が展開した。文法、修辞学、弁証法、天文学、算術、幾何、音楽の「自由七芸」（Liberal arts）が学びの科目とされた。古典に真理を求める傾向が、当時の学問にはあった。ルネサンス運動（一三世紀末）の中で、人間の尊重と人間の理性への信頼をかかげる知と学芸の改革が進んだ。その中で、自然科学的な知見が深まり、ニコラウス・コペルニクスやガリレオ・ガリレイによって「地動説」（太陽を中心に地球などの惑星が軌道を回転している）が根拠をもって、説明された。この流れで、イギリス・フランス・ドイツのエリート養成のための中等教育も改革され、初等学校の上に置かれた実学的な中等学校も産業革命の影響下で、改革を模索した。一六世紀には、ヨハン・アモス・コメニウス（J.A.Comenius）が『大教授学』などを通して近代学校制度の必要性を説き、「教育されなくては人間は人間になることができない」と提起した。一八世紀後半には、後で詳しく見るように、「子どもの発見」（ルソー）が社会を大きく変え、貧富や男女の差別なく、公費による財政支援の下、等しく学ぶための単線型の公立学校が追究されるようになった。

人文主義が浸透するにつれて人権思想が深まり、公費による平等の教育の必要性が広がった。これを支えた教育思想が、先のコメニウスを引き継いだルソー、ペスタロッチーなどによって展開された。フランスのコンドルセは公教育の法制度について、「教育を受ける権利は人間的諸権利実現の基礎であり、政府は公教育制度（男女共学、単線型、無償制）を設置する義務を負う」とする全体的な学校改革案を出した。これが原点となって、一九世紀後半以後、欧米各国に近代公教育制度が実現されるようになった。この場合の公教育は、当時の資本主義の求める、従順で良質の労働力の大量養成に主眼がおかれ、「教化」の性格が強かった。また、少数の教師が同時に大量に教える一斉教授法が開発され、読み書き算（３Ｒｓ）の教育が普及した。日本の明治政府もこれを導入した。

3　子ども観の変容と「否定の中の肯定」思想

近代の教育思想と子ども観にも「否定の中に肯定をつかむ」原理を見ることができる。封建主義が崩れ、人民の代表が統治に参加する主権国家、市民中心の社会、そして産業資本主義による近代が始まった時代には、これを反映する思想家が登場した。その代表といえるジャン・ジャック・ルソー（Jean-Jacques Rousseau　一七一二―七八）とイマヌエル・カント（Immanuel Kant　一七二四―一八〇四）は、対照的な教育観を展開した。ルソーは、「子どもの発達可能性」を重視し、その内的「自然」を大事にして育てることを主張した（「消極教育論」と評される）。ルソーの最大の貢献は「子ども」という固有な存在（成長期）を世界に知らしめたことである。

一方、カントは、人間は教育によって初めて人間となることができるととらえ、「胚芽のときから人間性を展開させ、発達させること。それは人間に課せられた最も大きな仕事」だと主張した。彼のこの考え方は「積極教育論」と言われる。彼の代表的な著作『教育学講義』（一八〇三年）の「序論」で彼は、「人間とは教育されねばならない唯一の被造物であります。この教育という言葉を、私たちは養育（養護、保育）、訓練（訓育）、および陶冶をも含めた指導という意味に理解していま す」と述べている。(3)

とはいえ、カントは、子どもの自然の本性に働きかける自然的教育の部分では、ルソーの影響を受けている。カントもルソーの名著『エミール』を読んでいた。ただし、ルソーが徹底して性善説で子どもの「自然」という人間的本性をとらえるのに対して、カントは、それは単に素質としてあるに過ぎない、道徳的な自律を育てるのは教育の力以外にはないと、とらえた。その「教育の力」とは、子どものなかに理性を開発する働きかけを指している。彼には、自然と闘い自然を征服する道徳の主体となる人間を形成するという考え方が強くあった。この点が、ルソーの教育論との大きな違いとされる。その意味で、カントの教育論は、道徳的行為の根源となる知的理解・徳性を開発する主知主義を特徴としている。カントにおいては、人間が生物的存在として有する「自然」は理性的人間への道をゆがめたり邪道に引き入れる否定的な要素を持つので、これを「教育の力」で克服する（否定を否定する）ことで理性的な主体として生きる道が確保する道徳教育が肯定される（以上は、前掲の邦訳『教育学講義他』「解説」を参照した）。

他方、ルソーは、理性（良心）を重視しつつも、それと並ぶ「感情」または「情念」の重要性を主張している。ルソーの思想は、カントやペスタロッチー（スイスの教育者）、ジョン・デューイ（アメリカの教育思想家）など世界各国における教育思想に多大の影響を与えた。ルソーは、教育を主題とする長編小説『エミール　教育について』（一七六二年）を著わし、子どもの時代を固有の時代として描き出し、その子どもが時代を担うという社会の発展を世に問うた。同書は、子どもをおとなのミニチュアと見ることへの警告と批判をリアルに、するどく描いている。(4)

ルソーの教育論は、『エミール』冒頭の次の言葉に出ている。「万物をつくる者の手をはなれるときすべてはよいものであるが、人間の手にうつるとすべてが悪くなる。（中略）こんにちのような状態にあっては、生まれたときから他の人々のなかにほうりだされている人間は、だれよりもゆがんだ人間になるだろう。偏見、権威、必然、実例、わたしたちをおさえつけているいっさいの社会制度がその人の自然をしめころし、そのかわりに、なんにももたらさないことになるだろう(5)」

貧困や労働苦にあえぐ労働者をそのままに貴族階級が豪奢な暮らしをしていた当時のフランス社会への痛烈な批判がそこにはある。(6) エミール少年の成長は、その社会を変えた後に生きる人間像として描き出された。

ルソーは次のように提起した。「自然の秩序のもとでは、人間はみな平等であって、その共通の天職は人間であることだ。だから、そのために十分に教育された人は、人間に関係のあることならできないはずがない。(中略) わたしたちがほんとうに研究しなければならないのは人間の条件の研究である(7)」

ルソーにとっては、誕生後の第一の教師は自然であり、子どもを教える人はこの自然の働きを邪魔しないようにすることである。そして、「人間が生まれるとともに生まれ、生きているあいだはけっしてなくならないただ一つの情念」である「自分にたいする愛」を導くものも自然なのである。(8) 自然が欲することに彼が応答するとき、彼は自立した人間になれる。エミールの成長を通してその自立の姿を描いたのである。

当時、教会派の論者たちは、原罪論に立って子どもの矯正こそ教育であり、ルソーの消極教育はかえって有害だ、と非難した。これにルソーは、子どもたちを悪くするのはそうした教え込みと注入主義の教育だと反論した。ルソーは、新しい社会を生きる力として、自由意思を持つ人間が同時に市民であるような新たな社会人の形成を最大のテーマとした。ただ、ルソーは、ペスタロッチーやデユーイらのように自分で実際に教育実践の世界を作ることはしていない。そこに彼の教育論の限界を言う人もいるが、彼の『社会契約説』『人間不平等起源論』と並んで『エミール』の思想が、その後のフランス革命などの大変革につながっていたことを見れば、それが壮大な実践であったといえる。

『エミール』における「第二の誕生」は「否定の中に肯定をつかむ」思想の典型の一つといえる。というのは、ルソーはエミール少年が青年期を迎えたときに彼自身を変える人生のドラマを「第二の誕生」と呼んで、その発達的な意味を説いたからである。以下は、同書の言葉である。

「わたしたちは、いわば、二回この世に生まれる。一回目は存在するために。二回目は生きるために[9]」

「気分の変化、たびたびの興奮、たえまない精神の動揺が子どもをほとんど手におえなくする。まえには素直に従っていた人の声も子どもには聞こえなくなる。それは熱病にかかったライオンのようなものだ。子どもは指導者をみとめず、指導されることを欲しなくなる。（中略）これがわたしのいう第二の誕生である。ここで人間はほんとうに人生に生まれてきて、人間的ななにものもかれにとって無縁のものではなくなる[10]」

人の第一の誕生で、母親が産みの苦しみを経験し、青年期には第二の誕生で、新しい人生を踏み出す精神的苦悩を本人自ら味わう、というのである。ルソーが描いたエミール少年の「第二の誕生」期は小説の中では一二〜一五歳とされているが、それは、現代の青年期にも充てはまる人生の大きな転機を表している。ルソーは前記の「自分で生きるため」の核心として、エミールの判断力をしっかりと育てることを強調している。

4 子どもの基礎陶冶：生活が陶冶する

ルソーの教育思想に大きな影響を受け、自らの思索によって人間形成の原理を探求し、なおかつ私財を投じてその実践もおこなって、世界の教育界に多大な影響を与えた教育者がいる。スイスの教育者、ペスタロッチー（J.H.Pestalozzi　一七四六―一八二七）である。彼の教育思想の特色は、民衆の子どもたちの人間陶冶を探究し、普通の家庭における「居間の教育」を提唱したことにある。それは、「数・形・言語」である。彼は、貧困の子どもたちが自信と知見をもつ労働者として生きていくことができるように人間形成の基礎的な能力を培うことをめざした。チューリッヒ大学での学問探究を民衆のために寄与するのが彼の生き方であった。一八世紀の当時、イギリスにおける産業革命を契機に大工場生産に向かう流れが次第に農業国スイスの経済事情にも影響を与えてきた。

このような時代状況を背景とする貧しい子どもたちに、未来の希望をもって生きるための「力」を育てることが教育の役割だと彼は見たのである。みずから私財をなげうって「新しい家」(Neuhof)やシュタンツ孤児院で、実践を展開した。その経験から生まれた『隠者の夕暮れ』『シュタンツだより』などの著作が有名である。

ペスタロッチーは、単なる実践家ではなく、事物の全体をとらえるための直観教授や物づくりによる労作教育が基礎陶冶（初等教育段階）の中核的な内容となることを理論的に提示した教育理論家でもある。それは、幼児教育のフレーベル、学校の教授法の開発者ヘルバルトらに、引き継がれた。ペスタロッチーは、直観が認識の基礎である、と述べている。彼の言う「直観」は、ドイツ語でAnschauungで、英語ではcontemplationに当たり、「じっくり考えること」を意味する。邦訳の漢字からすると「じかに見る」意味になるが、ペスタロッチーの教授法の真髄は、「いくつの事物また幾通りの事物が眼前にあるか」「それらはどのように見えるか、その形及び輪郭はどうか」「それらの名前は何か、どのような音声、どのような言葉によってそれらは想い起されるか」の点から、事物をしっかりと観察させることである。ただ物を見るのではなく、それらを概念としてつかむように子どもたちに考えさせる。それが「数・形・語」の三要素である。この考え方は、「教える対象をできるだけ感覚にさらすこと」（コメニウス）、本来の感性を引き出す「自然的教育」（ルソー）の思想を引き継いでいる。

このような実践的な教育論は「実物教授」「開発教授」として体系化され、世界の教育運動を引き起こすと共に、我が国においても大きな影響を及ぼした。大正期の自由教育運動を経て、第二次大戦後において、長田《おさだ》新《あらた》（広島大学教授、日本教育学会初代会長：『原爆の子』の編者）によってペスタロッチー教育学の研究が深められ、国内の学校教育に浸透していった。長田は、ペスタロッチーの教育思想が必ずしも学問体系を成していないが、そこには彼が子どもたちと向き合い、出会って築いた「高き理念の光と深き叡智の閃き」があるとして、これを教育学理論としては「合自然性の原理」として探究した。

ペスタロッチーの子ども観と教育思想を引き継ぎ、幼児教育の確立に尽くしたのが、ドイツの教育者、フレーベル（Friedrich W.A.Fröbel 一七八二―一八五二）である。「幼稚園」（kindergarten）の言葉は彼が創ったとされる。彼はイエナ大学（哲学者ヘーゲルが勤務した大学）で分類学の影響を受けた後、教職に就いて、そこでペスタロッチーの影響を受けた。それも、直接、ペスタロッチーに会いに行ったほどであった。分類学で学んだ「事物の観察」が後の彼の教育思想に生きている。フレーベルは、子どもの神的本質（善い素質）を伸ばすこと、それは正しい教育のもとで連続的に前進して行くものととらえ、その基礎を培う幼児期の教育の重要性に着目した。

彼によれば幼児期は、感覚的能力、身体の活動能力、言語能力が本格的に始まり、これらの能力を利用して幼児の内面的なものを表現する時代である。ここにはルソー以上に、幼児の内的世界への深い共感がある。教育のための玩具として、球や立方体の数学的原理を感覚的につかみ、生活の周囲にあるものをその目でとらえる「恩物」（おんぶつ、Spielgabe）を開発した。教育玩具の始まりとされる。

ところで、今の授業では、導入と展開があって終結するという指導の流れがほぼ共通になっているが、その原型は、明治期に教授の在り方をドイツの教育学から移入して、教師養成の師範学校で普及したことに由来する。そのドイツ教育学の代表的人物が、ヘルバルト（Johan F.Herbart 一七七六―一八四一）である。彼とその学派の教授思想は、一九世紀後半における欧米・日本の教育に多大の影響を与えた。その中心は、教授段階論ならびに教育的教授（子どもの人格形成作用を有効に発揮する授業）の解明であった。ヘルバルトは、ケーニヒスベルク大学哲学教授として教育学の一層の進展をつくりだした。彼が子どもの頃から尊敬していたカントが活躍した同じ大学に着任した。ヘルバルトの大きな功績は、ルソーやペスタロッチーなどの彼以前の優れた教育思想家・教育者の思想と実践を、教育学として体系化したことにある。（1）教授と訓練・管理の関係、（2）教育の方法の心理学的な基礎付け（「専心と致思」「明瞭と連合」など）で教授段階を特徴づけたことである。

5 成長としての教育

一七七六年にイギリス・フランスの植民地から独立したアメリカは、一九世紀に入って、産業資本主義の発展と並行して、重要な教育思想、教育政策を展開してきた。トマス・ジェファソンが州知事として公教育の計画案を提示し、実際に教育長として公教育を推進したホーレス・マンの活躍を経て、ラールフ・W・エマソンのように、児童尊重と個人主義を核とする教育理念が打ち立てられた。こうした伝統を背景に、フランシス・W・パーカー（教育長や教師養成校長に就任）によって、聖書の暗誦などの教え込み教育を基から改革する進歩主義的教育思想が提起され、この思想が哲学者でもあり教育者でもあるジョン・デューイに受け継がれて、二〇世紀のアメリカ教育の基礎を築いたとされている。

ジョン・デューイ（John Dewey 一八五九―一九五二）は、アメリカが工業国として発展する時代において、二度の世界大戦を経る中で、社会の矛盾や人々の疎外感を乗り越える課題に取り組み、哲学、教育学の両分野で大きな業績を遺した。しかも、第二次大戦後の日本の教育改革に当たっては、デューイの教育思想、特に経験と思考に着目した生活主体としての子ども観が積極的に紹介され、共感を呼び、以後の学校教育にも影響してきた。戦前の軍国主義・超国家主義の教育体制からきっぱりと脱却しようとした戦後の民主教育の流れからするとそれは当然のことであった。

デューイの功績は、シカゴ大学附属小学校での実践に基づく新しい学校構想にある。彼は、一八九六年創設のこの学校を「実験学校」（Laboratory School）と呼び、子どもの興味・関心と仲間との協働・コミュニケーション（社会的要因）との調和のとれた学校づくりを試した。そのカリキュラムの中心は「仕事（occupation）」（園芸、料理、織物、大工仕事など）である。こうした三年間の実践をまとめた名著『学校と社会』（School and Society）で彼は、「学校は小型の社会である」と述べている。工業生産が進む中で、この社会体制に適応できる人材を養成するために中等教育では工作技術を取り入れた教育が推進されたが、デューイはこれを「生活からの学校の孤立」と厳しく批判した。彼からすると、工作教育をただ訓練として形式的に行っており、生徒の中に社会的意義への感覚（コミュニティ形成の自覚）を育てることが抜けていたからである。

このように、デューイの教育思想には、教育を民主的社会の要として探究すると共に、どこまでも主体である子どもに即して追究する、という基本姿勢が貫かれている。デューイの思想を「児童中心主義」と名付ける傾向があったが、むしろ、社会的なものと子どもの主体的なものとの調和的発展こそ、彼の哲学の要であったといえる。彼の主要著作としては、他に『民主主義と教育』『経験と教育』がある。

6 子どもの自主性・集団性を尊重する教育

一七世紀、イギリスのジョン・ロック（John Locke 一六三二―一七〇四）は、『教育論』の冒頭に「健全なる精神は健全なる身体に宿る」と書き出し、そのための陶冶性として、子どもの精神的な内容は外からの教育を受容する白紙のようなもの（平等な状態のこと）だと述べて、教育の人間改造的な作用力を重視した。これに対し、一九世紀に入ってイギリスの産業革命期になると、大人による抑圧や支配から子どもを解放しようとする運動が現れ、ロバート・オーエン（Robert Owen 一七七一―一八五八）は、紡績工場経営の経験から労働者の保護に力を入れ、児童の貧困や労働からの解放のために幼児教育や性格形成学院の実践など、教育の改革に努めた。労働法の立案や児童労働からの解放にも献身的に取り組み、「イギリス社会主義の父」とも称される。彼の思想にはルソーの影響が見られる。

教会や国家と結びつく上流階級の伝統的教育に対して、社会変革の主流は、中産階級の自由な個人育成の教育を重視する流れに移っていった。ジェームズ・ミルらは、人間の行為は苦痛と快楽の基準で測られるとして、そのための知性の教育が重要だとした。子どもの自由教育を擁護するイギリスの教育思想史において、徹底した自由教育を提唱し実践したのがニイル（Alexander S. Neil 一八三三―一九七三）である。彼が経営した「サマーヒル学園」では、授業を受けるかどうかも自由であり、学園の規則も全校自治会で決めるやりかたを取った。教師も生徒も対等で、お互いの人格を尊重し合う本来の人間関係を確立するという考え方がある。大人と子ども、教師と子どもはどうあるべきかを問う点で、ニイルの子ども観は今日も注目されている。

ロシア（旧ソ連）の教育思想にも「否定の中に肯定をつかむ」流れが見られる。一九世紀ロシアの文豪、トルストイ（Л･Н･Толстой 一八二八―一九一〇）は『戦争と平和』や『アンナ・カレーニナ』などで知られるが、教育についても優れた実績をあげた。彼は大学の法学部で学ぶとき、ルソーの著作をすべて読んだとされる。彼は、自分が学ぼうとすることに大学は答えてくれないとして退学し、故郷ヤースナヤ・ポリャーナに戻ると、農民の子どもたちのための学校を開いた。そこでは、子どもには完全な自由を認め、彼らの望む道を彼らに選ばせるという方針で、教育活動を展開した。強制に対する批判、これが彼の教育思想の要である。ここには、当時のヨーロッパで主流だった「啓蒙」への疑問があったといわれている。

クループスカヤ（Н･К･Крупская 一八六九―一九三九）は、ロシア革命期を生きた教育思想家である。彼女の業績は、労働者・農民の解放、女性の解放、子どもにおける人格の発達と解放のために活動し、その理論的な提言等を積極的に行ったことである。そのベースには、社会主義的な理論の探求があり、マルクス主義教育学の創設に貢献したと評される。彼女は、子どもを深く愛し、子どもの全面的発達の研究を主張し、みずからもその推進に打ち込んだ。それは革命後のソビエト教育の理念を表しており、これに基づいて、子どものための労働学校を設立し、総合技術教育と称する教育内容（生産労働のための自然科学・社会科学の学習、当時の総合技術の実習等）を進めた。

当時、旧ソ連では集団主義教育の開拓も進んだ。クループスカヤと同じように、帝政ロシアからソビエト連邦に変わる激動の時代を生きて、非行少年たちの社会教育で大きな功績を遺した教育者が、マカレンコ（А・С・Макаренко　一八八八―一九三九）である。彼の精神形成に大きな影響を与えたのは、ロシアの作家、マキシム・ゴーリキーであった。ゴーリキーから、革命で激動する歴史を感じ取ること、「嵐よ、さらに吹きつのれ」の言葉通り、歴史に立ち向かう情熱を学んだという。一九一七年の社会主義革命後の混乱と激動の中で非行や反社会的行動に走った少年たちをソビエト人間にまで育てるのが、マカレンコが就任したコローニヤ（集団生活のための収容施設）の教育使命であった。そこで彼が取り入れたのが集団主義教育の開発とその実践であった。

彼によれば、「集団とは相互の刺激と反応」とする集団定義はサルの群れと同じで間違いである。そうではなく、「社会主義的原理にのっとって構成された社会的統一体のみが、集団と呼ばれうる」とした。彼の教育の最大の特徴は、「人間に対する最大の要求と人間に対する最大の尊敬」をもって子どもたちに接したことである。そのために、日常的な小集団に基づく対話と討議を重視し、子どもたちが集団の主人として行動できるように「個人と集団」の関係を学ぶこと自体を教育の課題とした。

マカレンコ理論は、一九五〇年代の日本の教育界にも影響を与え、戦後の「集団づくり」（児童生徒集団の自治を形成すること、および教師と保護者の連帯の輪を創り出すこと）を探究する上でも避けては通れない教育思想として注目された。半面で、一部の実践においては、無目的に子どもたちの班を使って競争的に活動させるなど技術主義的な問題傾向も見られた。

7 資本主義の時代と学校教育

資本主義国を代表する大国アメリカにおいても、第二次大戦後、様々な社会矛盾を抱えながら現在に至っている。学校教育に限定してみても、一九五〇年代にはアメリカの多くの地域で黒人と白人は同じ学校に通えないなど人種差別・人種隔離が根深くあり、建国以来「万人のための教育」を掲げてきた国としての苦悩は深い。このような貧困と差別の現実を前に、アメリカの教育界で、不平等や文化的抑圧からどう子どもたちを解放していくかという問題が追究されている。そこには国家や州レベルでの「否定の中に肯定をつかむ」大事業が横たわっているといえる。

一九六〇年代には、J・F・ケネディ大統領の下で人種差別撤廃の政策を推進し、「貧困との闘い」を織り込んだ「ヘッド・スタート計画」を立案するなど、改革が進められてきた。一九八〇年代から国際的な資本競争でグローバル化が進むと、アメリカもヨーロッパ各国も、市場原理(市場の価値が社会の秩序と公正性を決めるとする社会原理)を優先する新自由主義の流れに巻き込まれ、これを反映して、学校教育の面でも、社会的階級・階層の格差、ジェンダー不平等、貧困などの問題が各地で起こってきている。アメリカの教育哲学者、ネル・ノディングズ(Nel Noddings 一九二九—)の「ケアリング論」やこれを引き継いだジェーン・R・マーティン(Jane Roland Martin)の「スクールホーム論」(学校を家庭のように安心できる場に変える構想)が注目されている。彼女らはいずれも、先に見たデューイの、子どもに即する教育改革の考え方を引き継いでいる点がとても興味深い。子どもの現実に発し子どもの成長に還る、という基本原理を生かす構想である。

これまでに見てきたように、ヨーロッパでは、宗教(キリスト教)内部の改革や市民革命のように支配的な権力関係(支配と服従)を変える(崩す)運動や闘いを経て、子どもの人権と人格・個性を核とする公教育の実現にたどり着いてきた。このことは、民衆が気を緩めると、学校は、その時の支配的権力の意図する「教化」の機関に変質する可能性があることを示唆している。生産労働から解放されて、初等・中等の就学年限を公的に保護された場(空間)で学ぶことが、今日では

「当たり前」になっている。しかし、改めて、子どもも教師も保護者も、市民も、その歴史的な事実を、社会的な最大の価値として受け止めて、その向上を図っていく必要がある。

民衆の中で生まれ育ち、（大学等で学んで）民衆の中から輩出した教師が、次の世代の主人公となる子どもたちを教育することの意義は大きい。教育は、この地球上に誕生したすべての人の人間的発達と自己形成のために、公平に保障されるべき人類共通の財産なのである。ペスタロッチー教育思想に象徴されるように、たまたま貧困な農民層の家庭に生まれた子どもにも、人間の陶冶可能性がある。その子たちが労働者になって、堂々と自信と希望をもって生きるための能力獲得は、教育の理念と方法によって十分に切り拓かれる。まさに「否定の中に肯定つかむ」営みである。こういう教育思想が一九世紀以降、世界に広がってきて現在に至っている。

（注）
（1）プラトン、藤沢令夫訳『国家（下）』岩波文庫、一九七九年、一〇四頁。
（2）同書、一〇五―一一〇頁。ソクラテスの説く内容を要約した。
プラトンは、私たちが類として生まれる際にすでに可能態として持っているすべての実在に関する知識を想起する方法を探求した。それが、「哲学的問答法（ディアレクティケー）」である（R・

S・ブラック、内山勝利訳『プラトン入門』岩波文庫、一九九二年、一四〇頁)。これはソクラテスの「問いと応答による方法に示唆された」もので、それは、種概念から類概念へ、類から高次の実在へと進み、ついに真知(善のイデア)に至るというものであった(同書、一四一頁)。「洞窟の比喩」が出てくる第七巻は、前記の「問答法」を修得するための学習プログラムを述べたものとされる。私たちの「精神」と「精神のかかわる対象」の関係は、可視的な世界において「太陽がわれわれの視覚と視覚対象に対して持っている関係」に等しいとされる(同書、一七三頁)。洞窟の壁に映る影を実在と思い込む人びとを洞窟から抜け出させ、太陽の光の下で実在に出会わせる。つまり、思い込みから真の知識への転換・発展こそ教育の中心テーマだというのである。

私立大看護学部で「教育原理」(一年次)の授業においてプラトンの「洞窟の比喩」を解説した。これを、現代の閉鎖的な状態に置かれている子どもたちの解放のためのヒントの話として感想を述べた学生がいた。彼女なりに「教育」の意味を一生懸命語ったのには私も感動した。学生の反応から、今の若い世代にも十分に届く「比喩」なのだと知った。

(3) カント『教育学講義他』(勝田守一、伊勢田燿子訳)明治図書、一二頁。

(4) 教職をめざす若い皆さんには、ぜひ一度『エミール』(岩波文庫、上・中・下の三巻)を読んでみてほしい。ルソーが書いていることの意味を吟味することは、あなたが、自分自身と、自分が生きるこの社会と、そしてこれから出会うであろう未知の子どもたちとの対話をつくりだすことにつながるであろう。

（5）J.J.Rousseau, *Emile or On Education*：Introduction, Translation, and Notes by Allan Bloom. Basic Books, 1979, p.37.『エミール（上）』（今野一雄訳）岩波文庫、一九六二年、二七頁。訳文は本書による。

（6）フランス映画「デリッシュ」（日本では二〇二二年九月に公開）はフランス革命が起きる前夜の食の問題を扱っており、『エミール』の時代とほぼ重なっている。「デリッシュ」（deliceux）はフランス語で「旨い」こと。政治的・文化的展望を元々持たない貴族たちの贅沢三昧は、「美食」とカツラや宝石で身辺を飾り立てることであった。監督のエリック・ベナーレ（五八）は、フランスのアイデンティティを形作る作品構想をさぐるうちに、一八世紀に「レストランのコンセプトの発明」といえる出来事があったことに出くわしたという。今でこそ「座って食事をし、陽気な瞬間を共有する」レストランの原点は、同時に、「革命の要素」も持っていた。当時の王侯貴族は、自分たちの豪華で贅沢なメニューを、配下の料理人に作らせて知人たちを宴会に招待することで地位と権力を誇っていた。腕の良い料理人も、貴族のもろもろの装飾の一つでしかなく、料理人の創作料理などもってほかだった。ところが革命の嵐が吹き始めると、様相が変わった。穀物の流通が自由化され、貴族が領地から離れるため料理人は解放され、そこへＪ・Ｊ・ルソーに代表される平等思想が浸透した。
監督の映画製作の思想にも「否定の中に肯定をつかむ」視点が働いている。権力者が指定したメニューをただ複製するだけの存在から、人々が「旨い」と喜んでくれる料理を創作し提供する「美食の提供者」へのおおきな変革。これが、いわゆるフランス革命とほぼ同時進行で追求されていた史実。しかも、パリという大都市だけではなく、遙か都会から離れた田舎の地で。ルソーの「自然に還れ」とも重なるストーリーである。

（7）*Emile*,pp.41-42.『エミール（上）』三八頁。

（8）*Emile*,pp.212-213.『エミール（中）』九―一〇頁。

（9）*Emile*,p.211.『エミール（中）』五頁。

（10）*Emile*,pp.211-212.『エミール（中）』、八頁。この第四編で述べられる「第二の誕生」が日本の子どもたちの思春期・青年期の姿とも重なっており、発達論からも意義のあることはこれまでに多くの教育学者が論じてきた。しかし、ここでの一番のポイントは、エミールがライオンのように荒れて、どんな指導も拒否する行動に出るその否定状況のなかに、「人生に生まれる」というとても積極的な自己肯定の要素があることをルソーが説いていることである。ルソーは、「否定の中に肯定をつかむ」ことが、未来の主人公を育てる上で大事な教育的かかわりであることを私たちに教えてくれた。

（参考文献）

4節以下の各国の思想家・実践家の考え方については、以下の文献を参考にした。引用の詳細は省いたが、各執筆者に謝意を表したい。

『現代に生きる教育思想』第一巻「アメリカ」（市村尚久編）、ぎょうせい、一九八一年。

同第二巻「イギリス」（白石晃一・三笠乙彦編）。

同第三巻「フランス」（松島鈞編）。

同第四巻「ドイツ（1）」（金子茂編）。

同第五巻「ドイツ（2）」（天野正治編）。

同第六巻「ロシア・ソビエト」（川野辺敏・海老原遥編）。

同第七巻「スペイン・オランダ・ベルギー・スウェーデン・チェコスロバキア・スイス・イタリア・アルゼンチン」（松島鈞・白石晃一編）。

同第八巻「アジア」（阿部洋編）。

前記の他に、汐見稔幸他編『よくわかる教育原理』、虎竹正之『ペスタロッチの研究』、藤井敏彦『マカレンコ教育学の研究』、日本教育方法学会編『現代教育方法事典』などを参照した。

V 教育において「否定のなかの肯定」をどうとらえるか

1 教育における「ちから」論の再考

エンゲルスは、あらゆる分野でものごとを「力」で表してきた基には、人体が環境に働きかける作用とその反応から得られた知見に基づく類推があるとした（『自然の弁証法』）。以下の通りである。

「力の観念は、各方面の人々が認めているように、人体がその環境のなかでおこなう活動から借用してきた観念である。われわれは筋肉の力、ものを持ち上げる腕の力、脚の跳躍力、胃腸の消化力、神経の感受力、腺の分泌力などということをいう。いいかえれば、自分たちの身体のある機能によって起こされた変化の真の原因をあげる労をはぶくために、われわれは虚構の原因をもってこれに代え、その変化に対応するいわゆる力なるものですりかえる。ついでわれわれはこの便利な方法を外界にたいしても転用し、その結果さまざまな現象があるその数だけの力を案出するのである」[1]

そのうえで「力」概念は、ものごとの「能動的・作用的側面のみ」を見て、「反作用は受動的」としてきたと指摘している。彼は「能動的運動は力として現れ、受動的な運動は発現として現れる」としたうえで、その双方において「同一の運動」なのだから、「力」も「発現」も「同じ大きさ」、等値であると指摘している。[2]

教育の分野でも様々な「力」論が登場しては消えていった。中でも今なお使われるのは「能力」「学力」「自己教育力」、教師に関しては「指導力」「実践力」「組織力」などである。生活指導の分野では、全国生活指導研究協議会（全生研）の研究運動をつうじて、「集団はちから」論が有名である。

「集団とはちからである」を基本とする集団づくり論の主旨は、「子どもが相互に働きかけあうことのできる場と機会」が「ある種の集団」をつくるが、「非民主的な学校管理」の生活ではそれを模倣するし、おとなの権勢を後ろ盾にして他を支配するので、「民主的なちから」を教えなければならない、というものである。(3)

そのうえで、「集団の基本的とらえ方」として「集団とはちからである」とした。「集団とは物質的なものであり、それは物理的なちからとしての存在であるとわれわれは考える。集団はひとつのちからになりきらなければ、社会的諸関係をきりひらいていき、変更していくことは不可能である。まして、非民主的な力に対抗していくには、集団はみずからを民主的なちからに高めるほかないのである(4)」。

「ちから」と仮名書きするのは、単に物理的な力だけではなく集団を構成する成員の精神的な作用も加わっていることを表すためである。「集団のちから」は、子ども集団がルールを作り自分たちを組織し、学習運動や文化活動、行事活動などをつくりだす能動性を積極的に評価する中心概念とされた。その反面、その能動性に伴う集団の受動性（前記のエンゲルスのいう「発現」）はどうであったか。すなわち、子ども集団を構成する成員どうしの見方・考え方の多様性と交わり、討議・討論における異論や少数意見がもつ価値観形成への作用をどう受け止めてきたか。エネルギーを発揮する集団の能動的側面に比べてその受動的側面が軽視されてこなかったか。エンゲルスの「力」概念の吟味から学ぶならば、こうした側面の再検討を今まで以上にもっと重視する必要がある。

もともと「集団のちから」論は、教育学的な意味の「訓練論」に立脚した自治の探究に由来する。

集団の自治的な能動性は集団の関係を変え、個人を変え、（教科・教科外を通じての）学びと文化を変えていく作用を持っている。その集団の作用をどうつかみ子ども集団の実態に即しながらどのようにそれを引き上げていくか。集団発展のメルクマール（指標）を集団の自己指導の確立において、その観点から「寄り合い的段階」「（集団の自治確立の）前期的段階」「（同上の）後期的段階」としてとらえて、各段階で何をどう教えるかをきめ細かく指導技術として提示したのが、全生研の「学級集団づくり」構想であった（三期に分けたマトリックスを提示したので、通称「構造表」と呼ばれた）。

地域で異年齢集団の遊びを経験し、直に対面して物を言い合って納得と合意を創り出す素地が子どもたちの生活にある間は、その「集団のちから」論は有効性を持った。全生研では数々の学級集団づくり実践、学年集団づくり・全校集団づくりの実践が登場し、実践記録やシリーズ物の著作として刊行されて、全国に広がった。しかし、一九八〇年代後半にはじまる新自由主義の政策と社会観念の浸透で、子どもと学校をめぐる事態は大きく変わってきた（変えられた）。新自由主義とは、市場原理がより効果的に働くように自由競争システムを変えていくことで個人の利益がより拡大することを最優先する社会体制の考え方である。政府は民間の競争が自由にできるようにそれまでの規制を緩和し、医療・保育・教育・文化・芸術・スポーツ・科学・技術などのあらゆる分野で、各人の自己責任に基づく自由な競争参加を推奨し、国や自治体の公的な補助や等しく生活水準を保障するための仕組を最小限にとどめるように変えてきた。いわゆる「小さな政府」政策である。

その結果、社会の経済格差は広がり、「自己責任」観念は社会に浸透し（浸透させられ）、子どもたちの間でも「勝ち組・負け組」とか、「わたしはわたしでやっている、あんたはあんたで」という自分と他者の分断した関係性を受け容れる変化が見られた。二〇〇〇年代に入ると、この状況はもっと深刻になり、そこへ「教育のDX化」と称して、「一人一台端末」のデジタル学習が導入されて、デジタル教材に応じて個人がそのペースで学習する光景が日常化してきている。

こうなると「集団のちから」論は、子どもの実態を前に空回りしはじめた。近年の生活指導実践レポートで、集団における個の居場所づくりや個の声を聴く、などの教師の視点が増えてきた。それは集団のなかに生じる受動性（システムの変化に対する子どもたちの要求や願いの発現）に、能動的に応答しようとする実践の視点を表している。新自由主義がここまで浸透する以前は、その側面を担う教師の指導性が「個人指導」とされ「集団づくりとしては弱い」と見られた。「ちから」論からすると「集団指導」が主で「個人指導」はそのための従属的側面という見方があったからである。今でも、一部には「個人指導ばかりで集団指導がない、あるいは見えない」と、若手のレポートを批判的に取り上げる実態がそれを表している。

しかし、「集団のちから」が依拠してきた集団の定義、つまり単一目標に規律を持って取組み、指導に服従することで民主的に集中する組織という定義を変えると、事態が差し出す「問い」は大きく変わってくる。すなわち、〈集団は共通の目的を持って発展する成員の自己運動体である〉ということである。「自己運動」とは、文字通り、成員たちがみずから創り出す客観的な位置変化・質的変化である。その「運動」には、人と人の関係において牽引するものと牽引されるもの、働きかけるものと働きかけられるものとの相互作用が必須のものとしてある。大事なことは、その運動の方向性を、権利主体どうしが営む組織・関係にふさわしいものにどう高めていくかである。

「集団とはちからである」「民主的なちからを形成する」としたことで、行動力、発言力、あるいは組織力などの具体的作用を生む「力」のあるリーダー的な子どもの発見（核の発見）とその自覚・自立に指導の焦点がいき、そうした子どもの指導的な行動に他の子どもは服従するという指導・被指導関係が当然のこととみられてきた。「集団は発展する自己運動体である」ととらえなおせば、いかなる少数意見も「声」もリーダーの発言と等値であり、公論の場での対立や論点も、すべて「運動」の方向性を子どもたちが選び取るための必然的な能動的行為となる。なぜなら、あらゆる構成員の共通認識と共闘なくして自己運動は起こらないからである。

「力」は、エンゲルスも言うように、事象の数だけあることになり、それだけあいまいで「主観的な観念」である。「自己運動」は主体的かつ客観的な作用の事実を問い、集団を構成する一人ひとりの行動と認識においてその活動をとらえ、その方向性をさぐるための対話・討議・討論をとても重視する。全生研においても、『新版　学級集団づくり入門』以降の近年の流れは、この集団観に依拠してきている面が強い。とはいえ、「集団とは自己運動体である」とすることもまだ抽象的なので、さらに検討していく必要はある。限りなく社会が個人化・個別化され、バラバラな関係が社会のいたるところで現れるようになっている。

では、この情勢での「集団」という「目的のある自己運動体」はどうやって成り立つのか。「ちから」概念の「止揚」（アウフヘーベン）、すなわちその形式は克服しその内実は保持する、という基本的な仕事を理論化し、その転換を世間に示し、具体的実践で乗り切る（新地平を築く）という筋道をふむことが、現下の課題だと思う。

2 個人と集団の弁証法と「ケアと自治」

子どもたちが将来、社会の主権者にふさわしい人格形成を成していくために、その基礎となる民主的な集団づくりと個人の自立を教師たちは戦後一貫して探求してきた。その民間教育研究団体が、前述の全生研である。子どもたちの自立はその集団がどのような質の関係性を備えているか、個人を守るルールや活動がどのように共有目標となっているかなど、個人と集団の弁証法に重点をおいた教育実践を構想する立場が「集団づくり」論を成り立たせている。

その全生研でもこの数年、理論的な転換の方向が打ち出されている。

その核心は、「ケアと自治」を生活指導と集団づくりの基本に据えることである。この提起は、全生研第五六回大会（新潟市、二〇一四年）で行われた。その主旨は、第五四回，五五回大会を受け止めるならば、「ケアから自治へ」と共に「自治からケアへ」の相互の側面を全体としてつかむ必要があること、この意味での「集団づくりのケア的転回」はどのような自治的集団を創り出すべきか、「集団づくりの脱構築」にどう取り組むかを追究することである。(5) なお、ここで「集団づくりのケア的転回」というのは、「集団づくりをケアに置き換えるものではなく、『ケアの倫理』を取り入れて集団づくりを脱構築するもの」であると同大会基調が述べた点が重要である。(6)

そのうえで、私は、「ケアと自治」を提起したことは、全生研が特に通称『入門・二版』（前出）以来根底においてきている「集団とはちからである」とする集団観の理論的修正が含まれる、と理解する。しかし、研究団体の中でそのことが必ずしも明確になっていない。戦後の教育研究運動を切り拓いてきた研究団体の一つとして、教育運動の歴史には責任を負うものであり、現状のままでは不十分ではないかと思う。また、そのことが現在、「では、どういう集団をつくるのか」をあいまいにしている要因ともなっていると考える。

「集団づくりのケア的転回」は、「第五六回大会基調」も述べるように、「呼びかけと応答」を重視する。「ケア的転回」について、同基調は「私たちの実践傾向が班競争をつうじて班づくりをすすめるというよりは、『呼びかけと応答』を基本とする『ケア的なアプローチ』をつうじて班づくりをすすめる方向に変わりつつあることを意識して用いられている」と述べた。(7)

なぜそのような「実践的傾向」になっているのかについては、同基調を含めて全生研機関誌『生活指導』での各論稿でも分析してきた。その結果、こんにちの新自由主義の浸透により「生活の深部まで競争化—市場化し」人びとの関係性が壊され、「自己選択・自己責任」による分断・孤立の強要があること、それが子どもどうしの関係性にも色濃く現れることが浮きぼりになった(第五六回大会基調の論旨)。ただし、それは最近の「実践傾向」の主な流れを理解する視点ではあっても、「集団とはちからである」の吟味には手を付けないままで現在に至っている。ここは未着の問題として残っている。

3 「集団とはちからである」の建設的総括のために

先に挙げた「呼びかけと応答」は、子どもたちへの働きかけの能動性と共に、子どもにおけるその反応および子どもと向き合う教師の子ども理解・関係づくりの両面にかかわるものである。そこに、教育実践上の積極的な意義がある。「集団とはちからである」からは、この関係認識はでてこなかった。

「集団はちから」論では、その「ちから」の担い手に一人ひとりの子どもを育てることが生活指導の基本とされた。すなわち、「やる気」の結集、それを生み出す共通目標の理解と定着（そのための討議）、そして「やる気」がない者に「やる気」を起こさせる働きかけなど、こうした一連の細かな指導テーマはすべて「集団はちから」「民主的ちから」の形成につながっていた。いまも、そのような指導視点が全生研らしい指導スタイルとして重視される面もある。「民主的ちから」の形成につながる指導の技術、指導の見通しが集団指導はもとより個人指導においても大事であるという見方である。

このような実践構想は、「集団はちから」論のベースにある訓練論的生活指導の考え方からきている。教育学的な意味での「訓練論」があるから、その集団の能動性を根拠として「集団づくり」を実践する全体像を立案し、指導体系を精緻に深めてきた。半面では、「ちから」に随伴する「受動性」、すなわち見方・感じ方の個性・多様性と多面的な対話、集団のなかで自分は認められたいとする欲求などを、相互に共有できる関係へどう築いていくか、については弱さがあった。これらの側面は「集団はちから」からすると付随的に見える。しかし、個人の生活主体形成、個人相互間の能動的な働きかけあいと信頼関係から見れば、大事な意味がある。それを、いま「呼びかけと応答」という相互性を前面に打ち出して客観化し、セオリーに位置づけている。

前節で〈集団は共通の目的を持って発展する自己運動体である〉と提示したが、これを基に今、再定義を試みるとすれば、「集団とは目的を共有する成員の行動と認識が生み出す自己運動である」ということである。「運動」とは、繰り返すが、客観的な位置変化・質的変化である。

その「自己運動」には、人と人の関係の在り方からして、①集団を結集させ前にすすめる伴走の働き（これを担う諸個人を私たちは「リーダー」と呼ぶ。）、②成員の声を聴き、疑問や不安に応える対話と応答の関係（対話と討論・討議）、そして③行動をとおして学び、その学びが行動を変える自立の弁証法（働きかけるものが働きかけられる）、という三つの要素ないしは構成要件が必須のものとしてある。「集団は子どもたちの目的の共有と結合が生み出す自己運動である」ととらえなおせば、いかなる少数意見も多様な「声」も、ましてや公論の場での主張、対立や論点も、等値であり、すべて「運動」の方向性を子どもたちが選び取るための能動的行為となる。これが、子どもたちの自己決定性を基盤とする集団の概念である。あらゆる成員の共通認識と共同・共闘なくして自己運動は起こらない。このことは、どのような思想・信条の人も認める社会的な事実である。

ここまでのことをまとめると、「ちから」概念の批判的検討からその「止揚」（アウフヘーベン）へ、すなわちその形式は克服しその内実は保持する、という基本的な仕事を理論化し、その転換を世間に示し、具体的実践で新地平を築く、ということである。そのためには全生研の「集団とは物質的存在」という集団観、「集団とは物理的ちからである」の集団論を相対化し、吟味し、棄てるべき視点は棄て、創るべき視点は創り、リニューアルして進むことが、子どもたちに対する誠意ある応答になるのではないか、ということである。

4　子どもたちの相互自立と自治の運動

教育実践のなかに「否定の中に肯定をつかむ」契機が豊かに発生しており、これを生かして子どもたちの生き生きとした集団づくりを展開する実践は、すでに築き出されている。ここでは、中学校教師・波田みなみの実践レポートを取り上げる。(8) これは公立中学校一年B組の担任となった教師の一年間の実践で、その概要は以下の通りである。

(1) 学校・地域の実態は、二つの小学校からこの中学校に入学。一つは半数近くが私立中学校へいく小学校。もう一つは、貧困家庭が多い地域として知られている小学校。入学式の後、恭也がいきなり来て、「僕、本当は○○って言うんだ」と話しかけてきた。これを機に、波田は、忙しい中にも、生徒の話を聴くための個別の面談をもった。その中で、恭也は、「小一の頃、前のお父さんと入れ替わるように急に今のお父さんがきて、それからは一人で寝ることになった。怖くていつも泣いていた」「本当のお父さんとは週末に会える」「保育園に通う弟が小学生になったら、自分が今のお父さんの子じゃないことを話すと親が言っているが、自分は嫌だ」などを話した。

しっかり者の利香は、「小学生のころ、お母さんがお父さんに暴力を受けていた。喧嘩が絶えず、聞きたくないので毛布をかぶって過ごした。小五の頃、妹と施設に入れられて、おじいちゃんが迎えに来てくれた」と、泣きながら話した。波田のクラスでは、三五％がひとり親、一〇％あまりが再婚家庭。半数近くが親の離婚を経験していた。

（2）ＡＤＨＤ、ＡＳＤの診断を受けている昴は、頻繁に校内をウロウロし、男性教師が抱えて教室に入れようとするとパニックを起こし、「俺は△△家の恥や！　飛び降りる！」と、本当に二階の窓から身を乗り出したこともあった。あるとき、行方不明になったので母親に連絡すると、「そこらへんにいると思うんで、放っといてください」という応対だった。特別支援学級への入級を勧めても、母親は「小学校からその話はあったが、子どもは絶対嫌だという。学校に行かなくなる。死ねば死んだでこの子の運命ですから、学校に責任を求めません。何なら一筆書きます」と、まったく話にならなかった。

昴に対しては、やんわり接して、教室に入っていればＯＫの方向に切り替えて、支援的関わりに努めたが、行方不明になると何時間も探し回り、そのあとで教材研究で、波田は、平均の睡眠が三時間半の日々だった。これ以外にも、問題行動（小学生からお金を盗む）、低学力など、「一Bは大変、先生倒れるで」と同僚は心配してくれたが、波田にとっては、そうした現実を背負いながらも生きている彼らが愛おしく、苦ではなかった。あの恭也も、つらかった経験を担任や養護教諭に話すうちに、「（ADHD傾向があり攻撃的な）岳のことを心配してあげられるのは、幼馴染の僕だけや」と、岳のサポート役を引きうけた。

（3）体育大会でこのクラスが「大縄跳び」にチャレンジした。二学期の九月、体育大会に向けての練習に昴は入らず、親は送り迎えをしてくれたが、体育館、グランドに近づけない。そこで、クラスの数人ずつが呼びに行くことにしたら、男子が昴をおんぶしたり抱っこしたりして連れてきて、大会にどうにか取り組めた。

クラス単位の大縄跳びがうまくいかず、バラバラ状態だったが、生徒から「二列になろう」「声を出そう」「跳ぶのが苦手な人の隣に上手な人が行こう」などのアイデアが出て、練習するうちに連続で跳べるようになった。昴は、二年ぶりに、体育大会の全競技に出場し、本番では、クラスのみんなでなんと、連続一八回跳べた。その様子を、優は作文で「一B全員でつかんだ勝利。恐らく誰一人欠けていても達成できなかっただろう」と書いた。

その後、昴の親と対話したいので、月一回の通院に波田は付き添った。話をするうちに、親も苦しんできたことがわかった。親からは「本当にすみません」の言葉も返ってきた。授業の課題にくいつく何かをつくるための工夫として、漫画が得意な昴に三コマ漫画を頼んで、それを使ってクイズ形式で昴がミニ教師役として教壇で話しかけるようになった。

ところが、急な人事で、一年で異動となった。離任式の日に、生徒たちから「先生のこと、応援してます」と声を掛けられ、波田は、涙を流すほどに感動した。

以上が、波田実践の概要である。波田実践は何を示唆しているか。

全体として、否定の中に肯定をつかんで、その局面で、子どもたちを信頼し、ていねいに対話していることが、子どもたちの変化につながったといえる。そこから学べる点として以下のことを挙げておきたい。

①ひとり親家庭、離婚家庭の子であっても、それぞれがつらい思いを自分の胸に封印して生きており、その生活主体（子ども）との共見の関係性（九頁以下）が、教育実践の大事な要である。

②昴のような困難な課題を抱える子どもの行動に振り回される面はあるが、体育大会の場面のように、同年代の仲間からの呼びかけには応答しようとする。そこに発達可能性がある。

③波田は、一年間、子どもとのやりとり帳やテスト返しの隅に「応援しているよ」と書き続けたが、最後の離任で、子どもからその言葉をもらった。子どもへのケアが確かに届いた。「働きかけるものが働きかけられる」というまさに援助専門職者（教師）の姿そのものである。

④ゴタゴタしてまとまりのないクラスが、体育大会の「大縄跳び」で強い連帯感を示すことがで

きるまでに変わった。たとえば、昴の参加ががらりと変化した。従来であれば、クラス集団の「ちから」が昴を変えたと評価されたであろう。しかし、波田の働きかけに学んだクラスメイトたちが昴へ積極的に関わり、クラスのみんながおまえのことを見守っている・当てにしている、というメッセージを彼に送った。それが体育大会に向けて昴の意識を変えた。

このようにみてくると、教育実践においては子どもたちが主役となって否定の中に肯定をつかんでいることがわかる。集団の成員どうしの相互的な自立への変化が、子どもたちの結びつきを強め、大きなエネルギーを発揮させたといえる。「集団とは目的を共有する成員の行動と認識が生み出す自己運動である」という集団の再定義の試みは、今後も一層有効性を持つのではないかと私は考えている。

（注）
（1）『マルクス・エンゲルス全集』第二〇巻、三九六頁。
（2）同書、五八四頁。傍線部は原文では傍点。
（3）全生研常任委員会編『学級集団づくり入門・第二版』明治図書、一九七一年、四〇―四一頁。

（4）全生研常任委員会編著『学級集団づくり入門・第二版』、五〇―五一頁。強調は原文。
この提起に続いて、「情緒的な一体感、心情的な同調性に重きを置く集団観」が主流である現状を批判的にとらえ、集団が存在することは他集団との対立が存在するというリアルな集団観の必要性を述べている（同前、五一頁）。私がここで問題に取り上げるのは「ちから」への違和感からではなく、エンゲルスが言うように、それは集団という存在で起きている現実の相互作用と運動の実態をすり替えているのではないか、という問いからである。

「集団はちから」概念を再考することは、竹内常一（二〇二〇年逝去）の所論にも関わってくる。竹内が「客観主義的な世界観、教育の決定論的把握、集団の唯物弁証法的把握」の三要件にもとづいて、宮坂哲文の生活指導概念を「学習法的生活指導」として根本から批判した（竹内『生活指導の理論』明治図書、一九六九年）その論理をも再考することにつながっていく。すなわち、竹内の言う「訓練論的生活指導」が依拠した唯物弁証法的な集団把握自体に、集団の能動性（ちから）を見てその集団の受動性（成員の相互作用、互いの他者性）を軽視する面はなかったかどうかを検証する必要がある。

私自身は、その前段ともいえる作業として「集団はちから」とする集団観、すなわち「構造性集団づくり」に対して「連帯性の集団づくり」を提起した。折出『市民社会の教育―関係性と方法』「第Ⅵ章　集団づくりの転換～〈構造性〉から〈連帯性〉へ」（創風社、二〇〇三年）を参照。その後この提起をめぐって全生研会員の間で紆余曲折はあったものの、「ちから」論的集団観を脱構築して再編していく方向は明らかになりつつある。次世代の全生研会員によるケア的観点を含む自治の指導を探る実践が主流になってきているからである。

（5）『ケアと自治』を基本とする生活指導と集団づくり」（文責・竹内常一）『全生研第五六回大会紀要』私家版、二〇一四年、一二頁。同論文は竹内『新・生活指導の理論　ケアと自治／学びと参加』高文研、二〇一六年に所収。

（6）同前『大会紀要』、一九頁。「脱構築」（deconstruction）は哲学者ジャック・デリダが、ロゴス中心の思想の閉鎖性を打ち破るために用いた考え方である。構築されているものの内部と外部の相互作用のどこにパイプ詰まりが起きているのかをチェックすること自体に価値を置く。二項対立（男性と女性、指導と管理、ケアと自治など）を脱して、コアなもの・核心の思想あるいは価値をつかみこれを肯定することに行きつく。「脱学習」の「脱」が本来の学びを肯定するように、「脱構築」の「脱」も関係しあうもの相互の本当の姿・価値にせまるための思考様式である。

（7）前掲、『紀要』一九頁。

（8）波田「みんなで跳んでいこう！」、全国生活指導研究協議会編『全生研実践記録集』二〇二〇年所収、私家版、一七―二〇頁。

Ⅵ 教育デジタル化のもとで学びはどうあるべきか

1 GIGAスクール構想と学びの根本的変換

（1）企業の改革とDX――「教育DX」の出自

二〇〇〇年代に入って、企業における製品管理のシステム「PDCAサイクル」が、学校経営の効率化、エビデンス重視の名の下に導入されて以来、教育現場では何かにつけて数値目標とその達成の結果（データ）が教師の仕事の中で優位性をもつ状況になっている。文部科学省のＧＩＧＡ（Global and Innovation Gateway for All）スクール構想も、このような文脈と無縁ではない。

ＧＩＧＡスクール構想のキーワードである「教育ＤＸ」（教育のデジタルトランスフォーメーション）の「ＤＸ」の用語は、経済産業省の委託を受けた「デジタルトランスフォーメーションに向けた研究会」の提言に由来する。[1] その中で、ＤＸの定義を次のように述べている。

「企業がビジネス環境の激しい変化に対応し、データとデジタル技術を活用して、顧客や社会のニーズを基に、製品やサービス、ビジネスモデルを変革するとともに、業務そのものや、組織、プロセス、企業文化・風土を変革し、競争上の優位性を確立すること」

そのうえで、「各企業は、競争力維持・強化のために、ＤＸをスピーディーに進めていくことが死活問題となっている」という。また、「ＤＸを実行していくに当たっては、データを収集・蓄積・処理するＩＴシステムが、環境変化、経営・事業の変化に対し、柔軟に、かつスピーディーに対応できることが必要である。そしてこれに対応して、ビジネスを変えていくことが肝要である」と速いピッチでの整備と推進を求めている。

さらに、「ＤＸレポート２（中間取りまとめ）」（二〇二〇年一二月二八日）では、二つの事項を提起している。すなわち、一つは「企業の目指すべき方向性」として、「変化に迅速に適応し続けること、その中ではＩＴシステムのみならず企業文化（固定観念）を変革することがＤＸの本質であり、企業の目指すべき方向性」である。もう一つは「コロナ禍によって人々の固定観念が変化した今こそ企業文化を変革する機会。ビジネスにおける価値創出の中心は急速にデジタルに移行しており、今すぐ企業文化を変革しビジネスを変革できない企業は、デジタル競争の敗者に（なる）」である。

長山宗広（経済学）によると、「ＤＸ」は「単なるデジタル化やＩＴ化というのではなく、『Ｘ』にあたる『Transformation』が『完全な変化』を意味するところにポイントがあります。『部分的な変更』や『改良・改善』を意味するAlterやModifyなどの類義語とは区別して使われてい」るという[2]。このことは、後述する「教育のＤＸ」をめざすＧＩＧＡスクール構想の本質を知る上でも参考にすべき点である。すなわち、その構想は、データとデジタル技術を駆使して学校の「価値創出」そのものを変えて学校教育モデルを根本から変革しようとするものだからである。文部科学省が「StuDX Style」を公開して推奨しているのもそのためである。

（2）文部科学省のＧＩＧＡスクール構想

長々と企業分野の動きを見てきたが、その要点は、①企業経営は危機に直面しておりそのためにはＤＸが必須となっていること、②コロナ禍による企業活動に伴う価値観念の転換をむしろＤＸの普及・徹底の契機にすること、そして③ＤＸは全く新しい企業文化に変革することを要請していることにある。これらの点は、教育改革の一環とされるＧＩＧＡスクール構想を流れるロジックとほぼ重なるのである。

ＧＩＧＡスクール構想では、「学校のＩＣＴ環境整備状況は脆弱であるとともに、地域間での整備状況の格差が大きい危機的状況」（文部科学省「ＧＩＧＡスクール構想の実現へ」二〇一九年一二月）にあるという前提で、以下のように説明されている。

すなわち、ＧＩＧＡスクール構想とは、「一人一台端末と、高速大容量の通信ネットワークを一体的に整備することで、特別な支援を必要とする子供を含め、多様な子供たちを誰一人取り残すことなく、公正に個別最適化され、資質・能力が一層確実に育成できる教育環境を実現する」こと、さらに「これまでの我が国の教育実践と最先端のベストミックスを図ることにより、教師・児童生徒の力を最大限に引き出す」ことである。この目的は「これまでの教育実践の蓄積×ＩＣＴ＝学習活動の一層の充実／主体的・対話的で深い学びの視点からの授業改善」であるとしている[3]（傍線部は引用者）。

一見わかりやすい図式であるが、「公正さ」は何によって誰が担保するのか、「最適化」とは誰にとってのそれなのか。あるステップの「最適」は次のステップでは「最適」ではなくなるのだから、「最適化」自体が、ステップからステップへのデータ規制のサイクルを進むことになり、これは一人ひとりの学びが「最適」なコンテンツに点検されながら、常に押し上げられていくことにならないか。こうした基本点についての吟味が今なお必要である。

（3）学びをどう変えようとしているか

「新時代の学びを支える先端技術活用推進方策（最終まとめ）」（文部科学省二〇一九年六月二五日）は、「AI等の技術革新が進んでいく新たな時代」においては、「高い志をもちつつ、技術革新と価値創造の源となる飛躍的な知の発見・創造など新たな社会を牽引する能力」が求められ、そのためには「①膨大な情報から何が重要かを主体的に判断し、自ら問いを立ててその解決を目指し、他者と協働しながら新たな価値を創造できる資質・能力の育成」「②①を前提として、これからの時代を生きていく上で基盤となる言語能力や情報活用能力、AI活用の前提となる数学的思考力をはじめとした資質・能力の育成につながる教育が必要不可欠である」としている。

さらに、「子供の多様化に正面から向き合う」ために、「多様な子供の一人一人の個性や置かれている状況に最適な学びを可能にしていくこと、つまり、『公正に個別最適化された学び』を進めていくことが重要である」という。そのうえで、「個別に最適で効果的な学びや支援」のために、AIの活用によって、「子供の多様で大量の発言等の学びに関する情報を即時に収集、整理・分析することで、他者との議論が可視化できる」としている。[4]

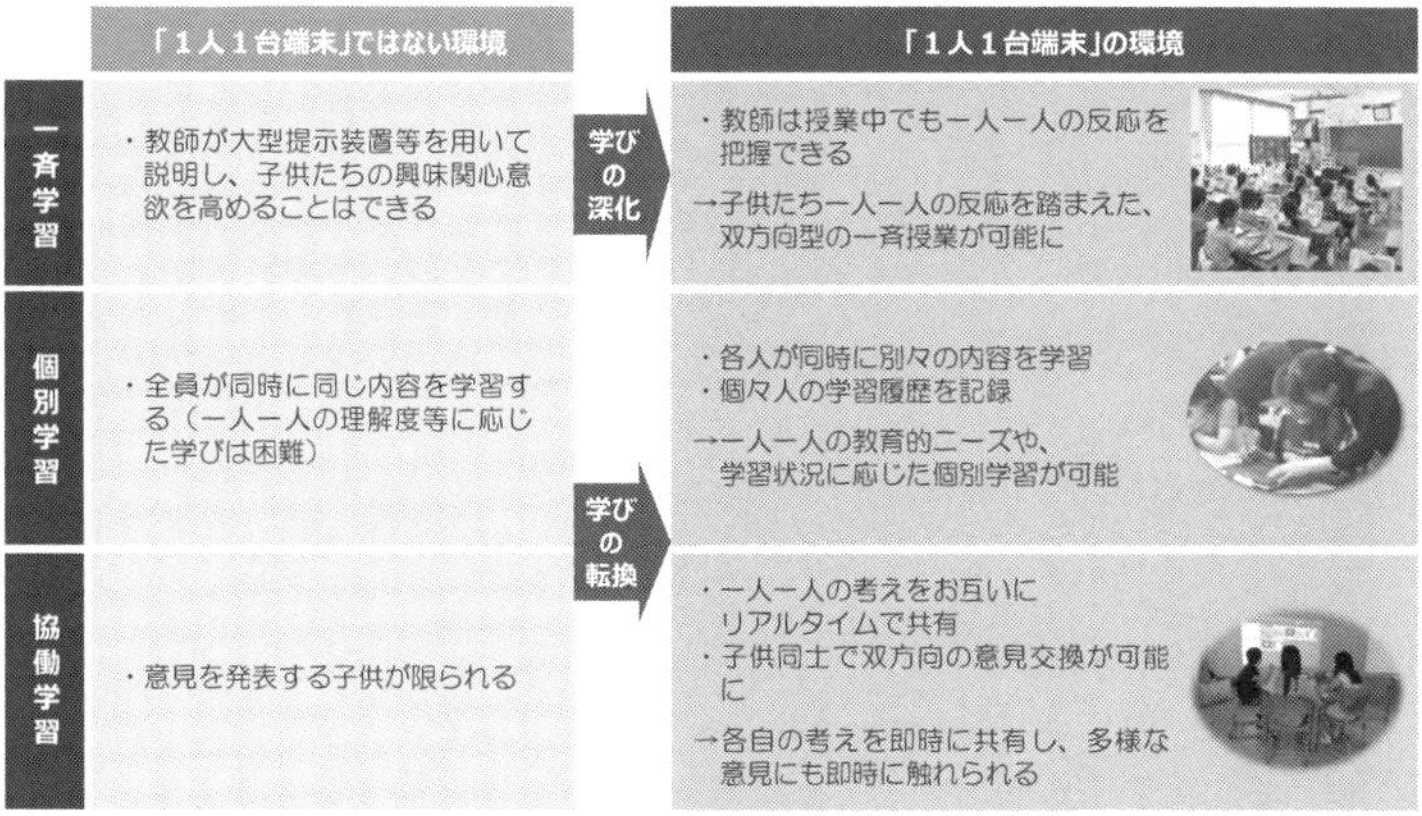

	「1人1台端末」ではない環境		「1人1台端末」の環境
一斉学習	・教師が大型提示装置等を用いて説明し、子供たちの興味関心意欲を高めることはできる	学びの深化	・教師は授業中でも一人一人の反応を把握できる ・子供たち一人一人の反応を踏まえた、双方向型の一斉授業が可能に
個別学習	・全員が同時に同じ内容を学習する（一人一人の理解度等に応じた学びは困難）		・各人が同時に別々の内容を学習 ・個々人の学習履歴を記録 →一人一人の教育的ニーズや、学習状況に応じた個別学習が可能
協働学習	・意見を発表する子供が限られる	学びの転換	・一人一人の考えをお互いにリアルタイムで共有 ・子供同士で双方向の意見交換が可能に →各自の考えを即時に共有し、多様な意見にも即時に触れられる

(URL=https://www.mext.go.jp/content/20200625-mxt_syoto01-000003278_1.pdf)

リーフレット「ＧＩＧＡスクール構想の実現へ」では、「学びの深化」「学びの転換」が実現される構図を上記のように提示している。

「一人一台端末」による学びの構想は、ＧＩＧＡスクールが狙う学びの特質を表している。

一つは、デジタル教科書・教材やＡＩによるビッグデータ解析結果に基づくデジタル・コンテンツが主な学習対象となること。

二つめに、それは多様なすべての子どもに応じてデータ化されること。そのうえで各自の学習履歴はデジタル化されて、全国データとの関連によりランクづけられ、長期に保存される（個別データはほぼ生涯にわたって検索可能なビッグデータに組み込まれる）。

三つめに、子ども教師も、デジタル教科書・教材と学習進度のプランに従属して活動し、そのコンテンツは学習指導要領とコードで連結するのだから、学習指導要領の側からは学習内容の適否が容易にチェックできるようになる。

このように、全体としては、デジタル媒体が監視・点検する「個別」学習が狙いとされる。デジタル・コンテンツの側から見れば、一人ひとりの子どもの「個別化」は、ビッグデータを基に抽出される「個別事例」に照らしての対象化であり、そのデジタル学習段階が求める指示に沿った学習行為（デジタル・コンテンツとの交渉）が当事者にとって「最適」ということになる。

授業のデジタル化が求める「教授・学習」過程の課題としては、当面、「教師のＩＴリテラシーの向上」「ＩＣＴ教育におけるサポート体制」「ＩＣＴクラウドを利用することに伴うセキュリティ面」などが挙げられている。その一方で、文部科学省が言う「教育実践の蓄積」との結合が重要なのに、どのようにその結合を図るかはＧＩＧＡスクール構想の説明の中では欠落している。結局は、ＤＸが主導して教育実践の蓄積とは遮断されるからであろう。逆に、生活指導研究の見地からは、例えば、子ども参加の、子どもの共同を核とする学級づくり（子ども集団づくり）をどのようにするか、がますます重要になっている。これについては後述したい。

（4）「社会の縮図」としての学校の危機

上述したＧＩＧＡスクール構想が次第に固まってきたのを踏まえて、中教審答申「『令和の日本型学校教育』の構築を目指して～すべての子供たちの可能性を引き出す、個別最適な学びと、協働的な学びの実現～」が公表された（二〇二一年一月二六日）。私は、その論旨に対する吟味・検討を既に論じたので、ここでは割愛する。[5]

シンプルに言えば、ＧＩＧＡスクール構想で「学校とは何か」「学びとは何か」が根本から問われているのである。しかも、経済活性化の論理である「ＤＸ」のしくみとシステムをほぼそのまま学校教育に適用することは成り立つのか、という点も合わせて問われている。ここは、「令和日本型学校教育」に大筋で賛同し、ＧＩＧＡスクール構想を推進するために具体的な方略を進んで研究している教育方法学者にも立ち止まって考えていただきたい点である。

デューイは「学校は社会の縮図（miniature of society）」と述べたが、ＧＩＧＡスクールが浸透すれば、学校は、デジタル機器と情報に監視・管理される社会Society 5.0に適応する人材育成の「縮図」として機能させられる。我が国の社会自体が、マイナンバーカードの政策的な普及や購買履歴追跡等の個人データ集積と解析によるデジタル情報操作をフル活用し、新型コロナ感染防止対策との親和性も持ちながら個人監視を急速に拡大させている。こうしたデジタル構築は日常生活の行動・消費・読書・医療・ネット交際などの細部までが監視される社会に移ろうとしている。[6] それを推進するのは、コロナ禍を契機とした戦略を有する現政府と大手情報産業である。産業界はこれまでにも経営と人材養成の見地から様々な「学校改革」論を示してきたが、上述した文科省の「新時代の学び（最終まとめ）」等にみるＧＩＧＡスクール構想、これを教育改革として具体化する上述の中教審答申は、その路線に沿った学校改革構想である。

しかし、そこで挙げられている改革の「メリット」は果たして実態に合っているだろうか。オンライン授業では、「教室での授業につきものの雑談や沈黙などの『余白』」がなく、刻々と進むデジタルな流れに即応する「強迫感と、相互に『監視』されているという緊張感が生まれることすらある[7]」という指摘があった。しかも、デジタル教科書の単元・教材等をコード化して学習指導要領とリンクさせることで、授業を学習指導要領どおりに進めているかどうかがデータとして検証されることになり、そのデジタル媒体の側から個々の授業が監視される構図となる。佐藤隆が、ＧＩＧＡスクールとは「すべての人が値踏み・格付けされ、それを押しつけられる入り口」（Grade Imposed Gateway for All）としての学校、としたのは妙を得ている。[8]

2　学びを探究する教育実践に何が問われているか

はじめに

いま、学びの転換期において共同性を育てることは教育実践の重要な課題である。一緒に活動する子どもは仲間からの呼びかけに応答することで、他者に応答する自己を形成していく。これが幼児期から思春期に至る人格発達の鍵となる関係性である。

「共同」と「協働」の関係については、「協働」は「二人以上の者が役割分担をして活動すること」で、「共同性は、人間が他者と共に生きることを志向するという根源的な在り方」であり、この「共同性」、すなわち相互応答関係の主体を育てることとなしには、子どもの「協働的な関わり」は生まれない。[(9)] 教授学習過程に即しながら、子どもたちが互いに他者との共同の意味を学び合うことが一人ひとりの人格形成の根幹を形作る。ここに教室空間と学びの意義がある。「対話・コミュニケーション」が言われる今、この共同を育む学びの探求こそ、大事な改革の主題になっている。

（1）授業のもつ回復の働きを壊さない

入澤佳菜（奈良教育大学付属小学校）は、二〇二〇年の一斉休校明け後の子どもとの出会いについて、当時の心境をこう述べている。[10] 子どもたちは「（三ヶ月の長期のあいだ：引用者注記）突然学校でのくらしを奪われて。自覚はできていないと思うが、確実に傷ついているはずだ。それをどうやって『回復』させられることができるのだろう」

「再開後に必要なのは、遅れている学習をひたすらに詰め込むことではなく、みんなでじっくり作品を読んだり、思いを出し合ったりすることのはずだ。そういうゆったりとしたいとなみの中で、クラスのなかまとつながりながら、子どもたちの傷つきは少しずつ『回復』していくのではないだろうか。授業だからこそできる『回復』の力を信じて、三年生の子どもたちと国語で『のはらうた』（工藤直子）を読むことにした」

作品の詩を読み合った後、子どもたちが詩を作り、それをクラスの仲間と読み合う学びを積み上げた。最後まで「書けない」といった児童がしばらくして、日記帳に「うた」を書いた。

　　　　そう

うごきたい

リモコンで／あやつられて／たまには／じぶんで／うごきたい　（／は原文では改行）

入澤は、「不安が強く、何をするにも担任に聞かないと動けない」彼がこの「うた」の「うごきたい」に込めたものを読み取った。改めて、そういう子どもを見直した。そして、実践報告をこう結んでいる。「この詩は、クラスで、友だちとゆっくり読み合いを続けていったことで、うまれたはずだ。こういうゆっくりと言葉に出会い、言葉を生み出す、そんな時間を子どもたちととることを、手ばなさないようにしたい」と。

タブレットのデジタル・コンテンツによる「うた」（詩）の学習では、たしかに「一人一作品」は生まれるであろう。しかし、なかまの「うた」を読み合うことがなければ、一人ひとりの結果を認め合って終わることになる。ところが、入澤実践では、互いの「うた」（言葉）の交流をじっくりと進め、その過程で、そうくんの変化が生まれた。

入澤の言う「ゆっくりと言葉に出会い、言葉を生み出す、そんな時間を子どもたちととる」学びとは、ただ個別の成果を共有することではない。互いを他者として意識し、作品をその人と一体のこととして受け止め、他者の言葉を各自が「うちなる言葉」として感応してそこから自分の言葉を編み出していく、そういう創造の営みがそこにはある。これこそ、学びに必要な共同性である。

（2）共同なき「個別最適な学び」「協働」はどうなるか

（ア）授業でのアザーリング

学校・学級での生活と学びを通じて、子どもたちは他者を発見し、自分を支える他者に出会い、自分も他者として積極的に関わっていく。ここに子どもたちの社会性発達の過程がある（いじめも、屈折し内閉した他者欲求の表出行為といえる）。他者と出会うことで自分も他者になって相手に働きかける。他者から信頼される自分を発見する。一見、自己を否定するかのごとく現れる他者が自己を肯定する媒介者だとわかる。この相互的自立の過程を表すのが私の追究している概念、「アザーリング」(othering) である。[11] 例えば、国語の授業では、この「アザーリング」は、子どもが作品（教材）と向き合い、その読み・解釈をめぐって多様な視点から対話する活動として現れる。

（イ）中教審答申にみる学習個別化モデル

前述の中教審答申『令和の日本型学校教育』の構築を目指して」の学習観は、学習は情報とスキルの個別獲得の行為である、とする学習個別化・獲得モデルがベースになっている。同答申は、「ＧＩＧＡスクール」構想の下に、「学び」の個別化・多様化を重視し、ＩＣＴ教育活用によってそれを導くとする。その具体化が「個別最適な学び」で、これはＡＩ機能を活かした授業コンテンツとの適合性を個別にセットして、その適性をもって進める学習である。「個別最適な学び」とは、予めビッグデータを駆使して「個別最適化」のためにつくられた精緻なデジタル・コンテンツに一人ひとりが取り組む行為で、その個別獲得の成果が当人の学習能力（competence）の水準を表すものとして評価される。各自の学習達成は、ＰＤＣＡサイクルの視点から常に上昇を促すように形成的な評価が行われることになる。子どもにとっては現下の「最適」な達成から次のより高い「最適」な水準を想定してこれにいどむことになり、客観的には競争力学も働いて子どもたちは常に目標達成を追うことになりかねない。

同答申は、「個別最適な学び」が子どもたちを孤立させてはいけないので「協働的な学び」にも十分な配慮をおこなうべきだとして、グループ活動の導入にも言及している。この点に関して、「特別活動」の教育的効果を発揮する可能性にも言及している。しかし、前述のように、学習は情報とスキルの個別獲得の行為であるという学習観が根底にあるその「協働的な学び」は、果たして協働になっているのか。前述の構図では、「リアルタイムで各自の考えを共有」し、「双方向で意見交流」できるとあるが、それはデジタル・コンテンツが想定する範囲内の関係性であって、経験と感情・思考をひとまとまりの主体として表現し交流する包括的な協働にはならないのではないか。タブレット端末を使って「問いかけ」、端末で「答える」式の「意見交流」が教室で行なわれるとき、それはデジタル化された表現（記号）を共有し交換している行為である。この場面では端末を脇に置いて、グループ内で会話と対話で、各自の読み方や感じ方・考え方を交流することが一層重要になる。そうではなく、各自の達成がデータとして示されるデジタル化が主流になると、「できる」子ほど競争的自立に傾き、学習過程の中で〈学びのもつ他者性を体験する〉ことは脱落していくと予想される。

(ウ) 学習共同化モデルの今日的な可能性

これに対して、授業でのアザーリングと共にケアの関係性も構成していく学習観を学習共同化・文化発達モデルと呼んでおこう。従来の学習集団形成の実践もこの観点から相対化されるときである。この学習観による授業では、子どもたちは学習対象(教材)に働きかけながら学習仲間にも働きかけ、自分も働きかけられている。働きかけるものが働きかけられる。この相互性そのものも学びの要素として織り込まれ、子どもに見えるようにするために、教材の特質に応じて学習の班・グループを編成するのである。ここは、タブレット端末の画面にアップされるデジタル課題の指示する共有と交流という「協働」関係とは異なっている。一人ひとりが、仲間を学びの主体として認め合い・受けとめ合いながら関わるので、その感情と思考と知識・技能、生活経験のひとまとまりの主体(whole child)として学び合う。

子どもは、自分たちの関係性を生きながら学習対象と向き合い、学習者としての自立にいどみ、発達していく。その現場では、仲間の言葉が「わたしへの働きかけ」と感じられ、「わたし」も仲間に届くように働きかける関係が生まれている（榎沢、前掲）。「対話」のある関係とは、このような他者との出会いを内側に持って初めて生まれる。子どもは教材が呼び込む相互性を学ぶ（経験する）のである。

学習共同化・文化発達モデルでは、一人ひとりが学習主体として尊重され、その小さな変化も仲間の視点から前向きに評価されるので、学習意欲、学習の目標意識、そして学習能力は協働の所産という「学び」の共同性も体得されていく。前述の入澤実践報告にあったように、その過程では露骨な競争力学は必要でなく、つまずきや失敗からも学び合う関係が生まれる。これが授業におけるケアの姿である。

「一人の人格をケアするとは、最も深い意味で、その人が成功すること、自己実現することをたすけることである。（中略）他の人々をケアすることをとおして、他の人々に役立つことによって、ケアする人は自身の生の真の意味を生きているのである。この世界の中で、私たちが心を安んじていられるという意味において、この人は心を安んじて生きているのである。それは支配したり、説明したり、評価しているからではなく、ケアし、かつケアされているからなのである[12]」

この「ケア」観は、ケアを世話や手当という場面の具体行為のみでとらえることを超えて、一人ひとりの人格・人権主体の尊重に基づく自己・他者関係を提唱している。すなわち、ケアとは、相手を同等な個人として認め関わるアザーリングの実践であり、思想だといってもよい。

（エ）多様性・共同、そして子ども集団の自主性をつらぬく学び

ジェンダー平等やケアが社会的価値となるこんにちの学校教育では、個の尊重・多様性、共同と協働、個の意見表明と対話、合意による意思形成、子ども集団の自己決定の尊重を活かす教育活動が求められている。授業では、子どもたちは目的を共有し学び合う多様体（多様な子どもたちが織り成す共同的関係）として活動する。ここでは、学ぶ目的に応じて、他者の必要と要求を知り、「つながる」「対話する」「合意する」「自分たちで決めて実行する」の連帯性が生まれる。発達障がいの子ども、ひとり親家庭の子ども、過去にいじめ被害や虐待的環境にあった子どもなど、多様な生育過程を持つ子どもたちが人前で自分のことを決めつけられることなく、安心して自己を表現できることが基本である。このような学級内の居場所を拠点にして他者と出会い、みずからも仲間に他者として関わるアザーリングが多様に展開していくのである。その主要な場面が授業での学びである。

（オ）他者を信頼し自己解放する学び

子どもたちが共同で創る文化としての授業は、「自己解放する」ように学びを構成・支援して子どもの発達を促すものである。ここでの「自己解放」は「楽しく過ごす」要素を含むがそれだけで

はない。それは、他者への安心・安全な関係のもとに自前の学びと文化を発達させる場、個人と共同（協働）が様々に組み合わせられる場、多様な想像が交流されて共有するべき課題や認識が創り出され、おどろきや感動が自然に湧いてきて知的活動と情動が多様に結びつく場である。このような授業を通して、子どもたちは自由を体験し、こころを躍動させられる。このことは、かれらが精神的な自由権の主体に育っていくための基礎的な営みだといえる。

何よりも、安心して自分の見方・考え方・感じ方を他者のまえに出せることが大きな価値を持つ。それは、教材（作品）を追求してその知識や技法を学ぶだけではなく、「いま・ここに」こうして仲間と共にいる自分自身、この学びの自己解放性を創りだしている自分たちの共同の関係を学ぶ（わかる）ことにもなっている。これが「授業におけるアザーリング」の姿なのである。

3　結論と提言

（1）GIGAスクール構想の学びの危うさに常に留意する

上述したGIGAスクール構想下の学校と授業では、学びはデジタル監視型（デジタルな学習媒体に向き合いこれに監視・点検される学び）に変換される。そこでは授業の「アザーリング」機能は発揮されず、子どもたちは孤立した状態で自己責任に縛られながら学習することになる。アザーリングは教師にも作用する。授業で教師が問いかけ子どもが応答する際に、その教師は「応答」だけでなく子どもを〈他者として〉受け容れている。[13] しかし、タブレットは子どもの「応答」は正解かどうかしか受け止めない。

デジタル監視型学びのもとでは、対面して対話する他者の尊重、他者と共に学ぶ意味から子どもたちは遠ざけられる。「個人とされる代わりに『類型』として扱われ」、デジタル・コンテンツの方略の「対象化」とされる。「個別化」の名で子どもはＡＩ適用からみる「個別最適」の「事例」として扱われる。[14] その学習行為の連続的積み重ねは、他者への思考・感情表現が閉塞的になるなど人格形成の核となる面で、負の影を落とすことが予想される。

（２）学びの主権保障こそ急務

ビッグデータを駆使するデジタル化の有効性が認められるとしても、それは、非行・いじめなど、公教育の焦眉の事案に対する大型データベース化に活用すべきで、子どもたちの学びにＤＸを丸ごと適用するのは問題である。教育現場からも「タブレット端末を置くと机上が狭い、教室も狭い、貧困家庭の通信環境は困難」など声があがっており、ＩＣＴ教育を成果主義的に推進するのは無理である。まず、子どもたちの学びの主権を平等に保障する環境づくり、そのための小中学校の全学年少人数学級を国・自治体の連携で早急に実施すべきである。

（3）少人数学級実現のもとで共同性を育てる日常の学級づくりが不可欠

教科の学習単元によっては、問題解決プログラムが明示的なもの、多様な視点からのアプローチを可能にするものなどの題材について、デジタル・コンテンツを使い、子どもたちの学びをリードしていくことは今後もあるであろう。しかし、タブレット端末画面の「考え方」「解決方法」「評価」に枠付けられずに、子どもが自分の言葉で仲間（他者）に語りかけ伝えようとする関係性をどの授業でも重視していくことが求められる。そこでは人として認め合う関係そのものを学ぶからである。その基盤となるのが日常の学級づくり（子ども集団づくり）である。

少人数学級実現の時代に入った今、じっくり・ゆっくりと多様な形態で学習を個別化してつながる学びは今までにない豊かな可能性をもっている。そのための教育実践の開発に対して、ＤＸ中心ではなく、子どもの個性を引き出す教育実践支援と条件整備を図るべきである。

(4) デジタル・コンテンツを相対化する

かつて民俗学者・柳田國男が述べたように、「学」を「マネブ」の転用の「マナブ」としたために学習を「外形の模倣を以て足るかの如く」想像させることになった。「学」は「覚」、すなわち「オボエル・サトル」である。[15] このことは、IT化が進む今、ますます重要になっている。

デジタル・コンテンツの監視する学習ステップの模倣行為を「個別最適な学び」と評価することにならないように、デジタル・コンテンツとの間に距離を設ける。どんなに精緻なデジタル・コンテンツが開発されようとも、子どもを一人の主体として認めて向き合う教師の指導・援助とケアが不可欠である。教育DXがこのまま進めば、教室空間自体が変わり、ICTの操作ができるというだけでインストラクターに授業の教師役をさせることも立案されるであろうが、それは生活を介して互いの人格が交流する教育の解体につながるものと私たちはとらえなくてはならない。

(注)

(1)「DXレポート〜ITシステム『二〇二五年の崖』克服とDXの本格的な展開」二〇一八年九月七日。(URL=https://www.meti.go.jp/shingikai/mono_info_service/digital_

transformation/20180907_report.html)
（2）長山宗広「中小企業とＤＸ」『中小企業家しんぶん』二〇二一年九月五日付。
（3）文部科学省サイト（URL=https://www.meti.go.jp/press/2020/12/20201228004/20201228004-3.pdf)
（4）「最終まとめ」(URL=https://www.mext.go.jp/a_menu/other/1411332.htm)
（5）折出健二「多様性・共同・自治の学校づくりと『個別最適』化の問題点」『あいち県民教育研究所・年報第二九号　あいちの子育てと教育と文化二〇二一』二〇二一年六月発行。
（6）小笠原みどり論文、『世界』九四三号、二〇二一年四月号。
（7）（8）佐藤隆論文、同前『世界』所載。
（9）榎沢良彦論文、佐藤学他編著『岩波講座教育　変革への展望三　変容する子どもの関係』岩波書店、二〇一六年、六五―六八頁。

あるＩＣＴ教育の見立てでは、共同は影を潜める見方である。「東京都公立小中学校ＩＣＴ教育環境整備支援事業」指定校の小学校長は、ＧＩＧＡスクールに沿ったこれからの教育の姿を、比喩として、「グループで壁新聞を作る」時代から「一人一作品の時代」への変化だという（『朝日新聞デジタル』二〇二一年六月一日配信）。これは、「個別最適な学び」構想を受け止める現場の感覚を端的に表している。象徴的に言えば、子どもたちの共同を核とする集団的な学びから個々の学習進度に合わせた「個別最適な教育」への変化ということを強調している。果たして、「個別最適な学び」

に対するその認識はＧＩＧＡスクールの本質をとらえたものなのか、また、子どもの人格形成の在り方から見て問題は無いのか。

(10) 入澤佳菜報告、『作文と教育』二〇二〇年一〇・一一月号、四二―四五頁。

(11) 本書で述べるように、「否定」とは相手の打ち消しではなく、相手に向き合う何者かの登場を意味する。そこからothering の造語が生まれた。私は「アザーリング」を次のように定義した。「アザーリングとは、自己意識が自分とは別の独立した存在である他者と向き合うことで今までの自己ではなくなり、すなわちそこに生じる否定の契機を介して自己自身を知り、自己意識として存在しつつつも新たに他なる状態に移行することである」(折出『変革期の教育と弁証法』創風社、二〇〇一年、七〇頁)。

主要なポイントは、多様な個性を持つ多様体(子どもたち)による学習活動として授業は成立し、他者性の発見という要素が複合的に働いていることである。

(12) Milton Mayeroff : *On Caring*, 1971, pp.1-3. 田村・向野訳『ケアの本質　生きることの意味』ゆみる出版、一九八七年、一三―一六頁。

(13) ネル・ノディングズ、立山善康他訳『ケアリング　倫理と道徳の教育　女性の観点から』晃洋書房、一九九七年、二七二頁。

(14) 参照、ノディングズ、一〇三―一〇四頁。

(15) 柳田國男『国語の将来』創元社、一九三九年、八四―八五頁。

（参考文献等）


中央教育審議会答申（二〇二一）『令和の日本型学校教育』の構築を目指して〜すべての子供たちの可能性を引き出す、個別最適な学びと、協働的な学びの実現〜」。

デジタルトランスフォーメーションに向けた研究会（二〇一八）「ＤＸレポート〜ＩＴシステム『二〇二五年の崖』克服とＤＸの本格的な展開」。

榎沢良彦論文（二〇一六）、佐藤学他編著『岩波講座教育　変革への展望三　変容する子どもの関係』岩波書店、所収。

入澤佳菜（二〇二〇）「授業での『回復』を信じて〜『のはらうた』（三年生）」日本作文の会『作文と教育』本の泉社、二〇二〇年一〇・一一月号所収。

子安潤（二〇二一）『画一化する授業からの自律〜スタンダード化・ＩＣＴ化を超えて』学文社。

Mayeroff, Milton（1971）: *On Caring*, Harper Collins, 1990.　田村・向野訳『ケアの本質　生きることの意味』ゆみる出版、一九八七年。

文部科学省（二〇一九）「ＧＩＧＡスクール構想の実現へ」。

文部科学省（二〇二〇）「StuDX Style」（URL=https://www.mext.go.jp/studxstyle/）

長山宗広（二〇二一）「中小企業とＤＸ」『中小企業家しんぶん』二〇二一年九月五日付。

ノディングズ、ネル、立山他訳（一九九七）『ケアリング　倫理と道徳の教育』晃洋書房。

小笠原みどり（二〇二一）「パンデミック監視資本主義の台頭～デジタル網に閉じ込められる私たち」『世界』二〇二一年四月号、岩波書店、所収。

折出健二①（二〇〇一）『変革期の教育と弁証法』創風社。

折出②（二〇一八）『対話的生き方を育てる教育の弁証法～働きかけるものが働きかけられる』創風社。

折出③（二〇二〇）「『学びに向かう力』を育てる学習集団の指導――『道徳科』授業への提案」『学習集団研究の現在』vol.３、渓水社、五一―六一頁。

折出④（二〇二一）「多様性・共同・自治の学校づくりと『個別最適』化の問題点」『あいち県民教育研究所・年報第二九号　あいちの子育てと教育と文化二〇二一』所収。

折出⑤（二〇二一）「授業におけるアザーリングとケア」「読み」の授業研究会編『国語授業の改革二〇』学文社、所収。

佐藤隆（二〇二一）「『個別最適な学び』の何が問題か～ＩＣＴがもたらす教育の危機」『世界』前掲所収。

柳田國男（一九三九）『国語の将来』創元社。（同書(上)(下)、講談社学術文庫、一九七七年）

第3部

社会の現実に向き合う主体の弁証法

Ⅶ　他者と向き合う自己との共話

他者と向き合うことで自己と向き合い、自己に還る。このことは各章で何度も述べてきた。そのとき、自我はこれまで他者に応えることで形作られてきた「もう一人の自分」という内なる他者とやりとりしている。心理学者ヴィゴツキーの言う「内言」（思考の道具として働く言語）による活動で、これを実際の他者との対話と区別して共話と呼ぶことにする。その意味は、迷いながら、悩みながら、揺れながら、「私」が「もう一人の自分」と共に目の前の課題を見つめ、どうしたらいいかと「内言」を働かせていることを指している。

実践者の「反省的思考」で言われるときの「振り返り」も、その共話である。以下では、能役者世阿弥の提言や生き方からも学びながら、自分を高めていく弁証法について考える。

1　「人生の創造者」であろうとすること

(1)「離見の見」にみる弁証法

世阿弥の『花鏡』は、いろいろの著書で引用されている名著である。この中に、弁証法の見方に通じる助言や警句がいくつもある。その一つが、「目前心後《もくぜんしんご》」である。これは「目を前につけ、心を後に置け」を意味する。

「観客席から見る役者の演技は、客体化された自分の姿である。つまり、自分の意識する自己の姿は、我見であって、けっして離見で見た自分ではない。離見という態度で見るときには、観客の意識に同化して自分の芸を見るわけであって、そのとき、はじめて自己の姿というものを完全に見きわめることができる」[1]（小西甚一訳）

これが有名な「離見の見」を述べたくだりだ。心理学でいう「自己客観視」と同じことを言っているようだが、全く違う。あくまで能を舞うシテ（役者）の主体形成を言っている。役者にとって観客の存在は否定であるが、その否定を介してはじめて自分の姿が「完全に」見えるという。同所で世阿弥は、「眼は眼自身を見ることができない」（他者を介してはじめて状態が見える）とも述べている。

また、世阿弥は役者の心づかいを識別して能を鑑賞する大切さを次のように述べている。「批判に云はく、『出来場を忘れて能を見よ、能を忘れて為手《して》を見よ、為手を忘れて心を見よ、心を忘れて能を知れ』となり」（「批判の心得に、『演じぶりを忘れて能を見よ、能を忘れて役者を見よ、役者を忘れて心を見よ、心を忘れて能を知れ』と言われている」(2)〈小西訳〉）

能の批評・批判とは何かをのべた個所で出てくるものだが、文の流れは否定の連続である。「演じぶり」を否定し、「能」を否定し、「役者」を否定し、「心」を否定し、そうして「能」を知れ、と語る。伝承の形を取って書かれているが、これは世阿弥自身が長年をかけてつかみ取ったテーゼであろう。世阿弥がこのフレーズで言いたいことは何か。単に能の批評の仕方を述べただけなのか。最後に「知れ」とあるのが重要だと思う。

観客の興味を湧き立たせるコツを知っている役者はそのように演じるが、当人が能の役者として力量を持っているかどうかは、わからない。だから「演じぶり」に惑わされずに（「忘れて」とは、そういうことを基準にしないで、の意味）能の姿そのものを観なさい。しかし、その能も、何をどう演じたいのかが肝要である。その役者が小さな舞台で演じる場合に引き立つだけの者なのかどうかを観なさい。仮にそうであっても、役者が、この演目をどう演じようとしているのか、その役者の心を観なさい。その心がどうであるかを識別しながら能を鑑賞できて初めて、能という世界をあなたは知ることができる。

だいたい、こういう意味ではないかと思う。この提言は、こんにちの映画・演劇の俳優・役者にも、歌手にも、演説者にも、さらには教職などの他者を相手とする専門職にも通じるものがある。ただ観客や子どもの興味を沸き立たせるだけではなく、そのときの配役や題材をどうとらえて演じるか、子どもにどのような方向性をもって教えるか、そこが表現活動あるいは教育活動の最も大事な中身だということである。

（2）人生の創造者

他者に出会い自分が他者になる「アザーリング」は能役者世阿弥の生涯にわたるテーマだったのではないかと推察する。それが小説の主題にもなった。藤沢周『世阿弥 最後の花』では、佐渡島に流刑になった世阿弥の生き様が克明に描かれている。[3] 世阿弥は、観阿弥から引き継いだ能の道を究めようとしていた矢先に、時の将軍・足利義教の勘気（主君のとがめ、勘当）を被って、佐渡島に流刑となった。義教は、別の能役者を贔屓《ひいき》しており、世阿弥が出演予定の能舞台を突然中止させるなど、権力のままにふるまった。日本一の能役者と評された活躍から一転して流人となった世阿弥は、そのとき七二歳であった。

物語の圧巻は、首領から懇願されて世阿弥が舞うことになったときの出来事である。佐渡が日照り続きとなり、米の取れ高の危機を防ぐために、世阿弥が能役者と知った地元の首領が雨乞い能を命じた。彼は迷いながらもこれを受け、父観阿弥から受け継いだ鬼神面を付けて真剣に舞った。すると、途中からにわかに雨雲が走り出し、雨が降ってきたのである。もし何も変化しなければ世阿弥の命は危なかった。世阿弥が受ける気になったもう一つの理由は、彼に居住を提供しているお寺の住職の強い依頼があったからである。自分の最後の能となる演目「西行桜」でシテの老翁を世阿弥は演じた。

うまく謡おう、うまく舞おうとすると力が入りすぎてかえって人に観せる造り物になる。能の主題、その人物に浸ることで演じる自分の素直な演技の心が表れる。地元の児童が興味を持って鼓を習うようになって、世阿弥はその児童に、雨のしずくがそのまま落ちると小さな自然な音がするが、音を出せるようにと屋根から水を流すと、全く別の濁った音になる、という譬《たと》えを話した。力まないでその物になりきることをわからせたかった。

都にそのままいれば今頃はもっと自分が目指す能の世界を創り出せたのに、なぜ佐渡に流されねばならないのか。この悲嘆にくれる葛藤が世阿弥を揺さぶり、夢に、若くして公演先で死去した息子元雅や、同じく佐渡に流刑されここで死去した順徳院（順徳天皇。承久の乱で敗れ、佐渡に流刑）が出てくる。そのたびに、世阿弥は、能を究めようと歩んできた人生を振り返る自己との共話を重ねていくのだった。その場面に次の一節がある。

「昔はこの舞で名望を得た、若き頃はこの謡で賞賛を受けた、とこだわってしがみついては、そこで己れの芸が止まるということである。この地（佐渡のこと：引用者）は、まさに、己れをも試している。父観阿弥の形見である鬼神面の中で、都恋しさに涙を流そうと思うていた己れの、なんと情けなきことよ」

世阿弥ほどの高名な人でも、このようなこだわりと迷いが生じる。凡人の私たちであればなおさらである。作者は、世阿弥を悲劇の主人公としてではなく、最後まで能役者として生きる自分をあきらめないで、老いたなりにその老いを受け止めて浸る生き方を模索した「人生の創造者[4]」として描いている。そこに、「否定の中に肯定をつかむ」人生法則が働いている。私たちの誰しも、自分の仕事や立ち位置で「明日を創り出す」ことにチャレンジする生き方を経験する。そのとき、たとえ小さな存在に見えても、その自分は「人生の創造者」であろうとしているのである。

2 自分の主題で自己と共話する

(1) 不登校の子どものアザーリング

不登校の子どもは、繊細な気持ちで、アザーリングのストーリーを生きていると私はとらえている。自分の主題をめぐって、自己と共話しながら、自分が本当に必要としている他者とは何か(誰か)を探っているのである。

「自己肯定」の言葉がここ数年当たり前のように使われてきた。「自己肯定感をもてていない」「自己肯定感が薄い」などと、ある状況でのある個人のあり方、その生き方が「自己肯定感」を一つの尺度にして測られているようで私には違和感がある。本書の「いのち」の定義で述べたように、「自己肯定」は自分だけでは発現しない。他者とのかかわりが非常に重要な要素になる。「自己肯定感を持ちなさい」と言われる当人にとってはそのことが負担になり、かえって「自己肯定」観念に縛られてますます「自分はこのままでいいのか」と「自己肯定のできない」状態がおきる。当人にしてみれば「悩んではいない・迷ってはいない姿をみせなくてはいけない」と、自己肯定の姿を周りの人に見せようと、かえって自分を偽ってしまうのではないだろうか。

人は誰でも何らかの矛盾を抱えている。それは小さなことから大きなことまで様々であるが、この矛盾態として「いま・ここに」いること自体が個人として生きている証である。だから、それぞれにもがき、苦しむ姿をそのまま認めてくれる他者の登場が不可欠である。

いろいろの背景があって、学校に行かず（行けず）、家にこもりがちな子どもにはどう関わればいいか。(5)

一つには、「このまま学校を休み続けると勉強が遅れるよ。頑張って行かなくては」などと、当人を励ますとか、元気づけるのはマイナス効果である。「学校に行かない」（否定）に対し登校を促すことは「否定の否定」ではないか。読者はそう問うかも知れない。しかし、「（休んでいる自分は）これでいいのだろうか」と当人が自問していることを忘れてはいけない。当人が否定の中に肯定をつかもうともがいているのである。この姿こそ個としての自分を守ろうとするものである。当人は、「壁」すなわち強固な競争原理に立つ学校システムに対し、自分は「卵」の存在のように感じているかも知れない。でも、そこには自問する自主が働いている。保護者はこれを受け止めることである。好きなものを食べて身体を回復し、小さくても一日の自分なりの目当てをつくってリズムをつくるように助言することからでもいい。そばにいる他者としての伴走を意識することが大切である。

二つめに、「何かわたし（母または父のこと）にできることある？　何でも言って。何か欲しいものやしたいことがある？」などと、当人にプラスの刺激を与えようとあれこれ口出しするのも、気力が弱まっていてやる気がおきない当人にはつらい。しばらくは見守ることも支援である。私は拙著『そばにいる他者《ひと》を信じて子は生きる　伴走者の役割』の中で、大学教員時代に過剰な負荷からダウンして心身症になったときのことを綴った。その時の体験で、部屋で横になっている時に見舞いで訪問してくれた友人からあれこれ励ましや「無理するな、大丈夫」と言われたことが精神的負担になった経験がある。

別の例では、癌を患って入院した患者さんが、（もともと自分のそういう所に来てくれなくていいと思っているから）親しい友人がベッドのそばで「何かできることはない？　遠慮せず何でも言って」などと言われることがとてもつらい・しんどいと話すのを聞いたことがある。

三つめに、引きこもりがちの子どもは、今はそうするしかないからそうしている。そうあらざるをえない当人の現実を抱えているからそうしている。それは当人の本来の姿ではない。では、「自分らしい」姿とはどういうものか。その答えがほしい。その子どもにとっては自問の時間が必要になったのである。「答え」はすぐには出ないかも知れないが、自問することで自主性をぎりぎりの状態で保っている。ここをきちんと見ないで「いまのあなたのままでいいよ」と、癒しあるいは励ましのつもりで言葉をかけることは、当人にとっては自分の弱く惨めな姿を再確認させられるようでつらい。

では、どうあればいいのか。

当人なりに答えを探しているその姿こそ、当人が懸命に「生きる意味」を学び直しているそのための時間だと受け止め、見守る。あるいは、その姿への共感から、「何かあればいつでも言ってね。ちゃんと聞きますから」と言って寄り添う。この関係性こそ、当人が欲しているほんとうの「自己肯定感」を生み出す対応なのだと私は考える。「自己肯定」は、他者の言葉によって与えられるよりは、自分に出会い直す体験の中でそれをつかむ、あるいは見つけるものなのである。「自己肯定」という場合の「肯定」する主体は、当人である。周りの者が「肯定」を与える主体になっては、どこかに「肯定させてあげよう」という外からの操作が当人に感じられてしまう。

そうではなく、「肯定できる主体」に少しでも変わっていくことができるような環境・関係性をどうつくるのか。ここが子育て・教育の一番大事な部分である。不登校の子どものなかでは、小さな「否定の否定」が生じている。「学校に行っていない」その自分にも、自分らしい興味・関心に出会える学びがあると知ること、集団での勉強から離れていても小説やコミック・アニメを通して社会を知ることはできること、そして自分が欲している「学べる空間」はどういうものかをこれまで以上に深く考えていることがそれである。

自分との出会い直し、学びとの出会い直し、学校との出会い直し、このプロセスを見守ってくれて心から共感してくれる、そういう信頼できる他者とのつながり・かかわりをもっとも必要としている。その不登校の当人が「否定の中に肯定をつかむ」。この自立への精神的営みを伴走してくれる他者の存在はとても大きな意義を持っている。

（2）もう一人の自分を支えに

プレイヤーにも「アザーリング」(othering) は働いている。二〇一九年、全豪オープンで、大阪なおみ選手が、先の全米オープン優勝に続いて、見事に勝利を獲得し、世界中で話題になった。彼女が英語のスピーチでよく使うのが「mature」だそうで、これは「子どもが成長する」「発達する」あるいは「おとなになる」の意味がある。自分のことを「mature」という目線で見つめられるようになったと本人が語った。

プレイヤーはそれぞれ場面ごとに自己コントロールに意識を向けている。彼女の場合は、ゲーム中に感情的になったがこれではいけないと感情の抑制を意識しそこに注意を集中している。そのために、自分を他者化して（客観視して）「もう一人のなおみ」が、「このままずるずるいったら、あとで泣くことになる。気分を切り替えよう」とギアチェンジを自分に持ちかけてきたという。決勝戦の第二ゲームで、マッチポイントまでいきながらクビトバ選手に逆転されたその後のトイレ休憩で、そのように切り換えたと本人が語った。

自信を取り戻すには、自分を外の目で見て、「勝てるゲームを落とした、悔しい」という感情の高まりから離れる「心理的仕掛け」がいることが分かる。そのときの「もう一人のなおみ」が立ち直りの鍵となる。これは、コーチをはじめとしてこれまで身近で彼女を育んできた人々の見つめる「なおみ像」（内なる他者＝もう一人の自分）である。それを支えにここまで来ることができた。それを彼女も知っているから、ゲームの逆転負けで苦境に立った時、その「なおみ」の眼差しで今の自分を見ることを意識的にやって冷静さを取り戻した。ここに、大阪選手の活躍の裏で働いているアザーリングがある。

3　市民的組織活動に見る「否定の中の肯定」

リーダーのあり方

人にはそれぞれの持ち場で参加し運営に関わっている団体活動がある。本稿では、その中の市民的組織活動を取り上げる。会員制を採る自主的な構成で、その団体の会則・規約をもっていて、定期的なミーティング・会議を持ちながら活動している団体のことである。規模の大小は問わない。地域の「歌の会」「美術サークル」のようなゆるやかな組織であっても、何らかの運営のしくみを持っている場合は、含まれる。他方、NPO法人などの公的補助を受けている団体は、補助金提供の側から査定評価を受けるしくみが軸になっているので、ここでは直接には取り上げない。しかし、以下に述べることはそうした団体の活動でも内容上、重なる部分が多いと思う。

市民的組織活動では、メンバー間で参加のトーンに違いが生じることはよくある。そのとき、いち早くそれを感じ取っていろいろの機会をつくって「つながり」を深め、「おしゃべり」「食事会」「小さなイベント」などで、「共に語り、共に歩む」体験を重ねていくと、メンバー間の対立や「疎外」されていると感じた人たちとのズレは、ほぼ解消されていく。

では、「メンバーの気詰まりを感じ取る」「折に触れて声掛けをする」「一緒にやろう、おいで」のアクションを起こすのは誰か？　それが、いま市民的組織活動に求められるリーダーだと思う。

リーダーというと、その団体の今までの歴史のこと、組織の状況、メンバーの傾向などを熟知していて、周りを引っ張っていく「有能な人」というイメージが強いかもしれない。しかし、それは一九九〇年代ごろまでにつくられた牽引型リーダー像である。この牽引型リーダーは、各自が「自己責任」でという意識が浸透している今、却って人々から浮きやすく、ややもすると「ワンマン」的になるか、あるいは「私が組織のルールだから、私に従って」と言わんばかりの権威主義者になるか、の傾向がある。

何よりも、そのリーダー自身が組織を牽引しようと気を張り詰めているために疲弊しやすいし、とにかく頑張ることに力を注げば注ぐほど「何のためにやっているのか」を見失って、急に運動から身を引くなどの現象も起こりえる。

今の社会は、市場競争による評価こそがその人・物・組織・成果などの価値を決するという市場評価のシステム・価値観が優勢である。この市場原理に適合してこそ「存在価値あり」だとする「新・自由主義」が社会の隅々に浸透して、団体活動の人間関係はその影響を受けている面がある。人とは違ったこと、人より秀でていることをして評価を受けないと、組織の運営の役員は務まらないと見たり、またそういう目線で他の幹部役員を評価するのである。

私たちの社会でも二〇二〇年からは新型コロナウイルス感染防止による「三密」回避、「新しい生活様式」が他者とのつながりを遠ざけてきた。人々は孤立し、内にこもり、本来なら多様な他者に出会い・交流し・楽しい時間を過ごす中で前向きになれるはずの積極性までも失われがちであった。二〇二二年の夏から秋にかけて、全国のあちこちで「三年ぶり」を合い言葉に、祭りや街のイベント、山や海辺の行事などが行われ、久しぶりの行動制限なしで人びとは出かけている。

こういう時のリーダーは、一緒になって楽しみながら、つながりを創り出す伴走者であることが望ましい。そうでないと、周りを元気づけ、「共に歩む」関係を作れない。牽引型の場合は、自分が描く活動や行事に相手を「参加させて」「巻き込んで」、共々にそれを実現したい、という願望がつよい。そのために、他者への配慮がルーズになると、本人は意図していなくても他者（組織活動

	代表	スタッフ
議論の場	総会、理事会、日々の会議	少ない
受益者の意向	反映できている	反映できていない
意見を言いにくい人への配慮	ある	ない
自分の意見	反映されている	反映されていない

のメンバー）を「操作する」関係性に陥っていきやすい。

読者のなかにも、そういうタイプの人にあれこれ指示されて嫌な思いを抱いた方もいるであろう。指示を出す当人はまったく気にしていない。それが自分の役割だと思っているからである。指示されるほうが、悩みが多い。ところが、牽引型リーダーが仕切っている人間関係（グループやチームなど）には声として出せない。自分の自覚の足りなさ、あるいは組織活動に対する情熱の足りなさを取り上げて何か言われそうで、心理的に負担が大きい。さらに自分が排除されるかもしれないと不安にもなる。

興味深い調査がある。所属する組織で自由にものが言えているかを聞いたWEBアンケートで、NPO法人など非営利組織の役員・スタッフの約二〇〇名から回答を得た。その結果をまとめたのが上記の表である（一般社団法人よだか総合研究所理事・小池達也の報告[6]）。

組織を運営する代表者・役員とスタッフとのあいだに、ミーティングや会議において相当の開きがあることがわかる。この調査をまとめた小池は、「ＮＰＯに関わる人びとの誰もが、本人が希望すれば、安心して自分の価値観に基づいて発言できる」ことに組織の重点をおくような活動の転換を狙いとしている。ここでもリーダーのあり方・役割が浮き彫りになっている。

「働きかけるものが働きかけられる」

この言葉は、教育学分野では城丸章夫（故人）が早くから提起していた教育的関係を表す言葉で、とても重要なセオリーとされている。そのテーゼが示唆するのは、「伴走者型」のリーダーである。「伴走者型」のリーダーは、自分が相手（個人またはグループ）に働きかければ相手から働きかけられる、そこに自分の成長のための新たな学びもあると行動を意味づけられる人のことである。

そのことは、父母として我が子に向き合う時の「子育て」意識にも通じる。たとえば、あることできつく我が子を叱ったとする。そのとき、「何もわかっていないのに、何よ、自分のことばかり押しつけて！」と我が子から反発があったとする。親として自分では「良かれ」と思い強く要求したことが、我が子の抱える問題を本当にはつかんでいなく、親としての一方的な叱責だったのかと振り返る。そこから学び直していくことで、おとなとしては成長していくのである。我が子との溝を深めることはない。さりげなく、「あのことでは言い過ぎたが、親としては〇〇のことがとても心配だったんだ。でも、あなたの気持ちがよくわかっていなかったことは反省するよ」などと、和解の関係性をつくることができるからである。

「働きかけるものが働きかけられる」は、弁証法の相互作用の法則性を言葉にしたものである。作用があれば必ず反作用が生じる。人生と社会の法則としては、とても大事なものである。組織活動のなかで課題がうまく共有できずギクシャクしているメンバーに、まずこちらが胸の内を語り対話をつくりだしていくと、相手も自分が抱えていた困難さを語り出し、何が垣根をつくっていたかが見えてくる。どこかに組織（団体）の「あるべき姿」へのとらわれがあり、自分の素直な表現ができていなかったこと、まだ経験の浅い自分はこの集団では端にいても仕方ないと自己卑下していたこと、そして自分が取り組んでいくはずの役割からもなんとなく逃げていたことがわかってくる。ここにも、対話を通じて「否定の中に肯定をつかむ」変化と自己運動が生じている。

この相互作用の法則は、組織のメンバーと共にリーダーにも大事な認識法である。リーダーとしてメンバーを指導し支援する過程には、「働きかけるものが働きかけられる」法則は何度となく現れている。そのことが認識できていると、メンバー間のトラブルや任務上のことでメンバーがミスしたことへの対処も、冷静に、次への発展のポイントは何かをつかみながら対応できる。それが言葉や表情、雰囲気にも現れるので、メンバーからの信頼となって還ってくる。「リーダーはリーダであって、リーダーにあらず」という弁証法の見方が、実はリーダーを育てる秘訣なのである。

組織活動の中で「認められる」

子ども・若者、そしておとなにもいえる人間関係での「承認」には次の三つの要素があるといわれている。(7)

（ア）愛情的承認　（イ）評価的承認　（ウ）関係性による承認

順に、その意味を説明したい。

（ア）これは、困ったこと・つらいことを伝えると応答してくれる、という関係による承認である。基本的な信頼関係があって、安心して自分を出せることを意味する。これは、子育ての基本中の基本のテーマだが、実は、おとな同士の関係にもある程度は当てはまる。

（イ）これは、集団のなかでの活動に大いに関係している。仕事や成績に対して「ほめられる」ことで生まれる承認関係である。精神分析家のE・H・エリクソンも「集団的な承認関係のなかで生じる自律が主体性（initiative）を形成する」と肯定的に述べている。この要素は、学童期から青年期にかけて子どもたちが大きく成長し飛躍していく際の大事な「働きかけ」の面である。

子どもに関しては、過剰に評価承認を求めるタイプもいる（「いい子」の病理とも言われる）。親からの要求に応えるための水準と自分の努力とのバランスが崩れ、葛藤を深め、疲弊して、うつ的状態を生じるケースも有ると専門家は指摘している。これは子どもたちだけのことではなく、おとなの組織、集団活動にも起こり得る。しかし半面では、「過剰な評価承認」を求めるメンバーを生んだのは、その組織内の体制や活動の在り方も関係している。「あなたのできる範囲で大丈夫、無理しないで」と、心から言える関係も「評価的承認」においては重要である。良くないのは、「とても素晴らしい！　次もまた期待しているから、ぜひお願い」とか、「これはあなたしかできる人はいない」など、本人の努力をあおる評価である。これは評価する側が、相手はこちらの存在に権威あるいは敬意を感じているからこういえば間違いなくそのために献身するであろうと、相手の心を読んだかのようにして接する点に特徴がある。これは相手への「意識操作」に転化しやすい。

（ウ）これは、何か迷いごとでつぶやいたり愚痴をこぼしたりしたときに、それに応答してくれる他者が周りにいることでホッとする承認関係である。その他者の存在で、相手とのつながりにおいて、「出会い直す」「知り直す」「愛情をもち直す」という、小さな「否定の中の肯定」が生じている。組織的活動の「部」や「係」のトップに位置づく人は自分の担当するメンバーの「つぶやき」「ぼやき」に、さりげなく反応し、共感しながら、今起きている現実の問題は何かを読み解いていく俊敏さが求められる。その辺が鈍感な人は、いつの間にかメンバーが遠ざかったり辞めていったりしたことで、初めて気づくようなこともあり得る。

以上の論点からすると、次のことが、健全な組織活動には必要である。
①安心して自己表現ができる。決して周りから攻撃や見下しを受けない。
②他者の思いを聴く耳を多くのメンバーが持つ。
③組織メンバーとして相互の関係をつくるにあたり、おしゃべりや対話を通して調整しながら、集団の目標を再設定したりして柔軟に対応できる。

市民的組織活動に参加しているほとんどの人は、その活動に触れるにつれて「参加してやっていきたい」との思いを強くしている。しかし、中には、メンバー間のトラブルや心理的葛藤などを抱え、それを誰にも話せない人もいる。その心理は、初期のいじめ被害の子どもと似ていて、「リーダーあるいはこの組織に迷惑をかけたくない」にある。規模の大きな運動体であればあるほど、「過去の伝統の重み」「先輩たちが切り開き築いてきた運動のやり方を崩しては申しわけない」などの「気づかい」や「忖度」が働いて、却って組織を硬直化させ、風通しを悪くしてしまう。これでは、新しい感覚、新しい世代のメンバーが入会してこなくなる。あるいは既に参加しているメンバーの中から、遠ざかっていく人も出てくる。

そうなることを防ぐ第一の対応策は、活動の在り方を探るのはメンバーみんなの知恵を出し合ってできることだという原則をしっかりとつかむことである。誰かが「正解」をもっていて、それに従えばできるというものではないのである。コロナ禍で諸行事や会議等の日常活動が思うようにできなくなり、各団体とも不便を感じ、苛立ちさえ沸き起こった。しかし、ここは冷静に、「私たちが試されている」との認識を共有することが肝心である。新型コロナウイルスに罪はない。私たちの他者観、自立観、人々への共感、人間関係での承認の考え方など、私が述べてきた事柄に対する主体性や思考、対話、一歩踏み出す実践性、それらのすべてが「コロナ禍のような環境異変で活動をどのように創り出せるか」に係っている。

経験を成長に、成長の支援をメンバーの信頼関係に

読者であるあなたが所属する市民的団体あるいは教育研究団体をここまで継続させ、支えてきたものは何であろうか。

もちろん各年代の役員をはじめとする会員一人ひとりの「参加」意欲と活動、メンバー間の連帯など複合的な力が働いていることは言うまでもない。私が特に注目するのは、メンバー一人ひとりの「経験」のもつ意味である。誤解を恐れずに言えば、あなたが属する団体の運動を創り出してきているのは、「経験を通しての成長」と「情報共有」である。経験は、その人の思考と感情と行動が織り合わさる固有の出来事である。それゆえに、経験はその人ならではの「意味」をもつ。ここ

で見落としてならないのは、経験は個人の自由によって生まれる、ということである。そうするかしないかの選択を個人がするから経験が生まれる。経験には、それまでの過去の振り返りと、これからの結果への見通しという、過去・現在・未来をつなぐドラマが備わっている。

①経験を通して成長すること

経験を成長のちからにするために様々な経験をすることと、「経験とは何か」「経験をどう伝えるか」とは別のことである。経験には、快か不快かという直接体験の面と、次の経験にどう影響するかという連続性の面がある。活発で生き生きとした経験が肯定的に持ち上げられるが、大事なのは経験の「質」である。経験の質を問う時にはじめて、「経験とは何か」を考えることができる。ただし、「経験この善きもの」ではない。経験は、次に展開する更なる経験の成長を促したり、見通しを持たせたりする場合に、その人を育てる教育的な経験となる。

反対に、その経験に感情的なものが伴わなかったり、また、自分の行ったことに凝り固まってしまって他の視点が見えなくなったりしては、経験はその人を成長させるものにはならない。活動内容や環境によっては、快適さだけを追うものになってしまうことさえある。例年の節目節目の活動が順調にいっている団体では、お互いの個人的経験を交流し、これを意味づけ（読み解き）、互いの成長を援《たす》け（ケアし）、共に生きるものどうしとして主体者に成長していく自主的な運動体を確認する場がきちんと設けられている。ところが、新型コロナウイルス感染拡大の危機のもとで、いつもの一連の行事（イベント）を中止せざるを得ない事態となって交流ができなくなるなど、困難さが生じたことを私たちは見てきた。

こういうとき、長年の経験のあるメンバーとまだ参加したばかりのメンバーとの間で、コミュニケーションや組織活動の理解の面などでズレが生じる。それは、コロナのせいだけにはできない問題を含んでいる。すなわち、改めて「私たちは互いの経験を伝えあい、経験の意味をわかちあい、長く活動してきている人も会員になってまだ年数の少ない人、新しい会員も共々に成長していけるような働きかけ合いを意識的にしてきただろうか」という「問い」が、新型コロナ危機のもとで、図らずも表に浮かんできたのである。湖の毬藻のように。

②みんなで情報を共有すること

私が五年間会長を務めた「私学をよくする愛知父母懇談会」（愛知父母懇）は関係者の間で「もう一つの学校」と言われてきた。子ども（愛知の高校生フェスティバル実行委員会の生徒たちとその仲間）を真ん中にして、父母同士がつながり、学び合うからである。父母懇の会員・役員として、自分たちの人生に「特別のテーマを設けてそれを追い求める関係性（なかま）・空間（あつまる場）・時間（何を置いてもこのために時間を当てる）」という、心に灯のともる活動、つまり「人生の特別活動」

になっている。

この団体の会議にできるだけ参加して、話し合いにも耳を傾け、こじれたときには助言もしてきた。何を決めようとしているのかあいまいで時間が過ぎていくときには、「会議は何かを決めるために在るし、二時間で収めるようにした方が良い」と投げかけた。そうした中で、愛知父母懇が一九八〇年結成以来四〇年余も続き、二〇二〇年には、年収七二〇万円未満の家庭における授業料・入学金の無償化を実現できた。その運動の要も私には見えてきた。

一つには、四役会、常任幹事会、各部会、そして加入している単位父母懇、という流れ（相互作用）を大事にしていること。会議には議案書を用意し報告事項と審議して決定する事項を仕分けして、何のために何を決めるかを共有して会議を進行することを基本としている。

二つめに、集会の大小に拘わらず、いつもメイン企画に入る前に地元の高校生によるスピーチと群舞がおこなわれ、高フェスの彼ら・彼女らと一体で集会をつくるという演出が為されていること。

三つめに、その高校生に元気をもらいながら、父母懇の各役員・メンバーも「人生の特別活動」（前述）的な位置づけで父母懇のイベントを大事にし、その準備から本番、終了後の振り返りまで、熱く、明るく、楽しく参加していること。

四つめに、コロナ禍で二年半は止まったが、大小のイベントに拘わらず無事終了した後には「宴」（飲み会）が待っていること、そしてどの人もよく飲むし飲めない人も飲んだ雰囲気にあわせて楽しく、わいわいガヤガヤと一座のおしゃべりに参加していること。

この「わいわいガヤガヤ」で連帯感を持ち共同への意思をいだくのは、民衆が生み出すパワーであり、最大の宝だと思う。一九九〇年代以降の新自由主義はそれをあちこちで壊してきたが、愛知父母懇はなんとかそれを守っている。同じ平場で父母も教員も、父母懇内の役員同士も役員と他のメンバーも、フラットに語り合い、自分の存在を肯定しあい「明日」への元気をもらっている。

まとめ

市民団体での活動にも、このように「経験を通しての成長」と「情報共有」を介して「否定の中に肯定をつかむ」実践が練り上げられている。本書でこの項目を読んだのを機会に、団体の活動目的、経験の交流の意味、相互の成長、情報共有、次世代の会員へのスムースな橋渡し（世代的継承）はどうあればいいかを、立ち止まって考えていただけると幸いである。

一方で、これらのことがあまり意識的になされずに、とにかく会議に参加して議案をこなし行事予定を消化して運営の役割を分担し成功に努力する、ということを繰り返すことで「運動は前進している」と思い込んではいないだろうか。そのこと自体も確かに大変なことではあるが、その惰性でながれているとしだいにその団体は活気を失い、しぼんでいく。

一人ひとりの成長をよろこび、信頼を深め、その成長とはどのような中身なのかを考え認め合える人間関係こそ、メンバーにとって生きがいを生み出し、活発で、文化的なものを多様につくりだす源である。それは、まさに人生の「特別活動」のような世界を醸し出している。その課題に改めて向き合うことを、この新型コロナ禍で私たちは学び直してきたのではないだろうか。

そこがあいまいであったり抜けていたりしたまま、「とにかく活動することが目的だ」と活動することを過度に強調していくと「活動主義」に陥っていく。つまり、「何のためにこれをやるのか」「自分にとっての意味は何か」がわからないままに行動するので、活動が「外からの押し付け」で負担に感じられるようになる。これがメンバー間の関わりをギクシャクしたものにし、コロナ禍で起きたコミュニケーション不足が重なると、互いが対立するかのような場面を生むことさえ起こる。仮にそれに近い場面が起きたとしても、修復のちからを自分たちの団体は持ち合わせていると、組織への信頼を大切にすることである。それが、お互いの経験の意味を問い合い、相手の成長に資するようにそれを語り合い、つなげながら、経験の意味をとらえ直すことにつながる。

こうした経験の再構成こそ、自分で「考える」ことの真髄である。しかも、そのテーマは、自分と（メンバーである）他者との関係性をじっくりと見つめるもので、知的な営みなのである。これができている場合、リーダーは他者と間合いをとった行動ができる。メンバーどうしも、「よそよそしさ」は多少もちながら、人生経験や価値観の違いを超えて一緒の組織活動を営み共同の課題に取り組むことを重視するようになる。

ボランティアとして組織的活動に参加する人への名言がある。ボランティア活動には「暇があるからではなく、意味があるから」参加するのだ[8]（日野原重明）。

（附記）本章3の「経験と成長」については、ジョン・デューイ『経験と教育』（市村尚久訳）、講談社学術文庫を参考にした。

（注）

（1）世阿弥、小西甚一編訳『風姿花伝・花鏡』たちばな出版、二〇一二年、二四〇頁。

（2）同前、二九五頁。

（3）作者の藤沢は新潟出身で佐渡に渡った経験があり、そこで世阿弥の境遇を知り、この小説のために能の謡・仕舞を観世流の能楽者梅若に師事したという。その結果、能楽の代表的人物世阿弥の晩年を深く、鋭く、また万人にも通じるテーマとして刻み込むことができており、このことはこの小説のおおきな背景になっている。

能楽師・安田登の書評は、「（前略）死者であった語り手は一章では世阿弥になり、二章では本間信濃守の家臣、溝口朔之進になり、途中からは入り交じるようにもなる。シテとワキの対話が途中から交錯することによって、自他の境界が消え、ついには風景にまで溶け出す『共話』の手法だ。この小説は能なのだ」(『東京新聞』二〇二一年八月二九日ウェブ版より抜粋)と述べている。

(4)「人生の創造」とはなにか。ヘーゲル的には、みずからについての語らいによって主体はその自分の何であるかを顕し、それ自体が未来に向かう運動となることを意味する。これは、「いま・ここにいる」という所与のものを否定し、未来に向けて一歩踏み出し、その否定によって肯定的な意義をつかむことであるから、ここでも否定性による創造と変革が働いている。樫山欽四郎『ヘーゲル精神現象学の研究』創文社、一九六一年、一六二頁以下を私なりに読み込んだものである。

(5)登校拒否・不登校問題全国連絡会二五年のあゆみ編集委員会『登校拒否・不登校—親たちのあゆみ—』かもがわ出版、二〇二〇年も参考にした。

(6)小池達也「市民活動評価のオールタナティブとしての『ふりかえり評価』～自分自身の価値観に基づく発言ができる機会を保障する～」日本生活指導学会第四〇回大会課題研究C、二〇二二年九月一一日、東京都立大学。

(7)西研(哲学専攻)による講演記録「人の生を支える〝条件〟とはどのようなものか」(飢餓陣営・佐藤幹夫編『木村敏と中井久夫』言視舎、二〇一四年、九〇—一〇五頁所収)

(8)日野原重明『ボランティアを生きる—「いのちの泉」はつきることなく』PHP研究所、一九九五年。

Ⅷ 「老い」を生きるときの自己肯定

老いることとは、「死にむかう」年代を意識させる点で、また社会からも疎んじられる感覚が強まる点で、当事者にとっては否定そのものである。しかし、その「否定の中に肯定をつかむ」ことが「老い」を生きる生き方なのだということを、歴代の名著は説いている。「老い」の年代は、まさに弁証法のレッスンそのものといえる。

1 老年になってわかる生老死の意味

共和制ローマの哲学者、キケロの名著『老年について』は、重鎮の政治家で八四歳のマルクス・ポルキウス・カトーが若手の二人と対話するかたちで「老年とは何か」を掘り下げている。そのなかで、カトーは、「老年を守るに最もふさわしい武器は、諸々の徳を身につけ実践することだ」と語る(1)。その意味は、「人生を善く生きたという意識と、多くのことを徳をもって行ったという思い出」が老年者の心を充実させるということである。

カトーは、さらに世間で「老年が惨めなもの」と思われる理由として、①老年が人を公の活動から遠ざける、②肉体を弱くする、③殆どすべての快楽を奪い去る、④死から遠く離れていない、の四点を挙げて、果たしてこれらはまっとうな老年評価なのかと問う(2)。

一つめについては、確かに若者のするような社会貢献的なことはしていないが、長年培ってきた結果として、「思慮・権威・見識で大事業はなしとげられる」という。

二つめについては、肉体の弱さはその通りだが、これは老人特有ではなく病弱に共通のものであり、老年で大事なことは、「ほどよい運動」、体力回復の適量の「飲食」、「精神と心」を労《いたわ》ることだという。「心は鍛えるほど軽くなる」とも。

三つめについては、「意馬心猿の欲望」（情念や妄念によって心がかき乱され騒ぎ立てること）が「祖国への裏切り、国家の転覆、敵との密談」を生むのであり、知性と知恵で快楽は斥けられないが、もともとそうした欲望が小さくなる老年に感謝すべきである。快楽をほしがらない、とは老年への「最高の褒め言葉」である。

四つめの「死」についてカトーは、死が「魂をすっかり消滅させるもの」なら無視すれば良いし、それが「魂が永遠にあり続ける所へと導いてくれるもの」なら待ち望みさえしてよいという。そして、「束の間の人生も善く生き気高く生きるためには十分に長い」のだから、しっかりと味わうことだ。命は、若者たちの場合は不意の出来事で無理矢理に奪われるが、「老人からは成熟の結果として取り去られる」。そのことを、カトーは、「船でも建物でも、造った本人が一番簡単にばらすものだが、同様に人間の場合でも、接合し作ってくれた自然が一番上手に分解する」とも述べた。

以上が、長老のカトーが若く有望な者たちに「老年とは何か」を語ったことの要点である。

中務哲郎の解説（岩波文庫）によると、古典の中には「老年」を扱った書物は多くあるが、いずれも老年については悲観的である。国家の認める神にそむき新たな神を導入して青年たちを堕落させたとして死刑を命ぜられたソクラテスは、弁明の機会に、これ以上生きていれば目や耳が衰え、物忘れはひどくなり、以前は勝っていた人にも負けて、「惨めで楽しみのない人生」を送ることになるので潔く死を受け容れる、と述べたとある。[3]

これらに対して、キケロの本書は、「老年を謳いあげた最初の書物」（中務）である。しかも、本書の展開自体が、序論で主題を設定し、「老年、惨めなるもの」とされる理由を挙げてこれらを一つ一つ反論して、結論に至るという、哲学と修辞法の見事な合作になっている。本書を著したときに、キケロ自身は六一歳でそれなりに高齢であったようで、この時、ローマの将軍で独裁者のカエサル（シーザー）が暗殺された後で、キケロ自身も動揺していたらしい。そのなかで、カトーの語りにキケロ自身が癒やされ、勇気づけられたのではないか。

ところで、精神分析家のE・H・エリクソンは「人生のサイクルとアイデンティティ」を研究したことで有名である。彼のとらえる「アイデンティティ」とは、幼児期から老年に至るまで、葛藤をくぐりながら自分が自分であることの確かさを保つことを意味している。例えば、思春期・青年期には「同一性」と「役割混乱」の葛藤をあげている。つまり、自分は何者なのか、これからどう生きていくのかという自分探し、そして家族や社会集団での自分の立ち位置をつかむ様々な経験の不安定さのことである。

その「アイデンティティ」論で見ると、老年期は「円熟期」とされ、「自我統合」と「絶望」の葛藤をあげている。[4]これまで生きてきた自分の人生を自分なりに仕上げていくことで「わたし」という存在の証を得る一方で、社会から疎んじられ後は「死」に向かうだけの惨めさに絶望感を抱く。

そこに老年の「アイデンティティ」形成があるという。そのうえで、エリクソンは、どの発達段階にも葛藤が生み出す「心理・社会的な強さ（徳）」があるとして、それが老年期では「英知」だという。そのことは、キケロの本書でカトーが語ることと中身では同じである。

2 「老化」現象

これも名著とされる『老いの様式　その現代的考察』（多田富雄・今村仁司編著）は自然科学と社会科学の両方の目で「老い」をとらえたもので、これを読んで「老いる」ことについてたくさんの刺激を受けた。読者のヒントとなる「まとめ」をしておきたい。以下の括弧内の氏名は、それぞれの執筆者（医学、社会科学、ジェンダー研究、作家などの著名人）を表す(5)。

「老い」「老化」「加齢」「高齢化」「長寿」そして「エイジング（Aging）」と、同じ状態を表すのに多様な言葉がある。医学的には、「老化」は「加齢に伴う生理的機能の減退」とされる（今堀和友、四頁）。そのうえで「老化」を防ぐには二つあるという。一つは、私たち一人ひとりの体内にある「生物時計」（今堀）をゆっくりとさせること。もう一つは、生理的機能の減退をとどめることだが、これは不可能に近い。それでも、筋肉の萎縮をさせないこと、運動による筋細胞の新生は有効である。

「健康」とは、臨床医学的には、「変化する外部環境に対して、内部の環境が一定に保たれており、この状態を保つために」多くの機能が調和的にはたらいていることである（吉川政己、三二頁）。老化はその減退現象だが、成人病がこのホメオスタシス減退に大きなマイナス要因となる。

これは身体的側面のことだが、それだけではなく、精神・心理の社会的側面も大事で、その人が「人生の舞台の主役」をどう務めてきているかが大きく作用する（吉川、三六頁）。この分野については、ヤスパースや宮城音弥氏の優れた考察がある。

「老いの心」「精神の老化」には「脳の老化」が関与している。脳は非再生系細胞であり、四〇歳以降は次第に減少し始める。八〇歳の老人は、四〇歳の時に比べて脳の重量は約一〇〇グラム減少する（長谷川和夫、一〇五頁）。最近（刊行時の一九八〇年代のこと）の研究では、知能の経年的変化は、「従来考えられていたよりもずっと後、おそらく中年後期から初老期に達するまで上昇傾向を保ち、還暦（六〇歳）のあとになって漸く衰退し始める」（長谷川、一〇八—一〇九頁）。人間の心理体験には、夢中になって物事に没入する「没頭体験」と、客観的に分析する「見通し体験」があり、老年になるとしだいに前者は少なくなる。よって、仕事でも趣味でも「没頭体験」をもつことが「老年期の精神生活を豊かにする」（同前、一一二頁）。

3 規則的で連続的な生物観を棄てる

老いると、「人間識別力」が低下する（日野原重明、四五頁以下）。「自分は若いと自負している老人は、自分が若者に期待をするほどには、若者は老人の若さを認めようとはしないことが多いことを、心得るべきである」（同前）。「死を自分のものとして考える」のは「人間のみに与えられた能力」であり、それを阻む心は誰にも共通にあるとはいえ、先送りの推測にのみ逃げ込まないで、突然の事態に至ってもうろたえないようにしたい。レオナルド・ダ・ヴィンチいわく、「老年の欠陥を補うに足るものを青年時代に獲得しておけ」「十分に終わりのことを考えよ」と（同前）。

免疫学から見れば、人間は個体ごとに独自の「免疫系という小宇宙」（個体の独立性）を持っている（多田富雄、八八頁）。親子であろうと、生物学的には「お互いに他人」である（同所）。「自己」以外の「非自己」に対する免疫反応は誰にも起こるが、それが「自己」に対して発動した場合に「自己免疫疾患」となる。これが原因で起きるのが難病である。それほどに免疫細胞は「非自己」を排除する精緻なネットワークを形成している（同前、八九頁）。

「老化」の生物学的解明は難しく、「多重性・不連続性・不規則性」などの反生物的現象が見られ、むいてもむいても「本質」に近づけない（玉ねぎのような：折出）状態である。だから、「生物というものが規則的で連続的な被造物であるという思想を捨てること」「日本の能にあるように、醜悪な老いは極限的には美しくあり得るという矛盾を受け入れること」（多田）。

4 他者とのつながり、ジェンダーの視点

「老人における生きがい」の基盤は、「他者とのつながりを維持してゆくこと」にある（長谷川、一二四頁）。そして、「老人の弱さ」のみに眼を向けず、「老人の強さ」にも関心をもつことが「生きがいを支持する」うえで大事である。

ドイツ人の神父、ヘルマン・ホイベルスの詩の一節（同書より再引用）。

「この世の最上のわざは何？／楽しい心で年をとり／働きたいけれども休み／しゃべりたいけれども黙り／失望しそうな時に希望し／従順に、平静に、おのれの十字架をになう（後略）」

最後の「十字架を担う」は、信仰の道ではない者にあっては、我が人生の重みを素直に受け入れる、と解釈しておけばよい。

人類の文明は、老化してもなお生き続ける方法、延命操作の可能性を模索してきたが、その対象は「常に肉体中心となり、視覚化困難なこころや情念に目を向けることなく」進められてきた（河野博臣、一六四頁）。人間は生命の危機に立った時、自然の美しさ、自分の弱さに気づく。「人間が本当に弱さを知ったとき、人間の真実に目が向き、愛に芽生え、すべてを大切にする心ができてくる」（同前、一七五頁）。ひとが「老いを自覚する」のは、そのひとが「内なる子供」「内なる異性性（ユング）」を知ることと重なっている。ある七〇歳男性は食道がんで死を前にした時、母親のことばかりを話した。彼が恋いこがれた母親は現実の母親ではなく「母なるもの」であり、「子供への回帰」であった（同前、一八七頁）。

ポール・トゥルニエは、老いの現象の本質は「引退」であるという（江原由美子、二六二頁）。しかし、それは職業からの「引退」が主で、これでは女性の「老い」を見ることが一面的になる。家族生活からの「引退」とは何かの考察が必要である。女性の場合、家庭内役割は、介護から孫の世話に至るまで、生涯続くと見られているために、「平板なもの」ととらえられがちである。しかし、イギリスの研究などからも、高齢女性は家族・親族のネットワークの中心にいるがゆえに、「老いても役割喪失に苦しむことが比較的少ない」。だから、高齢女性は高齢男性に比べて、生き生きとしている。

このように社会的役割の連続と非連続をどう考えれば良いのか？　トゥルニエは、「引退」は

「人生において本当に個人的な生の開始である」という（同前、二六八頁）。高齢の男性・女性共に、「役割維持」志向と「引退」志向があり、葛藤がある。歴史的に見ると、男性の老人が共同体の長老としてコスモスの中心に位置づいているのとは対極に、高齢女性は、どちらかといえば共同体の周縁部に位置づけられてきた。それは決して昔物語ではなく、現代においても、「女が一人で生きられない社会」が女性を抑圧しており、その構図がそのまま高齢女性にもいえることに気づくべきである（同前、二八一頁）。

5　高齢期のうつ病をのりこえて

『人間の証明』で知られる作家森村誠一には入院するような大病はなかったが、「老人性うつ病」で相当に苦しみ、一時期はこれで作家としては終わりかと落ち込んだ。そこからもがき、たたかい、回復した。その自分史をエッセイにまとめている。[6] その執筆の時点で、八八歳。まさに「否定の中に肯定をつかむ」生き方である。

森村は高齢期を「人生の第三期」という新たなステージととらえ、その人生段階に寄り添って生きることを奨める。「人生の第三期にもなれば、人の言いなりになっているのではなく『自分はどうしたいのか』ということに忠実に生きていけばいい。／人目は気にせず、何かしらのことにチャレンジしていく。／「Boys, be ambitious」ならぬ「Old men, be ambitious」でありたい。／歳をとったら何もできなくなるのではなく、なんでもできるのである。／病や老いに打ちのめされていることはない」（「第二章　老人は余生に寄り添う」。／は原文では改行。以下、同じ）

この積極的な生き方を支えている森村の人生観と高齢者としての生き方を私なりに読み取ると以下のことがわかる。

まず、森村は高齢者を次にように分けてとらえる。「高齢者は、三つの階層に分かれている。／まず六十代。たとえていうなら『余生の年少組』にあたる。／次が七十代。『余生の年中組』で、高齢者社会ではこの年代がいちばん力を持っている。／そして八十代以上が『年長組』。さすがに八十歳を超えると、気力、体力ともに衰えてきて、人のことはとやかく言わなくなる」（「第三章　老人は死により沿う」）

次に、「精神の自由」について。森村によれば、「精神の自由」を保ち続けることが高齢期の「生きがい」の要だという。「何をしてもいい自由と何もしなくていい自由のどちらを選ぶかということは『精神の自由をとるか、身体的な心地良さをとるか』の選択にもつながる。精神の自由を保ち続けるのは非常に困難なことだが、やりがいはある。一方で身体的な心地良さは、動物的な生存本能や安全への欲求につながる。定年後の自由を得たあとに限らず、人は誰でも『生きがい』か『居心地の良さ』のどちらかを求めているといえる。生きがいと居心地の良さの両立ができればいいのに、それは難しい。精神の自由と安楽な生活は抵触しやすいからだ」（第二章）

そのうえで、森村は、「安楽な生活にあぐらをかいているよりは、精神の自由を求める部分は持っておきたい。／生きがいとは、『自分はたしかに生きている』という実感である」という。

そして、古い上着は脱ぎすてることを森村は指し示している。「それまでのキャリア、成功体験などは忘れて、周りの老人たちと同じ立場になるべきである。／同じ立場というより、『下の立場』になるのを理解しておく必要がある。／その部分での切り替えができていなければ嫌われる」。また、高齢者が引きこもりにならないために、「はみだした段階では『こんなグループに入れなくてもかまわない』と強がっていても、やがて居場所がないことを知る」のだから、身近な小さなつながりでもいいから、参加していくことが大事だという。

社会で活動するいろいろの団体も、すでに高齢化が始まっている。少しでも多く若い世代にメンバーに加わってもらい、新しい感覚も織り込んで組織・集団を伸ばしていきたいと、当事者としては思っている。半面、高齢化の渦中にいる者としては、自分が属する集団をかけがえのない良き「居場所」として受け止め、森村の言う「年少組」「年中組」「年長組」のそれぞれが仲良く、少しは議論しながら「精神の自由を求める部分」は持って今後も元気に交流していきたいものである。

子育て・教育・文化を語ることはどの年代の人も自己自身を語ることである。子どもや若者の生きづらさの構図とこれからの課題を分析することは、自分の人生を今一度問いなおすことでもある。高齢化してもそうした対話に参加することの意義はある。

森村の『老いる意味』を読んで、年を重ねることはある意味ではしんどさもあるが、その半面、今まで自分が経験しなかった胸のときめく楽しみもあると再認識した。森村は「老いて余生に寄り添うことが大切である」と述べ、「余生を文字どおり『余った生』で終わらせてしまうのか、『誉ある生』としての誉生にするのか」と問うている（第二章）。それぞれの人生に誇りを持って、年を重ねながら「探究することの楽しみ」を増やしていきたいものである。

6 「老い」の美学

筒井康隆『老人の美学』も刺激的な内容である。筒井は一九三四年生まれで、刊行時に八五歳。その数年前、私は東京で作家論・執筆論のテーマで筒井の講演を一度だけ聴いたことがある。高齢にしては張りのある声で、役者経験があるだけに表現も豊かで話もおもしろかった。

筒井はこの本では「美学」を書くのが目的ではないという。ではなぜ「美学」とつけたか。それは、「老人の滑稽さ」「意地汚さ」「意地悪さ」などと見られない・そうならないための所作・ふるまいに老人らしい「品」があるのではないか、という問いかけからである。それを筒井は「抑制の美」[7]と名付けた。「単に何もかもを抑制し、あらゆる欲望を我慢するだけではなく、それらを上手に飼いならして愉しみに替えたりするずるさも併せ持った抑制」ではないか、という。しかも、それは老人だけに必要な「処世術」ではなく、あらゆる年代にとっても「不可欠の行為」ではないか、と述べている。

衰えてきて自然に抑制がはたらくのはまだいい。その一方で「名誉欲や名声欲、即ち権力欲が昂進したり、我儘になり頑固になり怒りっぽくなるという老人性の退行現象」がいかに「反美学的な精神的傾向」であるか。そのことを日常のエピソードを細かく取り上げながら述べている。

老人の特徴で、昔の付き合いのある人や自分が所属した組織の後輩たちに何かと連絡を取って話したがる。筒井は、それは老人に特有の「衝動」ではないかという。老人の「昔の知人に会いたいという気持ちは昔の自分に戻りたいという願望」であろうか、と書いている。[8]その代表例として、同窓会を挙げている。筒井はほとんど行かないそうだが、その大勢が集まる場面こそ、「昔の自分に出会い直す」機会なのである。

「老人の孤独」についても、一つの章を当てている。その要点は、『敵』という筒井の作品に出てくる六十代の主人公によせて書いた次のフレーズにあるという。「好ましい友人だからといって自分からすり寄って行かないのが儀助（注記：作品の人物名）の美学と言える」

儀助の生き方は、その時の気分で頻繁に会ううちにぶつかって絶交になった、という侘しさよりは、まだ孤独である方がいい。そういう「美学」である。もともと仕事人間である日本人の特性で、仕事から離れるとすることがなく、誰も訪ねてこないし、家でぼんやりしている。用もないのにあたりをうろうろしては、みじめである。老人はそのような境遇を耐える必要がある。それが「己《おのれ》を律する」ことではないかと、筒井はいう。

筒井は、ハイデガーの哲学と対話してきたそうで、「平均寿命」は不確かなものであり何度も死に向き合うことで「本当の死に先駆けて死を了解する」と彼は言うらしいが、筒井は逆の提案をしている。「平均寿命」まで例えばまだ二十年あるとしたら、誕生からの二十年は人間形成にとって長い時間だったのだから、これからの二十年を楽しみにしていればいい、と投げかけている。(9) なるほど、前向きな考え方である。

7 「病」と「死」について考える

あの作詞家なかにし礼（本名：中西禮三《なかにしれいぞう》）はガンと闘った記録を残している。(10)『がんに生きる』がそれである。この本は、著者自身が二度のがんを患い、その苦しみや不安を乗り越えてきた体験を基に、《がんは治る病気であり、「切らない治し方がある」うえに、がんによって改めて自分の命・人生と出会い直し学ぶことができ、成長できる》ということを詳しく体験的に述べたものである。それが書名の「がんに生きる」に表れている。著者は「がんに生かされる」「がんによって人はこうも成長できる」のニュアンスを込めている。

では、よくある闘病記かといえばそうではない。「病」と「死」と「生」に向き合い、満州での生まれから戦後日本に戻ってきてからの少年時代の「いじめ」被害体験、石原裕次郎との出会いがきっかけで作曲家の道を歩みだしたこと、ヒット曲の歌詞に込めたこと、そして満州時代の生死をさまよった過酷な体験からくる反戦の思い、などをつづったものである。

その全体を流れるのは、「一期《いちご》は夢よ、ただ狂え」（著者によれば、一六世紀の『閑吟集』にある歌の一節）の思想である。つまり、「人生のあらゆる場面を現実だと思ってしまうと、その人は現実の跳躍力、現実的な思考力しか発揮できない。でも夢の世界だと思えば、いろいろな可能性を持って飛躍することができる」（一三九頁）。著者は、この言葉の「ただ狂え」が大事だという。つまり、真の人生に目覚め、これまではできないと思えたことをやってみる。それがこの文脈での「狂う」の意味である。ちなみに、「狂う」の語義には「理性を失うほど夢中になる」の意味がある。

同書によれば、我が国では、がんといえば七割は「切除」だそうだが、逆に外国では「七割」が「切除しない」そうである。著者はもともと知的にも活発な人だから、いろいろと自分でも調べて、医師の「切除」を進める話を断ってでも、別の医師の意見を聴いたりして、陽子線治療（放射線療法）と緩和ケアの病棟での抗がん治療を受けた。その辺の詳しい経過は、ここでは割愛する。

意外だったのは、なかにしはいつも自分を「よそ者」と感じてきたらしく、その背景には、戦時下の日本植民地、旧満州国で生まれ育ち、苦難の末に日本に戻ってきた経緯がある。父の実家の小樽にいったん住み着くが、兄が手を出したニシン漁で大きく散財して、母の実家のある青森に身を寄せた。ところが、「よそ者」扱いをされ、小学校から中学校までいじめられ、その後東京に転居してからは、比較的自分を出せるようになった。「いじめ」の原因は「満州帰り」だった。その背景には、敗戦が決まった時、日本政府が満州国に暮らす日本人全員に「満州国建設は失敗した。よって居留民は帰ってくるな。現地で自活せよ」との通達を出したことがあった。これはまさに「福島原発避難者いじめ」と同じ構図ではないだろうか。なかにしも同書でそのことにふれている。

「死」の危機なのに、全体としてとても前向きな書きぶりである。作詞家・小説家としても評価の高いなかにしだから、文章は読みやすく、こちらの心に届く言葉の選び方がうまい。著者より一〇歳若い私には、いい指南書となった。

なかにし礼作詩の楽曲（ヒット曲）としては、「まつり」「北酒場」「石狩挽歌」などがあるが、それぞれの歌詞フレーズには、なかにしの人生の歩みから湧いてくる言葉が刻まれていることがわかる。その一つが、石原裕次郎が（周りは伏せているのに）がんを察知して、なかにしに作詩を頼んだことで生まれた作品で、裕次郎最後の曲とされる「わが人生に悔いなし」である。また、五木ひろしが歌った「VIVA・LA・VIDA!～生きてるっていいね」もなかにし礼の作詩である。陽子線治療で「がんは消えました」と医師から告げられ退院した時に、メキシコの画家、フリーダ・カーロ「ヴィヴァ・ラ・ヴィーダ」という絵を思い出した、それは「人生万歳」の意味であると、なかにしは書いている。その感動を込めて、この楽曲をつくったのであろう。そこは書かれていないが、あの楽曲を聴くとそう読める。

なかにしは、二〇二〇年一二月、死去した。享年八二歳。

（注）

（1）キケロ『老年について』中務哲郎訳、岩波文庫、二〇〇四年、一六―一七頁。

（2）同書、二二―七二頁。

（3）同書「解説」。一二三頁。

（4）中野明徳「E・H・エリクソンの人生とアイデンティティ理論」『別府大学大学院紀要』第二二号、二〇二〇年、三一―五〇頁を参照した。

（5）多田富雄・今村仁司編著『老いの様式　その現代的考察』誠信書房、一九八七年。本文の括弧内の氏名・数字は本書の各論考の執筆者とその該当頁を指している。

（6）森村誠一『老いる意味　うつ、勇気、夢』中公新書ラクレ、二〇二一年（Kindle版）。

（7）筒井康隆『老人の美学』新潮新書、二〇一九年、三〇頁。

（8）同書、六一頁。

（9）同書、一五二頁以下。

（10）なかにし礼『がんに生きる』小学館、二〇一八年。

補論　危機の本質をつかむ

愛知、さらには全国の私学運動をけん引してきた寺内義和（当時、愛知私教連委員長）は、「危機とは状況の危機ではない。目標もあいまいなまま、元気をなくし、内発力（人間力と組織力）が衰退することこそが真の危機である」とするどく問いかけた（「全国青年ウインターセミナー」二〇一二年一月）。寺内のいうとおり、「平和の危機」とは、単に軍事強化の動きだけではない。〈平和を守るとは憲法九条をアジア・世界に知らしめ行動化して平和主義日本の国家像を示すことだ〉という国民の目標意識や連帯力・組織力が衰退することこそ真の危機である。以下で述べる諸問題のいずれも様々な矛盾・対立を抱えているが、それゆえに「否定の中に肯定をつかむ」実力が試される問題である。その意味で「危機の本質をつかむ」とした。

1　環境危機をめぐるマルクスの思想と『人新世の「資本論」』

カール・マルクス（Karl Marx 一八一八―一八八三）といえば経済学の大著『資本論 経済学批判』（第一巻一八六七年）がすぐに思い浮かぶ。マルクスの死後、エンゲルスが遺稿を基に編集して第二巻、第三巻を刊行した。同書は、マルクス自身が、「一八五九年に刊行された私の著書『経済学批判』の続きとなるもの」（第一版の序文）と書いているとおり、経済学の書である。その第一章を「商品」の分析から始めている。資本主義が支配する社会の富は「巨大な商品の集まり」として現れ、一つ一つの商品は資本主義生産による富の基本形態だから、「商品」の分析から始まる、と書いている。(1)

その一方で、同書は経済学にとどまらず人間社会の本質を問う書でもあり、その意味で、膨大な経済事実を論拠とする人間論ともいえる。第一章、第一節でマルクスが次のように「商品」を分析していることにそれは現れている。

「商品は、まず第一に、外的対象であり、その諸属性によって人間のなんらかの種類の欲望を満足させる物である。この欲望の性質は、それがたとえば胃袋から生じようと空想から生じようと、少しも事柄を変えるものではない」。その「欲望の満足」のさせ方は、生活における「愛用の対象」であるか、「生産手段」であるかは「問題ではない[2]」。

ヘーゲルは市民社会を「欲望の体系」と表したが、マルクスは、欲望を満足させる物＝商品に、それをつくる労働の価値とそれを利益手段とする売買の価値の結合を見て取った。マルクスのこの著作によって、人間の労働を搾取してその剰余価値を資本として蓄積する資本主義生産様式の秘密が暴かれ、人間のほんらいの労働価値を取り戻すべく労働者たちが大運動（革命）を起こしこれによって資本主義が没落させられる展望が示された。だが、その階級的闘争は、人間の欲望を満足させる市場の営みを軸に発生していることにあまり目を向けてこなかった。そこに着目して社会心理学や精神分析の視点を活用して、資本主義社会における人間の孤立と欲望と自由への衝動を分析したのが、アメリカの哲学者エーリッヒ・フロムであった。

マルクスの同書およびそこから導かれる社会主義思想に対して、国内外を問わず多くの研究者や評論家が論じてきたし、心ある労働者自身が勉強会を開いて『資本論』を読み合うこともしてきた。相当前の時代だが、出版関係に勤める私の知人たちの勉強会では、第一巻の最初の三行（前記に引用した箇所）だけで二時間以上議論したと話していた。最小限の専門用語を使いながら、一般的な労働者が身近な生活に引き寄せて読めるようにマルクスは叙述に工夫をしている。そのこともあって、同書にチャレンジする人は今もなお絶えない。

こうしたなかで、最近、マルクス研究から新たな問題提起が出された。斎藤幸平の『人新世の「資本論」』(集英社新書、二〇二〇年)である。「人新世《ひとしんせい》」(または「じんしんせい」)とは、ノーベル化学賞受賞者のパウル・クルッツェンが「地質学的に見て、地球は新たな年代に突入した」としてこれを「人新世」(Anthropocene)と名付けたもので、「人間たちの活動の痕跡が、地球の表面を覆いつくした年代という意味である」(斎藤、同書「はじめに」)。

斎藤はマルクス研究の原点をこう述べている。「マルクスの経済学批判の真の狙いは、エコロジーという視点を入れることなしには、正しく理解することができない[3]」。つまり、人間の欲望を満たすものが「商品」でありその「商品」開発のために人間は環境にどのように向き合い、それを壊し、そして今後どのようにしようとしているのか、という問題をマルクスは同書のなかで提起していたというのである。そのことを斎藤は、「エコ社会主義」という言葉を当てて、マルクスのエコロジカルな要素を重視した持続可能な未来社会論を際立たせている[4]。

私自身の弁証法への関心からすれば、斎藤のマルクス研究はこれまでの「マルクス主義」をも相対化して新たなAufhebung(弁証的な止揚)を構想しているようにも受け取れるので、そのあたりを確かめたいと思った。本節ではそこを中心に述べていきたい。その前に、まずマルクスが「物質代謝」の概念をもって労働を分析したことを学び直しておきたい。マルクスは労働の意義についてこう述べている。

「労働はまず第一に人間と自然とのあいだの一過程である。この過程で人間は自分と自然との物質代謝を自分自身の行為によって媒介し、規制し、制御するのである。（中略）人間は、この運動によって自分の外の自然に働きかけてそれを変化させ、そうすることによって同時に自分自身の自然（天性）を変化させる。彼は、彼自身の自然のうちに眠っている潜勢力を発現させ、その諸力の営みを彼自身の統御に従わせる(5)」

要するに、人間の欲望を満たすために「外の自然」がもつ様々な資源の力を人間のために造りかえ、支配下に置く、その働きを労働は持つということである。その労働を賃金と交換で所有し支配して、交換価値以上の価値を上げさせるしくみが資本主義である。その原理や構造、社会論については多くの先行研究がある中で、斎藤の『人新世の「資本論」』は何を提起しているのか。

「人間たちの活動の痕跡」は何かと言えば、マルクスの「物質代謝」論を基にすればわかるように、資本蓄積のために労働能力を奪うと共に自然を「掠奪の対象」にしてきた結果である（斎藤、同書第一章）。人間は、土地や空気、水、山林などがすべて自然の一部であるのに、社会的仕組みの下でそれを支配し、元の自然から引き剝がしてきた。人間が生きるうえでの共有資産（コモンズ）である自然を、人間の叡智でどう管理していくか。これが問われている。原始共産社会においては、人間は自然の素材から生きる糧を得て、その物質代謝の上に暮らしてきた。ところが、資本主義的生産は、このコモンズを私的所有の対象として掠奪し、その希少性と価値を市場で競うことで富（剰余価値）を蓄積していく仕組みとなった。福祉国家型の垂直的管理も、ＳＤＧｓも、労働力の搾取と自然資源の掠奪を続ける限り、この根源的なコモンズに対し本来自然の一部である人間たちはそこから引き裂かれたままである。それだけではなく、労働者自身が長時間労働など、身体的・精神的な犠牲を強いられ続ける。

斎藤によれば、この人間と自然の絡み合いから根本的に脱するしかない。そのために、アソシエイトする生産者・労働者がこのコモンズの管理を主体的に担い、この惑星をもコモンズとして管理する新たな社会を樹立する。マルクスはその未来社会をコミュニズムとしてとらえた。以上が斎藤の問題提起の要点で、これが彼の「脱成長」論の原点になっている。

その要点を見ておこう。斎藤は、「脱成長」に関する先行の諸説を考察したうえで、「脱成長資本主義」（資本主義を受け入れた上での脱成長）では問題の解決にならないという（同前、第三章）。日本では、「脱成長」は「衰退」であり旧世代の理論と見なされるが、欧米では逆に「脱成長」が新世代の理論として注目され、こうした情勢から「気候危機の時代の今こそ、本来、革新的で大胆な政治を可能にする扉がひらかれている」（第三章）。つまり、ラディカルな資本主義批判が、いまスウェーデンのグレタ・トゥーンベリたちＺ世代を含めて若い世代を中心に生まれるべくして生まれている。ＭＥＧＡ（新マルクス・エンゲルス全集）に収められた晩期マルクスが書き残した抜粋ノートからわかってきたのは、人間と自然の融合・統一による「平等で持続可能な脱成長型経済」構想の原点をマルクスが追究していたことである。こう斎藤は結論づけている（第四章）。

そのうえで斎藤は、四つの選択肢を挙げる。①資本主義の経済活動を最優先するファシズム的統治（アメリカのトランプ前大統領、ブラジルのボルソナロ前大統領の路線）、これは富裕層の特権を守ろうとするもの。②大衆の反逆で強権的統治は崩れるが、「万人の万人に対する闘争」（ホッブズ）の再来となる「自然状態」（野蛮状態）。③貧富の対立を緩和しながら中央集権的な独裁による、効率的な形式平等主義の統治（中国の毛沢東主義）。④民主主義的な相互扶助による人びとの自発的で持続的な統治（斎藤は、これが未来社会としての「脱成長コミュニズム」だという）。斎藤が最終的にめざすのはこの④の選択肢である。「人類が自由・平等・民主主義を守りながら、生き延びるラスト・チャンスはこの選択肢のうちにしかない」と斎藤は述べる。その「脱成長コミュニズム」においては「自治管理・共同管理」が最重要な柱となるが、それに向けては「労働・生産の現場から変革が起きる」とする。そのためには、前記の労働＝「物質代謝」論でみた、人間と自然との亀裂を修復して「自然の循環に合わせた生産」となるように「労働を抜本的に変革する」必要がある。斎藤はここに未来への希望を見出している。

以上が、精緻な分析を基に斎藤が述べる未来社会ヴィジョンである（同書の第三章、第七章を要約した）。

なるほど、④の選択肢しかないことはうなずける。では、このような「脱成長コミュニズム」の未来社会への発展可能性を追究し実現させるのは誰なのか。ここが重要な論点である。例えば、友寄英隆は、資本と自然の「二項対立的発想」ではなく、「人新世」の時代がどのような「進化と発展の契機」を内包しているのかを探求することが必要であるとしている。(6)「否定の中に肯定をつかむ」立場からの提起といえる。

未来社会への運動を担う主体は、誰か。それは、統治能力を身につけ自主的アソシエーション社会を創り出せる人々、圧倒的多数の労働者の連帯である。斎藤も「アソシエイトする生産者（労働者）によるコモンズ（自然資源）の管理と統治」を繰り返し強調しているが、その主体形成をどのように成し遂げていくのかという問題の深め方が今ひとつ弱いように思う。

そのため、斎藤がめざす「脱成長コミュニズム」とは、どのような統治形態による社会体制なのか、そこではマルクスが一貫して提起した人間の全面的な発達の条件がどのようになるのかが全く不明である。

私見では、労働者は、労働力を資本家に買われその利潤追求に従属させられるがゆえに、科学技術を最大限に駆使して自然の資源掠奪を進めることにも参加してきた。その過程では、「注意力として現れる合目的な意志」（マルクス）が何らかの形で働いている。この「意志」を、自分たちのコモンズをどう守るのかという観点から見つめ直して、自然の掠奪を根本からとらえ直し、それを抑制するように活動する労働主体の発達が時代のテーマとなる。例えば、福島第一原子力発電所の巨大事故を契機に、化石燃料によるエネルギー転換をどのように構想し進めるかについて、実践の最も大きな可能性を持つのは圧倒的多数の、しかも多職種で連帯可能な労働者である。原子力規制の研究者たちも、原発維持のための法整備や行政をおこなう政府関係者も、すべてその労働者たちの労働をまっとうなものとするために要請されるべきものである。そのような政府が樹立されるならば、労働者たちも、エネルギー政策はどうあれば良いのかの関心を持ち、意見表明をしていく立場を確立していくことができる。真の政治参加が国政レベルで大きく前進する。

「人間の労働」の変革可能性、真の生産的労働とは何かを深める考察が求められることを提起した斎藤の仕事は大きな意義を持つが、どのように主体形成をすすめるのか、その点がはっきりとは見られない。もう一度問う、未来社会を拓く前提となる「生産的労働」とはどのようなものであり、それは誰のためのものか、である。

これについてマルクスは『資本論』第一巻で、労働者は何か商品を生産するから生産的なのではなく、資本のための剰余価値を生産するから生産労働なのだと明解に分析した。

そのうえで、マルクスはあえて物質的生産の外の例、学校教育を取り上げてその「生産的」労働の本質をとらえた。「学校教師が生産的労働者であるのは、彼がただ子供の頭に労働を加えるだけではなく企業家を富ませるための労働に自分自身をこき使う場合である」と、マルクスは指摘した。(7)もちろんこの文脈で「生産的労働者」とは肯定的な意味ではなく、労働者自身にとっても自分のためではない労働を強いられる意味で「ひどい不運」にみちた労働である。教師は、子どもの人格発達のために国民から負託されているのだから、それを「合目的的な意志」をもって実現することが社会においては価値の創造なのである。そうではなく「資本の自己増殖に役立つ」労働に変質していることはないかどうか、そういう自己点検、振り返りが教育という専門的労働には必要である。資本からどんなに「非生産的だ」と批判されようと、社会的な正義と価値において自分の労働諸能力を発揮できているかどうかに価値基準を置いて仕事をすることが教師の自立の根源となる。

それは資本への従属、剰余価値生産のシステムへの適応教育から脱却することを意味する。そのためには、教師の unlearning（脱学習、または活動の洗い直し）がどうしても必要である。そこに、教育変革のほんとうのテーマがある。教育者は子どもたちの人格発達と未来のために、資本への隷属状態に甘んじていないかを根本から見直し、教育内容と方法において出直すくらいの変革性を共同で発揮することが求められている。教師として主体的に生きる自立の道を探求するために。マルクスが若い日に書いた「教育者自身が教育されねばならぬ(8)」は、教師だけではなく、広く社会的市民的運動・政治運動におけるそれぞれのリーダー的立場に立つ人にも通底するものである。

今はマルクスにならって学校教育の分野で述べたが、物質的生産の諸分野、流通とサービス分野、情報系の分野でも、問題の本質は同じである。自分のためだからこそ自然の掠奪は抑制し、資本の自己増殖のために自然を掠奪する構図からは脱却する。そのために必要な生活支援・財政措置を講じる政策をつらぬく政権の樹立、こうした社会的運動の総体が、本来の社会的価値の創造へと労働のコンセプトを変えていくのである。

2　コロナ禍で人と人の関係性がなぜ揺らぐのか

(1) ウイルスの脅威をめぐって

『朝日新聞』(二〇二〇年四月一二日付朝刊、名古屋本社版。以下、同じ)の歌壇の一首。

「上下に二人ずつついて纏《まと》まらず齟齬という字に人は八人」

「齟齬」(「くいちがい・いきちがい」のこと)の漢字に「人」が合わせて「八人」も入っていることに重ねて、実社会でも人びとの思いが合致しないことをうたったものである。当時、新型コロナ感染が拡大するなかで、コロナ対策で政府や東京都をはじめ各自治体が「外出自粛」「企業の出勤七割減」を言っても効果がなかなか出ない状況をうたっている。この頃は、まだ新型コロナウイルスの正体がわからず、マスク、さらにはアルコール消毒代用のスピリット（アルコール度の高いリキュール）などに消費者が殺到したし、それどころか医療従事者や感染者の出た機関や施設の従業員の家族に対する差別や罵倒など、たしかに「ウイルスに怯える人間」（藤原辰史、後掲）がおこす行動の怖さ、攻撃性が現にみられた。

ウイルス感染が拡大して外出自粛が言われストレスが増幅する中で、「人」は「怖い」存在にもなるし、逆に「助け合い」の他者にもなることを私たちは学習した。「人」がもともと内在させている二面性とは思いたくないが、現実はそうであった。目に見えないウイルスの脅威によって、一人ひとりの自分のなかの「他者性」（他者にどう向き合うかと共に自分も誰かの他者であること）があぶり出されている。

まず、ウイルスの脅威に対しては科学的な知見を基に正しくおそれながら、予防の行動で「脅威に勝つ（乗り越える）」ことが大事だ。それだけではなく、「ウイルスに怯えて他者を敵視ばかりする自分」にならない自覚を日々に生かす「勝ち方」も、いまは求められている。

（２）政治の局面からみる危機

ユヴァル・ノア・ハラリ（ヘブライ大学教授、歴史学）のインタビュー記事「ここが政治の分かれ道」（『朝日』二〇二〇年四月一五日付朝刊）によれば、ウイルス感染拡大では医療体制の危機だけではなく「政治の重大局面」も生じている。二〇二〇年時点の感染対策状況では、日本、韓国、台湾のアジアの民主主義国は比較的うまく対処してきたが、イタリア、米国は状況が悪い。独裁体制の中国は、感染拡大後の数か月だけを見れば米国よりもうまく対処した。しかし、長い目で見ると、民主主義の方が危機にうまく対処できるという。ハラリによれば、その理由は二つある。一つには、情報を得た人間の「自発的行動」が危機にうまく対処できること、二つめに、政府の誤った判断を「報道の自由と市民の圧力」で正すことができることである。近年の「グローバル化」が感染を拡大したと見るのは間違いで、最大の防御は国家の「孤立」ではなく、国家間の情報共有であると彼は言う。当時のトランプ政権による「自国第一主義」やＥＵを離脱した「ブレグジット（注記：Brexit　Britain 英国と Exit 離脱の造語）」も含めて、「感染症は全世界共有のリスク」と見ることが鍵を握るとハラリは述べたのに続いて、記者の質問に以下のように答えた。

——感染の広がりを受け、世界にはどんな変化が起きているのでしょうか。

「危機の中で、社会は非常に速いスピードで変わる可能性があります。よい兆候は、世界の人々が専門家の声に耳を傾け始めていることです。科学者たちをエリートだと非難してきたポピュリスト政治家たちも科学的な指導に従いつつあります。危機が去っても、その重要性を記憶することが大切です。気候変動問題でも、専門家の声を聞くようになって欲しいと思います」

――よい変化だけでしょうか。

「悪い変化も起きます。我々にとって最大の敵はウイルスではない。敵は心の中にある悪魔です。憎しみ、強欲さ、無知。この悪魔に心を乗っ取られると、人々は互いを憎み合い、感染をめぐって外国人や少数者を非難し始める。これを機に金もうけを狙うビジネスがはびこり、無知によってばかげた陰謀論を信じるようになる。これらが最大の危険です」

「我々はそれを防ぐことができます。この危機のさなか、憎しみより連帯を示すのです。強欲に金もうけをするのではなく、寛大に人を助ける。陰謀論を信じ込むのではなく、科学や責任あるメディアへの信頼を高める。それが実現できれば、危機を乗り越えられるだけでなく、その後の世界をよりよいものにすることができるでしょう。我々はいま、その分岐点の手前に立っているのです」（聞き手・高野遼）

ハラリの見解は現在も、大事な点を言い当てている。ウイルスの脅威による不安を解消したいという欲求に見合う「商品」（物だけではなく情報も含む）がビジネスになるという現実がある。前述のようにマルクスが「商品」分析で述べたとおり、あらゆる欲望が商品になる。ウイルス予防に冷静に向き合うと共に、「強欲な金儲け」の手段となる「商品」にも距離を取った自立的な生き方が求められている。

（3）「パンデミックを生きる」

①カミュの名作『ペスト』が投げかけたこと

この名著は新型コロナウイルス感染が拡大し始めた二〇二〇年から話題になっていた。私も、『ペスト』（新潮文庫：Kindle版）を入手して、改めて読み直した。全体の物語は、フランス領のアランという町で起きたペストの疫病感染の実態と市民の変化を、地元の医師ベルナール・リウーを筆者とする観察の記録として書かれている。リウー医師が観た（あるいは診た）人びとの「死」と向き合う姿がリアルに描かれている。

ペストの感染とわかってから、その町はロックダウンで閉鎖になった。そのことによって生じた市民の不安を、「われわれは二重の苦しみをしていた――まず第一にわれわれ自身の苦しみと、それから、息子、妻、恋人など、そこにいない者の身の上に想像される苦しみと」と書いている。

訳者宮崎嶺雄の「解説」を読んで納得できたのが、カミュらしい「不条理」のテーマで全体が貫かれていることである。「不条理」とは、人の力ではどうにもできないほどの絶望あるいは限界状態（『広辞苑』）である。しかし、それでも「諦めない」、自分に課せられたことだと自分が認めることをやりとげるために生き抜こうとする。そこに人間らしい在り方を見いだす。これがカミュの視点だといえる。拙著『そばにいる他者《ひと》を信じて子は生きる』（ほっとブックス新栄）で、カミュの

『シーシュポスの神話』を取り上げ、「不条理」を抱えながら生きることに、人間の、人間たるゆえんがある、と書いた。

すなわち、「不条理」を意識しつつ、その現実に向き合い生きようとする「わたし」がここにいることの確かさ、その合理性を信じるという立場である。カミュが実存主義の哲学のなかに入れられるのも、そのことからきている。そして、ペストが終息したあとに、市民は、ペスト前の状態に戻って暮らしていけるか、それとも何かを変えて生きていくのか、そこはわからないとしている。この「わからなさ」は、不明ではなく、「不条理」をどのように抱え込み、その中でどのように考え、前を見つめようとしたかによって人それぞれで違う、という意味である。

カミュは、市民一般の傾向として、ペストのような疫病にたいして無用意であること、天災は起こり得ないと思っていることを書き、彼らは「ヒューマニスト」であると表現している。ここには、表面的なヒューマニズムに対する疑いが込められている。その結果、過去の記憶に頼る流刑者のような漂流状態になっているからである。

「みずからの現在に焦燥し、過去に恨みをいだき、しかも未来を奪い去られた、そういうわれわれの姿は、人類の正義あるいは憎しみによって鉄格子のなかに暮させられている人々によく似ていた」（カミュ、同書）

また、リウー医師の知人・タルーの語りの中で、誰にも病原を感染させないように、気を緩めることなく暮らすなかに「心の平和」があると語らせている。そのタルーもペストの症状をあらわし、亡くなった。しかし、その生き方は無駄ではなかった。絶望のなかにあってこれを切り抜けるものは、人間の愛情であることを知っているからである。

「ペスト」は人生の苦痛、不安、病気などの不条理を象徴する疫病として、この小説の中では描かれている（宮崎の「解説」も参照）。殺戮《さつりく》のある戦争とは違うこの戦いこそ、人間の人間であることを試すドラマであるとカミュは訴えたいのであろう。まさに、新型コロナウイルス感染によって、その渦中での生き方を私たちは経験した。高邁なヒューマニズムの理想でもなく、絶望に打ちひしがれる敗北主義でもなく、知識と記憶と共感を拠り所にしながら何度でも立ち上がろうとするその生き方こそ、この「不条理」が鍛えてくれる私たちの実存なのだと教えられる。

②何を為すべきか

藤原辰史（歴史学）は、コロナ禍の生き方について以下のように問題提起をした[(9)]。

まず、国家のあり方を鋭く提起した。新型コロナウイルス感染が沈静化したら終わりではなく、「本当に怖いのはウイルスではなく、ウイルスに怯える人間だ」として、「不測の事態へのリスク」恐怖の高まりから、ビッグデータを使っての個人情報管理の国家になり、（病原菌を避ける）潔癖主義の肥大化が人種差別につながっていく。これは、かつてのナチスのユダヤ人虐殺のような問題につながっていく。病原体への恐怖からのフラストレーションが、「弱いものへの攻撃」に転化することの危険性である。そのうえで藤原は、危機の時代があぶり出す「人間の卑しさ」をどこまで抑えられるか、と問いかけた。政権が責任の押しつけでウイルス「制圧」を奢るならばパンデミック後の国家の崩落も予感できるとした。

何を為すべきか。藤原は、以下の五点を「指針」としてあげた。

「第一に、うがい、手洗い、歯磨き、洗顔、換気、入浴、食事、清掃、睡眠という日常の習慣を、誰もが誰からも奪ってはならないこと」

「第二に、組織内、家庭内での暴力や理不尽な命令に対し、組織や家庭から逃れたり異議申し立てをしたりすることをいっさい自粛しないこと、なにより、自粛させないこと。その受け皿を地方自治体は早急に準備すること」

「第三に、戦争にせよ、五輪にせよ、万博にせよ、災害や感染などで簡単に中止や延期ができないイベントに国家が精魂を費やすことは、税金のみならず、時間の大きな損失となること。どのイベントも、その基本的な精神に立ち戻り、シンプルな運営に戻ること」

「第四に、現在の経済のグローバル化の陰で戦争のような生活を送ってきた人たちにとって、新型肺炎の飛沫感染の危機がどのような意味を持つのか考えること」

「第五に、危機の時代に《（ママ）》立場にあるにも関わらず、情報を抑制したり、情報を的確に伝えなかったりする人たちに異議申し立てをやめないこと」

藤原の指摘は、ウイルス不安になっている私たちに「何が問題か」「何を為すべきか」をストレートに問いかけている。その論理は、二〇二〇年当時、日本政府のコロナ対策への不信、すなわち必要な情報を出さずにいきなり「非常事態宣言」を出すなど国民生活を統制すれば収まるという非科学的な施策への失望の根底にあるものを暴き出した。「否定の中に肯定をつかむ」知性の役割がいかに重要かということを示した。

3　「ウクライナ戦争」問題の構図を読み解く

(1)　権力と暴力

①ロシアの権力とそれに対する抵抗

二〇二二年二月二四日に開始されたロシア軍による「ウクライナ戦争」(軍事行動をもって隣国の領土を侵し、市民生活を壊し命を奪い、支配しようとする侵略戦争のこと)は、現代の「戦争か平和か」を象徴する重大な事件である。プーチン大統領は、みずからが独立「国家」として承認したウクライナ東部の二つの州で、ウクライナ・ゼレンスキー政権による虐殺が行なわれているので同盟国を守るために、国連憲章五一条の「集団的自衛の固有の権利」行使を根拠として「特別軍事作戦」をおこなっている（本稿の時点でも続いているので現在形とする）。

ロシア正教の由来からも、旧ソ連時代の経緯からも「ロシアとウクライナの一体性」は普遍の原理であるとして、ウクライナを含む広大なエリアをロシアの統治圏として確立したい。ここにプーチン大統領の一貫した野望がある。そのためにも、欧米諸国が加盟するＮＡＴＯがウクライナに軍事的支援をする限りはこれに正面から対抗するとしている。事実上「侵略戦争」であるのに「特別軍事作戦」と称して自国の軍隊を投入して統治のヘゲモニー（主導権）を握ろうとしている。

権力とは「支配者が（武力などを背景に）被支配者に加える強制力」（『岩波国語辞典』第七版）であるが、プーチン大統領の場合、その権力行使は大量の軍隊と兵器を投入する国家的な規模での暴力であり、明らかな戦争行為である。いっぽう、ゼレンスキー政権は、これに抵抗して祖国ウクライナを何としても守ろうとしている。そのために、ウクライナ国内の世論に対するヘゲモニーを確立し、「ロシアに屈するな、徹底して闘おう」と、国民を挙げての抵抗を呼びかけている。また、欧米各国にもオンラインでの演説などを通して、数々のメッセージを発信し、ロシアへの経済制裁だけではなく自国への軍事的支援を要望している。ウクライナは、戦力ではロシア軍に比べればはるかに劣るものの、祖国防衛のための抵抗だと兵士たちの士気を高め、欧米からの兵器の供与も受けながら交戦が続いている。主に東部での激戦が続いている。ウクライナ、ロシア双方の犠牲者の公表は検証されがたく、把握は難しいが、双方共に一万人以上の兵士が戦死し、これに加えてウクライナではインフラ施設へのミサイル攻撃のために民間人の犠牲が増えている。この戦争は、こうした戦死者・犠牲者のみならず、ウクライナの貴重な文化財も破壊している。

②今の権力行使を止めるには

ロシアの元首が軍隊の投入と戦闘拡大によってウクライナの軍人のみならず民間人も殺傷している。これまでの報道を参考にすると、民間人が避難している施設を標的にした攻撃が行われてきた。すぐれた文学・芸術・スポーツを生み出してきたロシアという国家が、隣国を武力で制圧しようとする権力そのものの場に変質したといえる。

これを止めるには、元首の考え方や方針を変える（思いとどまらせる）か、元首である人物を権力の座から引き降ろすしかない。二〇二二年の八月から九月にかけて、ウクライナ軍が反転攻勢に出て、ロシア軍に占領された自国領土を次々に奪還しはじめた。形勢が悪いと見たプーチン大統領は、予備役動員の命令を発して、戦地に送り込む兵士を確保するための徴集に踏み切った。ところが、モスクワをはじめ各都市でこの政策に反対する抗議行動が巻き起こり、政権は警察力を動員して抗議デモ参加者を大量に逮捕した。それでも抗議行動は収っていない。また、同年一〇月に入ると、ロシアの国防委員会委員長から国防省に対して「嘘をつくな。実態を正しく知らせるように」とのコメントが出るほどに、軍部への不信が広がりつつある。

ウクライナ侵略を止めさせるために巻き起こったロシア国内の「戦争反対・即時停戦」の抗議の世論がプーチン大統領の「特別軍事作戦」を中止に追い込むかどうか。政権は反政府行動や暗殺計画などを未然に防ぐために、情報統制を敷き、疑わしい行動・言論はすばやく検挙して権力によって封じ込める行動に出ていた。そうした権力的統制が戦争反対の世論に対する弾圧の影響力を依然としてもっている。

③「今の」権力に変わる「明日の」権力は下からくる

現行の非人道的な権力乱用の阻止と変革は全く不可能ではない。すでにM・フーコーが論じたように、現行の権力に対抗しうる権力は「下からくる」。すなわち、無数の点として出発し、経済・文化・知性などの関係内部で発生し、「さまざまなローカルな力関係が、結果として社会の断層を形成する[10]」。

「権力のある所に抵抗はある」「権力そのものをなくすことはあり得ない[11]」というテーゼからすれば、ウクライナ国民の抵抗は、理由なき侵略というプーチン大統領の執った権力（暴力）への抵抗であり、ゼレンスキー大統領はその先頭に立つことでリーダーとしての最大限の行動をしている。

同大統領は、「戦争を終わらせるためにはプーチン大統領と交渉する用意がある」と表明し、国民を守る行動に出ていた（二〇二二年三月二一日、ＮＨＫウェブニュース）。しかし、それは実現しないまま現在に至っている。

ウクライナ市民の抵抗は、犠牲を伴いながらも侵略を食い止めようとしている。ロシア軍が掌握したとされるウクライナ南部の都市では、街中に侵入してきたロシア軍戦車に対し、市民がウクライナ国旗をもって立ちはだかり、抗議し、ついに車両が後退したという報道も流れている（同前）。この他にもウクライナでの様々な動きが報じられるが、特に大統領の行動をそれだけ取り出してあれこれ批判的に評価することは、その抵抗が何に対して発生し、なぜ持続しているかをあいまいにする。さらに、当事者国の抵抗自体を批判したり否定したりすることは、ロシアによる侵略「作戦」の正当化に加担することになる。

④正確な情報共有と概括的認識が鍵

他方、ロシア国内において、無数の点として発生する「下からの権力」（国内各地・各層で起こる抵抗運動のパワー）が、警察権力では抑えきれないほどに社会的・協働的な力をどのように生み出すかは、その抵抗に参加するロシア国民の情報共有・認識力と行動力にかかっているし、外部からの世論にも依存している。

「プーチンが行なっていることは侵略であり、殺人だ」という世論が圧倒的に共有されるときに、プーチン批判に共感する人びとの「声」の合成力（非軍事的な強力）が市民社会におけるヘゲモニーを確立しうる。これは「下から」の共感と理知的な状況判断による、事態の概括的な認識を成し、民主的言論という樹木の大きな幹となるので、「上から」の脅かしや押し付けにも揺るがない、不動の力を発揮するようになる。

その大きなうねりにふさわしいリーダーたちが登場すれば、この「下からの権力」は十分に現政権の弱点（真実を隠し国民を欺き、ルーブル価値下落など経済をどん底に落とさせ、生活をひっ迫させた）を突き破り、現政権を揺るがすほどに反転のうねりを巻き起こす。

（2）国際政治を優位にリードしようとするヘゲモニー対立

このように、ウクライナ侵略問題は、両国間の権力及びヘゲモニー対立の構図をもち、兵士や市民を犠牲としながらも相手に対する勝者として臨もうとするので、緊迫した状態が続く。ここでの「ヘゲモニー」は、国家間の関係における覇権、つまり政治支配によって相手を制覇する権力のことであり、A・グラムシ的な意味での労働者階級の政治指導力のことではない。

国際政治でのヘゲモニー確立に関してはアメリカ、中国の動きや態度も見逃せない。アメリカは、国際連合の安保理でロシア非難の決議が常任理事国ロシアの否決で不成立となるや、国連総会を臨時に開催して、ロシアの侵攻を批判し、即時停戦を求める決議をあげることに力を注いだ。その結果、一四一票の支持を得て国連加盟国の圧倒的多数の意思が表明された。これだけ多数の国が結集したことは類例がなく、ロシアの孤立は明白となった。

アメリカ・バイデン政権は、国連の舞台でヘゲモニーを執って、アメリカこそ現下の情勢で正義実現の第一人者という役割を演じようとしている。その延長で、二〇二二年三月一八日、バイデン大統領は習近平主席とテレビ電話会談を行い、中国がロシアに武器供与などで支援するならそれなりの代償を負うことになるとけん制し、間接的に、ロシア・プーチンの支援者を演じないように強く釘を刺した。

中国は中国で、こういう情勢下で自国がどのように立ち振る舞えばヘゲモニーを執れるかを充分に練っているので、習主席はバイデン大統領との電話会談でも「軍事侵攻はよくない」としながらも「ロシアへの経済制裁で苦しむの庶民だ」と、ロシアへの制裁に反対を表明した。そこには、アメリカの要請や指示でロシアの停戦のために働くことはしない、という中国・習政権の意思が表されている。

アメリカに関しては、米海兵隊の主導で対馬（長崎県）から与那国島（沖縄県）に至る六カ所にミサイル基地・航空基地を構築して対中国の軍事要塞づくりを計画していることが、国会の審議でも明らかになった（二〇二一年五月一二日、日本共産党の穀田恵二議員が衆院外務委員会で「計画撤回」を要求）[12]。ウクライナ情勢が、中国と台湾の関係にも転化しうることを見込んで、アメリカが軍事的な防備でヘゲモニーを執ろうとしていることが窺える。

イギリスの国際政治学者D・ヘルドが言うように、国際情勢は、自国の安全保障のために戦争への準備を強化し、これが他国への脅威となってそれぞれが軍備を増強することが拡大し、「安全保障を互いに損ない合うこうした悪循環」によって「めざした当の『平和』それ自体が、戦争への継続へと置き換わってしまった」[13]。ヘルドはカントの「永久平和論」に依拠しながら、こう述べた。

「カントは正しかった。ある地域における法や正義の暴力的な廃棄は弾丸のように世界中に伝播する。われわれは人生で重要なひとつの安全を守る際にも、それを同時にあらゆる場所でも実現しようとしない限り、それを正当化できないのである」[14]

ロシアによるウクライナへの事実上の侵略は、明日は、東アジア（アメリカ目線では極東）で起きても不思議ではない問題なのであり、それだけ国際的な平和維持のための連帯と、国境を越えて市民社会を擁護するヘゲモニーの確立が至急、求められている。国家は「一個の『作為的人格』[15]」であり、「公的人格としての国家権力」のもつ主権は、統治者の支配力の強さを表すのではなく、法人格としての国家の地位を表すのである。そうであれば、平和を希求する国際連合加盟国の強固な連帯を築き、理性的な見地から実行力を発揮するときである。

（3）弁証法

刻々と動くウクライナ侵略の問題をどうつかむか、どういう視点で報道を受け止めればいいのか、に戸惑う人も多い。軍事・外交・国際問題が専門ではない一般的な市民としては、自分なりの主体的な認識の立ち位置が要るように思う。それが弁証法である。

個々の事象は必ず互いに媒介し合って存在している。これらをバラバラにとらえ、一つ一つを他のものごとと関係なしに「あれかこれか」で見ること（無媒介でとらえること）は「形而上学者」（現象を見ずに観念だけを操ること）のすることだと、エンゲルスは『空想から科学へ』で述べていた。ウクライナ侵略問題に対しても、この見地が大事である。すなわち、①ものごとを「関連、相互関係、つながり」でとらえ、②すべてのものが「運動し変化し、生成と消滅にある」と見ること。

二〇二二年九月下旬の時点では、抵抗を続けてきたウクライナ軍が東部に侵攻していたロシア軍を追い返す反撃に出て、完全に領土の主要地を奪還した動画が公開された。他方、ロシアのプーチン大統領は、NATO・アメリカへの対抗を際立たせるために、「侵略」開始後はじめて中国の習近平国家主席と対面で会談をおこなった。国際的な孤立を避ける行動と論評された。さらに、ウクライナ東部・南部の四州を併合する暴挙にも出た（後掲）。今も双方の激戦が続いている。

ウクライナ侵略をめぐる両国間および国際的な激変に直面して、何が真相なのか、どの情報がフェイクなのかはなかなか見極め難い面もあるが、全体的な認識として情勢を見る私たちの情報選択と思考が問われている。今何に力を結集すべきかを確かな情報を基に、多様な人々とつながり、交流する。これが本当の連帯の力につながると考える。「対立項の統一」とは、実在するものは関わり合う諸要素の相互関係とその全体から成り立つので、これを常にとらえる認識方法を指し、弁証法の基本である。「真理は全体である」（ヘーゲル）は、こうした国際情勢を読むときにも大事なポイントである。それを立証するのが、即時停戦を求めた国連決議である。

（4）戦争犯罪

二〇二二年四月三日から四日の各紙報道によれば、首都キーウからロシア軍が撤退した後にウクライナ市民の遺体が多数掘り起こされた。ロシアの国防省はこれを否定し、ウクライナの捏造だといっているが、ゼレンスキー大統領は、ロシア軍は撤退の際に市民の遺体にも地雷を仕掛けていると述べた。ＮＨＫのＴＶニュースで現地の男性が話すには、現地に侵入してきた戦車が市民に向けて発砲したという。「ひどい奴らだ」と言って彼は声を詰まらせた。

国際政治学の藤原帰一は、「ウクライナでの戦争」を「プーチン政権による明確な侵略戦争です」と語り、ロシア軍が行なった行為は「まぎれもない戦争犯罪です」と述べた。そして、「ロシア軍の先制攻撃が失敗に終わった」そのあとに「相手の被害を拡大することしか」していないと、藤原は指摘した。[16]プーチン大統領の個人的野望をもって軍隊を侵攻させ、市民への攻撃と殺戮を行ったことが重なれば、「戦争犯罪」と言われるのは当然である。国連人権委員会から委嘱を受けた調査委員会は、二〇二二年九月二三日、「ウクライナで戦争犯罪が行われた」とする報告書を発表した。[17]

私たちにできることは何か。少なくとも、「早く降伏すべきだ」と、ウクライナ市民の抵抗が無駄であるかのような論調はしないことである。それはプーチン政権の謀略による戦争行為を容認することになる。攻撃を受けてそれに苦しみつつ抵抗する側に非難を浴びせる前に、自分たちにも必要な自由と平和とは何かを真剣に追求しなくてはならない。第二次大戦＝アジア・太平洋戦争の、あのおびただしい犠牲を出した戦争と殺戮を経た「今」を私たちは生きている。この機に乗じて、核による報復の決定に日本政府も参加する「核共有」を持ち出すなど全く検討外れも甚だしいと私は考える。それでは、ヒロシマ・ナガサキを繰り返すだけである。

（5）今後の見通し

ロシア外交の専門家や国際政治学の研究者などの発言（インタビュー記事など）を読むと、「ウクライナ侵略」問題の根は深く、論者によっては今後一〇年くらい対立や混乱が続くという見方もある。

岩下明裕（ロシア外交）によれば、「偉大な民族」であるロシアの「ミッション」からすると「わが兄弟」が「西側」の邪悪な誘導に引き込まれないように「スラブの仲間として」「ウクライナを解放してやる」ということになるらしい。武力行使を「解放」と呼んでまで実行した。その背景には、冷戦後、国際的にロシアの力が弱まり、「なぜロシアだけ西側にいじめられるのか」という強い思いがプーチン大統領の側にはある。岩下の見立てでは、今後一〇年間プーチンが大統領職に居たとしたら、東西ドイツと同じようなかたち、ウクライナの東側に「人民共和国」、西側に「民主共和国」ができて境界が定着することになるであろうという。(18)

ウクライナ国民は戦うべきか、否か。この問いが繰り返し発せられた。

私が参加する民間教育研究団体のメーリングリスト上でも「ゼレンスキー大統領のパフォーマンスのために多くの人命が犠牲になっている」「早く降伏することが大事だ」といった主張や意見が流れた。こうした意見は、「戦争で死ぬのは嫌だ」という個人の実感に基づいている。山本昭宏（社会学）は「もっと生理的な個人の感覚にもとづいた言葉で平和が語られていい」と述べて、前記のような意見を支持することを表明している。(19)

これに対して、篠田英朗（国際政治学）は、ロシアが占領した地域で行った虐殺から見ても、「降伏した場合の占領下での犠牲者が、戦った場合の犠牲者より確実に少ないとは言えません」と述べ、目の前の危機を打開するために秩序も原則も投げ捨てることは却って危険であると警告している。[20]

松尾陽（法哲学）は、「ウクライナ以外の人びとがウクライナに降伏を勧めるのは、プーチン大統領に与することと変わらない」という。[21] 松尾は、「核共有」論まで飛び出していることにも言及して、日本をどのように守り戦争への危機を抑止するかという「手段や戦略の問題」と、「何を守るべきものとするのかという目標の問題」とを混同しないように、と指摘している。そのうえで、松尾は、「民主政や尊厳という価値」を守らねばならないことが実際上は起こり得ること、それは「個人の生命という価値」と「相克する」（互いに勝とうとして争う）ことにもなると述べている。

その後の状況としては、プーチン大統領はウクライナ東部・南部の四州で、ロシアに併合するか否かの「住民投票」なるものを行い、その結果を使って、二〇二二年九月三〇日、プーチンは四州併合に調印した。彼は「民族自決の原則」まで持ち出して一方的な併合を正当化した。これにより、ウクライナ軍が四州奪還のために戦闘行動を起こせば、ロシア国への侵攻とみなし、これを「あらゆる力と手段」で防衛するとして事実上の核兵器使用を暗示する脅迫までプーチンは踏み込んだ。一方、ウクライナのゼレンスキー大統領は、同日、NATO加盟を申請したと表明。事態はさらに対立が激化し、ロシアとNATOとの全面戦争の危うさも出てきた。[22]

国連総会（加盟一九三カ国）は一〇月一二日に緊急特別会合を開き、ロシアによる前記の「併合」は「無効」だとする決議案「ウクライナの領土保全　国連憲章の原則を守る」を賛成一四三カ国で採択した（反対はロシアなど五カ国、棄権は中国など三五カ国）。国際社会や国連総会の国際的正義を守る連帯が一層深まり、ロシア・プーチン大統領が一刻も早く「特別軍事作戦」を断念し、和平交渉の席に着くことを願う。

4 立憲主義における「他者」不在の危機

国内に目を移して、我が国の現行の立憲主義は果たして安泰なのか。江藤祥平（憲法学）は、自著『近代立憲主義と他者』のなかで、二〇一一年の「国旗国歌起立斉唱事件の最高裁判決」には、近代立憲主義の他者不在が象徴的に表れていると指摘した。その判決は、「公立学校の教職員に対して起立斉唱を命じる職務命令が、思想良心の自由を定める憲法十九条に反しないとしたもの」[23]である。その論理は、「職務命令は儀礼的な所作を求めるものにすぎず、思想良心の自由を『間接的』にしか制約しない」[24]とするもので、江藤によれば、これは「面従腹背」していれば良いとするに等しい。

なぜ、この判決が象徴的かというと、江藤の趣旨を汲み取れば、理由はこうである。起立斉唱を拒否するという真摯な思いをもつ個人は他者との関係を介してその内面世界を形成している。「個人の尊重」を根本原理とする近代立憲主義の日本国憲法において、個人の思想良心に関わる他者性、つまり「公共」と「私」をつなぐ媒介項を前記の判決が精緻な合憲審査の論点に位置づけているとは言いがたいからである。

江藤が重視するのは、「私」が他者になりかわって他者の「痛み」や「不利益」を感じたり認識したりすることが「公共」社会実現のための不可欠の要素だということである。そして、憲法学の世界でも、「公共の福祉」「公共空間」というときに、この他者性をどう位置づけて論拠とするかが、いまなお課題になっているという。

江藤の論点は、「いかにして近代立憲主義は他者を迎え入れることは可能か[25]」にある。江藤は、フッサールの現象学を基礎にして、立憲主義における公私区分論の批判的検討、そして他者論と立憲主義の接合による公共の新たな可能性を追究している。引き続き、専門の憲法学者の研究に委ねたい。ここでは、「他者」の主題が立憲主義の「公」と「私」の関係をめぐる重要な論点になっていることを、賛同の意も込めて取り上げておくにとどめる。

これに深く関わる学問の危機についても見ておきたい。

二〇一五年には、政府が国立大学の入学式などで「日の丸」掲揚と「君が代」斉唱を要請する事態が起きた。当時、この問題を考える公開シンポジウム「学問の自由をめぐる危機」が東京大学で開かれ、私も参加した（二〇一五年七月）。主催は学者・研究者有志でつくる「学問の自由を考える会」。シンポジストの石川健治（憲法学）の問題提起に多くのことを学ばされた。以下は、その講演を聴講した私のノートを基にした要約で、文責は私にある。

石川によれば、「儀礼と公共空間」の観点から見ると、戦前にも政教分離はあった。神社参拝等は公共空間の演出として為され、それが〈全体〉の演出として組み立てられた。その〈全体〉と〈私の自由〉とは相対的に別で、後者への間接的な制約はあった。

日本国憲法の二一条は、「集会、結社及び言論、出版その他一切の表現の自由は、これを保障する。二　検閲は、これをしてはならない。通信の秘密は、これを侵してはならない」とうたい、公共の演出イクオール全体の演出ではないことをはっきりと述べた。また、同一三条は、「すべて国民は、個人として尊重される。生命、自由及び幸福追求に対する国民の権利については、公共の福祉に反しない限り、立法その他の国政の上で、最大の尊重を必要とする」と規定している。ここにいう〈個人の尊重〉とも重ね合わせると、現憲法は、「中立的な国家」を提示し、これは無色透明であって、これに命をかけるものではないことを示した。石川によれば、むしろ二一条のうたう「公共空間」は、公共言論によってこそ成り立つ。

戦前、美濃部達吉が当時参考にしたGeorg Jellinek（イェリネック：一九世紀ドイツを代表する公法学者）によると、宗教的・世界観的に中立な国家に対しては情熱や献身は生まれない。「無は情念の対象ではない」（イェリネック）からである。このように考えると、国旗・国歌はあくまで公共空間の儀礼の問題であって、真の公共空間のあり方としては、〈私の自由〉を改造し、〈公〉と〈私〉の境界線をどう創り出すかが実質の課題となっている。ところが、為政者は、無色透明であるはずの〈国家〉への情熱と献身を調達するために国家の造り直しを行う。その実証が、一九三五年の天皇機関説事件であった。

さらに石川は「学問の自由」に関しても憲法学の立場から、要旨、次のように述べた。まず、憲法第二三条、「学問の自由は、これを保障する」は、五・七・五でつくられた珍しい条文だ（折出注記：「がくもんの　じゆうはこれを　ほしょうする」と（小文字をのぞくと）一七文字）。この条文の趣旨はドイツ型の大学をモデルとしており、公務従事者である前に大学人であると共に、公の営造物であるまえに学問共同体であるという大学の理念が基礎になっている。憲法二三条を語るときにはこのことを押さえることが大事で、その趣旨は、大学人と学問共同体の営みに対して設置者・設置目的を持ち出さないという前提があってそのうえに大学の自治は保たれるということだ。

ところが、いま、納税者の意志を持ちだしてまで国旗・国歌の儀礼を実行する正当性を政府が主張するようになって、これは、憲法二三条を掘り崩そうとする動きであることを注視すべきである。

このように、現下の国立大学への国旗・国歌要請問題によって、〈公〉と〈私〉の境界線が壊されたのである。

石川報告から言えるのは、本来無色透明である中立的国家にたいして「愛国心を持て」とは、外部からの圧力によって〈私の自由〉を抑圧するものである。「愛国心」の育成を重視するなら、「国とは何か」「愛国心とはどういう心情を言うのか」などについて〈私の自由〉に基づいて議論する・議論できる「公共空間」の形成を国や自治体が保障することである。その場合も、「公共空間」の演出をもって〈全体〉を統制してはならない。

ところが、教育政策の動向は「公共空間」演出を受け容れる主体の育成に今まで以上に力を入れている。二〇一七年三月に教育課程が改訂され「特別の教科　道徳」が設けられたが、その「学習指導要領解説」を読むと、従来になかった点が浮かび上がる。

「集団や社会に関わる」指導項目としてあがる「一七　伝統と文化の尊重、国や郷土を愛する態度」に関する「解説」の箇所である。「国や郷土を愛する」とは、現行教育基本法が「教育の目標」として「伝統と文化をはぐくんできた我が国や郷土を愛する態度」（第二条第五号）を養うと定めているのと同様の趣旨であるとして、次のように述べる。

「『我が国』や『国』とは、政府や内閣などの統治機構を意味するものではなく、歴史的に形成されてきた国民、国土、伝統、文化などからなる歴史的・文化的な共同体としての国を意味するものである。したがって、国を愛することは、偏狭で排他的な自国賛美ではなく、（中略）国際社会と向き合うことが求められている我が国の一員としての自覚と責任をもって、国際親善に努めようとする態度につながっている点に留意する必要がある[26]」

このように「国」について解説者がわざわざ定義し、それは政治機構体ではなく伝統や文化の共同体だと述べている。つまり、政治を考える対象として扱うのではなく、当時の安倍首相が提唱した「美しい国　日本」として扱うという「国」像を提示している。子どもたちが学ぶ教育課程のレベルにおいて〈公〉と〈私〉の境界線は取り払われ、国家に対する情念と献身（石川）を調達する構図が浮き彫りになっている。義務教育学校における「日の丸」掲揚・「君が代」斉唱による「公共空間」の演出は子どもたちに「国」への同化を促す教育作用を伴うおそれがある。「偏狭で排他的な自国賛美ではなく」という点はそれだけ見れば重要であるが、「解説」全体の立場自体が「国」を理知の対象、つまり子どもが考え議論する主題にすえることから外している。「国（国家）とは何か」を問うな、というのに等しい。これが現下の「愛国心」問題の本質であることを再確認しておきたい。

5　信仰虐待と人格破壊の構図について

（1）統一教会の創立と経緯

世界平和統一家庭連合は現在宗教法人として活動しているが、二〇一五年以前は世界基督教統一神霊協会（以下、統一教会と略称。報道では旧統一教会の表記もある）として「霊感商法」で社会事件化するなど、その活動への疑念が続いていた。その統一教会と政権与党である自民党との関係が「保守主義」（家族主義と反共主義）でつながっていたのではないかの疑惑が広がった。これは、日本の民主政治の危機といえる。

統一教会と自民党の双方の歴史的関係を学術的に解明した問題提起がある。中野昌宏（青山学院大学教授）の労作である。[27] それによると、一九五四年に文鮮明によって世界基督教統一神霊協会が創立されて以来、一九五五年に自民党結成、五七年岸信介内閣、五八年統一教会幹部が日本に入国、といった歴史からも早い時期に関係を持ち始めていたことがわかる。その後、六〇年安保と岸内閣退陣を機に統一教会の「反共」路線が前面に出て、六一年の朴正熙によるクーデターにも統一教会員たちが関与したとの説もあるが、六四年には日本統一教会は正式に宗教法人になった。

中野によると、七〇年代には、世界平和教授アカデミー創設、『世界日報』創刊などによる活動黎明期（中野）を築き、八〇〜九〇年代には「霊感商法」「合同結婚式」へと活動を広げ、「結婚式」では岸信介や中曽根康弘が祝辞を述べていたし、女優・歌手の桜田淳子、新体操選手の山崎浩子（後に脱会）も参加した。二〇〇〇年代に入ると、安倍晋三が自民党幹事長の時代に中曽根が世界平和連合で講演、鳩山由起夫も登壇するなど、政界との癒着は深まっていた。その後、「天宙平和連合」（ＵＰＦ）なる新組織を結成し、これに最初から安倍晋三はコミットし、その後安倍第一次内閣が生まれた。

こうして、九〇年代の同教会による社会的犯罪問題を覆い隠して、自民党との接近を強めた。そして、二〇一二年第二次安倍内閣となった。長期にわたって同教会の名称変更は認められなかった（二〇二二年八月、野党合同ヒアリングでの前川喜平元文部科学事務次官の証言）のに、二〇一五年（下村博文が文科大臣の時）には、それが認められた（統一教会としては変更に成功した）。二〇二二年の「ＵＰＦワールドサミット」に安倍がビデオメッセージを送り、韓鶴子総裁を持ち上げる祝辞を述べた。

以上は、中野が精緻にまとめた統一教会と自民党の関係史のポイントである。

（2）安倍元首相の狙撃事件

安倍元首相が演説中に狙撃されて死亡した事件が起きた（二〇二二年七月八日、奈良市）。逮捕された山上徹也容疑者のたどってきた経緯を、カルト問題を追うジャーナリスト・藤田庄市の分析を手がかりに重ねてみよう。[28] 一九九一年に母親が入信した背景には、支えであった実母（山上の祖母）の死、夫（山上の父親）の自殺、山上の兄の小児がん判明、そして頭蓋骨手術と、母親にとっては精神痛を極めるような出来事が続いた。母親が入信して計五〇〇〇万円を献金し、さらに一〇〇〇万円の献金がわかり、山上は「オレが一四歳の時に家族は破綻」と、二〇二〇年のツイッターに書いたほどだった。その山上は二〇二二年の春に前記の安倍メッセージを見ていた。山上は韓総裁をなかなか襲撃できないので、彼女と深い関係のある日本側トップと見えた安倍元首相に対する殺意を固めた。同年七月八日、山上は演説中の安倍元首相を狙撃した。

公立大学を卒業し栄養士資格を取っていた母親がなぜこうまで翻弄され洗脳されていったのか。そこには、「綿密にシステム化された伝導教化過程」（藤田）がある。簡単に言うと、戸別訪問などで「悩み相談」と称して勧誘する（家系、運勢などを診断するなど）。センターへ誘い、講義ビデオを見せ、専門のスタッフが誘導していく。センターのことはヒミツを約束させ、社会から切り離す。そして、「霊界」「因縁」というスピリチュアルな「実証不能の世界」（藤田）に誘い込み、対象者の心を揺さぶり、あなたの家系にまつわる不幸は霊界の苦悩の蓄積から来ている、それを解放する一族の「メシア」になれるのはあなただ、といったように、当人の自責の念の強さにつけいって誘導していくという。

山上の家庭が抱えた困難があまりにも深く、母親の理性がついに崩され「一条の光が与えられ」たと確信するに至る。それが「神の実在」、つまり教祖の文鮮明が「再臨のメシア」であると注入されるに至った（括弧内は、藤田）。こうなると、献金と信仰の証の商品購入にどんどんのめり込んでいくのは時間の問題といえる。山上の母親は、会社解散後の厳しい家計でも献金を続け、韓国にも複数回行った（藤田）。韓国に行くのは、地獄をさまよう（と言い含められた）一族の霊人体を救うための「先祖解怨式」[29]に参加するためである。つまり、自分が救わなくては一族の苦しみが続くという自責感情に、「霊界」「因縁」の話が物語の筋をつくる。そこで自分が一族の「メシア」になれるならなって救いたいと、献金も重ね、壺や高額な経典の購入もしてしまう。

この構図を、藤田は、「スピリチュアル・アビュースによる人格破壊」と指摘している。つまり、「信仰虐待」という問題である。それはいわゆる「信者二世」にまで及ぶ可能性があるということを山上の行動は示した。だが、それは山上容疑者一人の暴発行動だと、個別問題で片付けてはならないと思う。この九年近く、市場原理優先の「自己責任」社会をどんどん推し進め、格差・貧困に苦しむ人々を大量につくりだし、その一方で「アベノミクス」と称して資産あるものによる投資と競争と資本蓄積を肯定する政策を、安倍政権は強化してきた。その安倍元首相に対して、統一教会との深いつながりを見てとった「信仰虐待」の被害者二世である人物が狙撃事件を起こした。非常に怖いことであるが、これも歴史の真実である。

山上容疑者は約六ヶ月の鑑定留置を経て、二〇二三年一月一三日、殺人と銃刀法違反罪で、奈良地検によって起訴された。

(3) 理性の悪用は理性で打ち破る

統一教会については、「霊界」説に基づき先祖からの怨念を安らげるために入信させ、多額の献金を誘導して、政治的意図の拡張のための資金づくりに当てている疑いも濃厚になってきている。ヘーゲル的に見れば、この団体では絶対的理念が悪用されている。

統一教会のサイトによれば[30]、文鮮明夫妻が「人類の真の父母」であり、このもとに創られる「人類が一つの家族である世界」を究極の理想とするという。これを知るだけであればそれは「形式的真理」である。入信の端緒はこの状態であるが、これを「そうあるべきもの」と思うときに初めて(統一教会がめざす)「深い真理」に至る。そのためには、入信したものにとって身近に経験してきた実在するもの・ことと、統一教会が説く諸概念が一致しなければならない。そのための「説教」

が同団体ではいろいろと設けられている。統一教会の特徴は、あれほど「家族」を重視していることからも、単に普遍と個別の統一にとどまらず、「魂と肉体の統一」（ヘーゲル）をめざしている。これらのすべての鍵が「霊界」説である。

信者個人の家系にまつわる「怨念」の救済を、いま・ここに生きる信者みずから引き受けてそのために奉仕する・献身することで、全てのものが救われる。これを自分の使命とするまでに「メシア」への帰依が吹き込まれる。使命の観念もただ知性のレベルでとどまれば「形式的真理」の域を出ない。それを信者の意志にまで昇華させるために、みずから勧誘や霊感をもつとされる商品の販売にのりだし、その経験のなかで使命感をふかめるという教育の構図が設けられている。

こうして端緒の「形式的な真理」という受け止めが「そうあるべきもの」となり、それを達成することは「自分の使命」であると自分の意志にまで内面化され、何ら疑うことなく前向きに活動するようになる。個人におけるその到達点に「その人の全生涯が総括される」（ヘーゲル）のだと思わされるからである。こうなると、様々な活動をとおして信者としての生活を展開するその過程が、自分の「生きること」のすべての内容と関心に満ちているように感じられ、ますます「信仰」の道にのめり込んでいくのである。

以上は、ヘーゲル『小論理学』の「絶対的理念」（絶対者を認め精神がこれに同化する考え）に関わる叙述を私なりに受け止め、統一教会の「霊界」説を主とする信仰展開の構図を分析することを試みたものである。

これを断ち切るには、端緒における主観と客観の区別、自分個人と家系の区別、現実の経済・文化・政治と世界平和なる理想との区別など、誰でも働かせることのできる理解力によって疑問をもつことが鍵となる。すなわち、理性に働きかけて理性を悪用し信じ込ませる構図から脱却するためには、理性の働きで本当の自己肯定を学び直すこと（脱学習）が重要である。ここでも、教会外の他者との真摯な対話が重要な転機になると思われる。

（注）
（1）『マルクス・エンゲルス全集』第二三巻a、四七頁。
（2）同前、四七―四八頁。
（3）斎藤幸平『大洪水の前に〜マルクスと惑星の物質代謝』堀之内出版、二〇一九年、一二頁。強調は原文。
（4）同前、一三頁以下。
（5）『資本論』第一部第三編、第五章、第一節「労働過程」。前掲『マルクス・エンゲルス全集』二三a、二三四頁。文中の括弧内の「天性」は訳者による補足である。
（6）友寄英隆「〔研究ノート〕『人新世』と唯物史観」（上・下）、『経済』二〇二一年一一月号、一二月号、新日本出版社、（下）八一頁。
（7）『マルクス・エンゲルス全集』二三b、六六〇頁。
（8）「フォイエルバッハテーゼ」『マルクス・エンゲルス全集』第三巻、五九二頁。
（9）藤原辰史「パンデミックを生きる指針　歴史研究のアプローチ」（岩波新書サイト二〇二〇年一一月一八日　https://www.iwanamishinsho80.com/post/pandemic）
（10）（11）杉田敦『思考のフロンティア　権力』岩波書店、二〇〇〇年、二九頁以下。
（12）「しんぶん赤旗」電子版（https://www.jcp.or.jp/akahata/aik21/2021-05-13/2021051302_01_1.html）
（13）デヴィッド・ヘルド『デモクラシーと世界秩序　地球市民の政治学』NTT出版、二〇〇二年、六八頁。
（14）同前、vii頁。
（15）同前、四六頁以下。
（16）『朝日新聞』二〇二二年四月二日付朝刊（名古屋本社版）、「オピニオン&フォーラム　国際秩序のリアリティー」より。
（17）『朝日新聞』二〇二二年九月二五日朝刊（名古屋本社版）。同紙によると、一六の町や集落で処刑が行われた痕跡があった。ロシア軍による「戦争犯罪」を国連が認定したことになる。
（18）『朝日新聞』二〇二二年四月一四日朝刊、岩下「インタビュー　なぜロシアは力ずくか」。
（19）（20）『朝日新聞』二〇二二年四月一五日付朝刊、「耕論　戦うべきか、否か」。
（21）『朝日新聞』二〇二二年四月一四日、松尾「憲法季評　生命の尊厳と重い問い」。

(22)『朝日新聞』同年、一〇月二日。
(23)江藤祥平『近代立憲主義と他者』岩波書店、二〇一八年、八頁。
(24)同所。
(25)同前、一一〇頁以下。
(26)『小学校学習指導要領(平成二九年告示)解説　特別の教科　道徳編』文部科学省、平成二九年七月、六一頁。
(27)中野昌宏「統一教会・自民党関係史　その外在的・内在的なつながり」(『世界』二〇二二年九月号所載、四二―五一頁)。以下は中野論文に基づいて私が要約した。
(28)藤田庄市「宗教カルト　破壊される家庭と漂流する二世たち」『世界』同前、三五―四一頁。文中の「　」書き以外は私の要約である。
(29)「しんぶん赤旗」が入手した統一教会の『先祖解怨・祝福ガイドブック　第五版』(二〇〇七年)には、家系に応じて献金額が示されている。信者の実父母それぞれの先祖だけではなく、父親の母方、母親の母方まで合計四家系の七代までの家系、夫婦が信者の場合は八家系のそれが対象となる。その冊子には、「先祖は子孫が早く解怨してくれないことを恨むようになり、子孫に悪さをするようになるといわれています」と書かれている。先祖が天国に行くためと称して、一千万円近くの献金を強要していたことがうかがえる。(同紙、二〇二二年九月二六日第一面記事より)
(30)世界平和統一家庭連合のサイトより(https://ffwpu.jp/　アクセス日二〇二二年一〇月一〇日)

あとがき

(1)

私は、広島大学教育学部の卒論でヘーゲルの主著『精神現象学』(弁証法の生誕地とされる)に出会ってからおよそ五〇年間、機会ある毎にヘーゲルの哲学や弁証法に関する国内外の研究書を取り寄せて、学んできた(後掲の通り)。その最重要の概念である「否定の否定」をいつも実践(自分のしごと、研究活動、民間教育運動・市民的運動への参加など)と突き合わせながら考えてきた。そして、「否定の否定」の第二の否定こそ、困難や壁に直面しているその否定状況をどう乗り越えるかの大事な要因となることがつかめた。「否定の否定」は新たな状態への移行となり、肯定的意義を持つ成果を自分が立つ状況の中に見出すので、自己肯定である。どんなことがあろうとも諦めない、終わりにしない、自分を追い詰めない。可能性を見つめる。変革の芽は足下に必ず生まれる(二〇二三年WBC日本代表が準決勝、決勝で勝利を得た戦い方のように)。それを読み取る(見抜く)認識法を持つかどうかで、人生と社会的活動は大きく違ってくる。その詳細を、実際にあったことや体験的著作・小説などを具体例として取り上げ、私の視点から意味づけて述べてきた。

(2)

弁証法を主題とする著作は、私としてはこれまでに『変革期の教育と弁証法』(創風社、二〇〇一年)、『対話的生き方を育てる教育の弁証法　働きかけるものが働きかけられる』(創風社、二〇〇八年)をまとめており、本書で弁証法の三部作となる。なお、私家版として、『弁証法のレッスン暴力・平和・他者』(二〇〇六年)を発行した。その末尾で、「『弁証法』は日々、わたしたちの足元を問う認識方法だ」と述べた。

私は現在七四歳だが、これまでの様々な経験を振り返っても、左記のことには確信を持っている。様々な機会に出会わせていただき、いろんな示唆や刺激をいただいた多くの方がたへの感謝を込めて本書を送り出したい。

《自己肯定は必ず「他者」(自己にとって意味のある、他なる主体)を介する。この相互媒介は、いかなる時代、どんな社会になっても、変わらない。ただし、その「他者」によって直ちに自己の肯定に至るかどうかは未知である。相手が共生的で共感的な関わりをする主体であるかどうかが鍵である。対話的な生活のできる他者との出会い、自己との共話を内側に持つ実践、そして互いの信頼関係、相互の自立へ。このプロセスを歩むことが弁証法である。このように矛盾をテコに反転し自立することが生命あるものの姿であり、「生きる」ことはその関係性を意識し経験しながら、自己を実現していくことである。だから、「いのち」の本質は、もがき・たたかい(struggle)の過程を

歩み、各自が他者に依存することで自立することにある》

〔3〕

ところで、「否定の中に肯定をつかむ」原理は哲学や思想だけのことではない。「否定の中の肯定」を人びとの感性に働きかけ、個人の生き方に作用しているのが音楽である。悩み事や仕事上のミスで、あるいは恋がうまくいかずに落ち込んでいる時に、音楽を聴いて元気をもらった体験は誰にでもあると思う。

作曲家三木たかし（二〇〇九年逝去）は「十二音階使って日本の心を表現したい」と語るプロだったが、その彼が「歌は観客に向かってではなく、自分の背中に向かって歌え」とある番組で語ったのを私は記憶している。これは観客を否定しているようだが、そうではない。一人ひとりの聴き手が自分の体験に引き寄せて歌を聴いているのだから、歌い手も自分の人生に重ねて歌わないと観客の感性に届かないという意味である。私はそう解した。

同じことを作曲家市川昭介（二〇〇六年逝去）も語ったそうだ。古賀メロディーを唄って何十万枚もヒットして第一線を走っていた歌手大川栄策が市川の作曲による「さざんかの宿」（詩は吉岡治）のレッスンを受けた時のこと。大川は自信満々でレッスンにのぞんだ。すると市川は、レッスンに入る前に、（あの柔和な彼が）やや厳しい顔つきで大川にこう言った。「そんなとこでのうのうと生きているんじゃないよ。自分でマイクをもって、聴いてくださる皆さんに、胸をたたくくらいの気持ちで、そういう迫力でもって歌わないと、歌なんか伝わらないよ」（ある歌番組で大川自身が市川の言葉を紹介した。この楽曲は大ヒットになった）。市川自身が作曲とピアノを独学で学んだ苦労があるだけに、聴くひとの人生に「否定の中の肯定」を感性的によびおこす（引き出す）楽曲とは何かをいつも心がけていたのであろう。

デビュー五〇周年の歌手石川さゆりも、同じ思いで歌ってきた。「歌には人の気持ちを上に向かせる力があるし、生活の潤いにもなる。だから、つらい時こそ歌ったり、歌を聴いてもらいたい」と彼女は述べている（『しんぶん赤旗』二〇二二年一〇月一七日、「月曜インタビュー」）。

流行歌だけではない。ポップスでもジャズでも、クラシックでも、音楽にはそのような自己肯定を呼び覚ますちからがある。歌から元気をもらった体験をした時に、本書で述べてきた人生法則が音楽として自分に働いているのだと感じていただければ幸いである。

「われわれが音楽を理解するのではなく、音楽がわれわれを理解するのだ。（略）われわれが音楽をごく身近に感じる時、音楽はわれわれに語りかけ、悲しそうな目付きをして、われわれが音楽に答えるのを待っている」（哲学者のT・アドルノ『ベートーヴェン音楽の哲学』改訂版、大久保健治訳、作品社、二〇一四年より）と言われるとおり、音楽は心を揺さぶり、否定の中に肯定を呼び覚ます他者である。

（4）

ヘーゲル哲学及び弁証法に関して大学助手の時代から最近まで、参考にしてきた研究書で日本語文献のものを挙げておく。ヘーゲルの著作は邦訳文献のほか、『精神現象学』『法哲学』『論理学』はドイツ語版を取り寄せて参照しながら読んだ。ここでは割愛する。

【国内のヘーゲル研究著作】


有井行夫・長島隆編『現代認識とヘーゲル＝マルクス　認識主義の没落と存在主義の復興』青木書店、一九九五年。

石井伸男『マルクスにおけるヘーゲル問題』御茶の水書房、二〇〇二年。

石崎嘉彦『政治哲学と対話の弁証法　ヘーゲルとレオ・シュトラウス』晃洋書房、二〇一三年。

岩佐茂・島崎隆・高田純編『ヘーゲル用語事典』未來社、一九九一年。

海老澤善一『ヘーゲル論理学と弁証法』梓出版社、二〇一六年。

岡本裕一朗『ヘーゲルと現代思想の臨界　ポストモダンのフクロウたち』ナカニシヤ出版、二〇〇九年。

角田修一『「資本」の方法とヘーゲル論理学』大月書店、二〇〇五年。

樫山欽四郎『ヘーゲル精神現象学の研究』創文社、一九六一年。

加藤尚武・滝口清栄編『ヘーゲルの国家論』理想社、二〇〇六年。

『加藤尚武著作集四　よみがえるヘーゲル哲学』未來社、二〇一八年。

加藤尚武他編『ヘーゲル事典』弘文堂、二〇一四年。

許萬元『ヘーゲルにおける現実性と概念把握の論理（増補版）』大月書店、一九八七年。

許萬元『弁証法の理論（上巻）ヘーゲル弁証法の本質』創風社、一九八八年。

熊野純彦『ヘーゲル〈他なるもの〉をめぐる思考』筑摩書房、二〇〇二年。

栗原隆『ヘーゲル　生きてゆく力としての弁証法』ＮＨＫ出版、二〇〇四年。

黒沢惟昭『現代市民社会の教育学　ヘーゲル、マルクス、グラムシ思想の視点から』明石書店、二〇一四年。

佐藤康邦『教養のヘーゲル「法の哲学」国家を哲学するとは何か』三元社、二〇一六年。

澤田章『ヘーゲル』（人と思想一七）清水書院、一九七〇年。

菅原潤『弁証法とイロニー　戦前の日本哲学』講談社、二〇一三年。

高村是懿『弁証法とは何か　「小論理学」に学ぶ理想と現実の統一』広島県労働者学習協議会、二〇〇七年。

滝口清栄・合澤清編『ヘーゲル　現代思想の起点』社会評論社、二〇〇八年。

竹田青嗣『人間的自由の条件　ヘーゲルとポストモダン思想』講談社、二〇〇四年。

竹田青嗣・西研『完全解読　ヘーゲル「精神現象学」』講談社、二〇〇七年。

中井浩一『ヘーゲル哲学の読み方　発展の立場から、自然と人間と労働を考える』社会評論社、二〇二〇年。

長谷川宏他『ヘーゲル入門　最も偉大な哲学に学ぶ』河出書房新社、二〇一〇年。

久田健吉『ヘーゲル国家論の原理～「市民自治」と「市民倫理」』晃洋書房、二〇〇九年。

溝口龍一郎『ヘーゲル「精神現象学」の世界』郵研社、二〇一八年。

山辺知紀『ヘーゲル「法の哲学」に学ぶ~自由と所用、そして国家』昭和堂、二〇〇五年。

向井俊彦『唯物論とヘーゲル研究』文理閣、一九七九年。

寄川条治『ヘーゲル哲学入門』ナカニシヤ出版、二〇〇九年。

寄川条治『ヘーゲル「精神現象学」を読む』世界思想社、二〇〇四年。


【海外のヘーゲル研究著作】


A・コジェーブ、上妻精・今野雅方訳『ヘーゲル読解入門~「精神現象学」を読む』国文社、一九八七年。

C・マラブー、西山雄二訳『ヘーゲルの未来　可塑性・時間性・弁証法』未來社、二〇〇五年。

D・ヘンリッヒ、中埜肇監訳『ヘーゲル哲学のコンテクスト』哲書房、一九八七年。

E・ランゲ編、真下信一訳『ヘーゲルとわれわれ　マルクス主義への哲学的最大遺産』大月書店、一九七一年。

F・ジェイムソン、長原豊訳『ヘーゲル変奏　「精神現象学」をめぐる一一章』青土社、二〇一一年。

G・W・F・ヘーゲル、上妻精編訳『ヘーゲル教育論集』国文社、一九八八年。

G・W・F・ヘーゲル、牧野広義他訳『論理学講義　ベルリン大学一八三一年』文理閣、二〇一〇年。

H・アルトハウス、山本尤訳『ヘーゲル伝　哲学の英雄時代』法政大学出版局、一九九九年。

H・ガダマー、山口誠一・高山守訳『ヘーゲルの弁証法』未來社、一九九〇年。

J・セレニー、島崎隆・早坂啓造監訳『弁証法の現代的位相　合理性の歴史と論理』梓出版社、一九八八年。

J・ドント、飯塚勝久訳『ヘーゲル伝』未來社、二〇〇一年。

J・マルタン、信友建志訳『哲学の犯罪計画　ヘーゲル「精神現象学」を読む』法政大学出版局、二〇一三年。

M・クヴァンテ、高田純他訳『ヘーゲルの行為概念　現代行為論との対話』リベルタス出版、二〇一一年。

O・ペゲラー、谷嶋喬四郎訳『ヘーゲルの全体像』以文社、一九八八年。

P・マシュレ、鈴木一策・桑田禮彰訳『ヘーゲルかスピノザか』新評論、一九八六年。

P・シンガー、島崎隆訳『ヘーゲル入門　精神の冒険』青木書店、一九九五年。

R・B・ビピン、星野勉監訳『ヘーゲルの実践哲学　人倫としての理性的行為者性』法政大学出版局、二〇一三年。


なお、本書の第Ⅳ章は看護学部での教育学講義ノートをまとめたもの、第Ⅵ章は日本教育方法学会第五七回全国大会（宮城教育大学、二〇二一年）「課題研究」での発表原稿に基づくもの、補論の3は『生活指導』七六四号、高文研、二〇二二年の拙稿（五四―五九頁）を基にしたものである。

【付記】人生の弁証法を地で行き、愛知の私学運動の偉大なリーダーであった寺内義和氏が逝去された（享年八四）。寺内氏の代表作、『大きな学力』『されど波風体験　自分の「大きな力」に気づくとき』はいずれも反転・自立という弁証法をリアルに描いた秀作である。私の本書が、その遺訓となる教育思想を理解する手助けとなれば幸甚である。故人のご冥福をお祈りする。

謝辞

本書の表紙は、陶芸家・中島晴美氏（元愛知教育大学美術教育講座造形文化コース教授）の最近作の写真です。中島氏は、国内はもとよりイタリア、フランス、アメリカなどでも個展を開いて高い評価を得ている国際的な陶芸家です。二〇二二年秋に開催された中島氏の個展「ざわざわするかたち」の作品から、私の選んだ一点を表紙デザインとして使わせていただけることになりました。作陶は土と対話し、まるで一個の他者を成長させるようだと言われますから、「否定の否定」「アザーリング」の思想をもつと思います。その意味で本書の主題とも合うので、私にとっては一層感慨深い。ここに厚くお礼を申し上げます。

高文研の飯塚直社長には、出版事情のきびしいなかで本書の刊行をお引き受け下さり、感謝申し上げます。同社が創設以来五〇年を迎え、奇しくもヘーゲルとの出会いから五〇年を経た私と重なります。「人生節目の研究レポート　誉ある生（誉生）に贈る」ともいえる中身と装丁のマッチした素晴らしい著作にできあがり、本書が世に出ることをとても光栄に思います。

二〇二三年三月　プラム咲き　空澄みわたり　笑《え》みて立つ

著者しるす

折出　健二（おりで・けんじ）

1948年、広島市生まれ。

愛知教育大学名誉教授。人間環境大学看護学部非常勤講師。

日本教育方法学会理事、日本生活指導学会代表理事（2013年～2022年）、全国生活指導研究協議会研究全国委員、民主教育研究所評議員、あいち県民教育研究所所員、私学をよくする愛知父母懇談会会長（2017年～2022年）。

【主な単著】『学習集団の指導過程論』『人格の自立と集団教育』（明治図書）、『人間的自立と教育』（青木書店）、『相互自立の生活指導学』（勁草書房）、『変革期の教育と弁証法』『市民社会の教育 関係性と方法』『人間的自立の教育実践学』『対話的生き方を育てる教育の弁証法 働きかけるものが働きかけられる』（創風社）
【共編著】『いじめととりくんだ国々 日本と世界の学校におけるいじめへの対応と施策』（土屋基規、P.K. スミス、添田久美子と共編著 ミネルヴァ書房）、『特別活動』『生活指導改訂版　生き方についての生徒指導・進路指導と共に』（教師教育テキストシリーズ、学文社）、『生活指導とは何か』（竹内常一と共編著）『自立支援とは何だろう』（日本生活指導学会　照本祥敬編集代表／終章担当）いずれも高文研

否定の中に肯定をつかむ
弁証法ノート

●二〇二三年五月二五日――――第一刷発行

著　者／折出　健二

発行所／株式会社 高文研
東京都千代田区神田猿楽町二―一―八
三恵ビル（〒一〇一―〇〇六四）
電話03―3295―3415
https://www.koubunken.co.jp

印刷・製本／中央精版印刷株式会社

★万一、乱丁・落丁があったときは、送料当方負担でお取りかえいたします。

ISBN978-4-87498-841-1　C0037